公路桥梁建设与管理

李水生　李伟华　郭　强　编著

吉林科学技术出版社

图书在版编目（CIP）数据

公路桥梁建设与管理 / 李水生，李伟华，郭强编著
. -- 长春：吉林科学技术出版社，2019.8
ISBN 978-7-5578-5779-0

Ⅰ．①公… Ⅱ．①李… ②李… ③郭… Ⅲ．①公路桥
—桥梁施工—施工管理—高等学校—教材 Ⅳ．
①U448.145.1

中国版本图书馆 CIP 数据核字 (2019) 第 167388 号

公路桥梁建设与管理

编　　著	李水生　李伟华　郭　强	
出 版 人	李　梁	
责任编辑	端金香	
封面设计	刘　华	
制　　版	王　朋	
开　　本	16	
字　　数	300 千字	
印　　张	13.75	
版　　次	2019 年 8 月第 1 版	
印　　次	2019 年 8 月第 1 次印刷	
出　　版	吉林科学技术出版社	
发　　行	吉林科学技术出版社	
地　　址	长春市福祉大路 5788 号出版集团 A 座	
邮　　编	130118	
发行部电话 / 传真	0431—81629529　　81629530　　81629531	
	81629532　　81629533　　81629534	
储运部电话	0431—86059116	
编辑部电话	0431—81629517	
网　　址	www.jlstp.net	
印　　刷	北京宝莲鸿图科技有限公司	
书　　号	ISBN 978-7-5578-5779-0	
定　　价	55.00 元	

编委会

前　言

　　由于我国交通事业的进一步发展，不断提高的公路通行能力以及不断增加的公路交通量，这直接导致公路桥梁承受的车辆荷载不断加大，而桥梁的管理和维护发展却十分缓慢。所以，增强思想认识，进一步提高桥梁管理与维护，加强桥梁检测手段，准确分析判断桥梁病害原因，保持桥梁完好的工作状态，是我们急需面临的挑战。

　　《公路桥梁建设与管理》这本书首先对我国的公路桥梁建设工程做了简要介绍，再提出了关于公路桥梁建设的一些问题，包括施工技术和施工重难点问题分析，以及解决措施和创新方法，还有针对我国公路工程桥梁建设的管理工作方面的一些探讨，譬如提到了管理工作中遇到的问题和困境，以及在工程管理中提出的新的规划和问题计划等，又提到了公路桥梁建设的新技术的引用问题，具体涵盖的内容还是比较宽泛的，当然我们在提到公路桥梁的建设与管理工作的时候，话题比较广，如果有出现疏漏或者错误的地方欢迎广大读者朋友进行反馈，以供我们共同交流学习。

目　录

第一章　公路工程

第一节　概　述

一、公路工程

1、含义

公路工程（highway engineering）是指公路构造物的勘察、测量、设计、施工、养护、管理等工作。公路工程构造物包括路基、路面、桥梁、涵洞、隧道、排水系统、安全防护设施、绿化和交通监控设施，以及施工、养护和监控使用的房屋、车间和其他服务性设施。公路工程对各个工程项目都制定有相应的养护规范。忽视养护，损坏严重才进行补救，造成的损失往往更大。

公路的新建或改建任务是根据公路网规划确定的。一个国家的公路建设，应该结合铁路、水路、航空等运输综合考虑它在联运中的作用和地位，按其政治、军事、经济、人民生活等需要，结合地理环境条件，制定全国按等级划分的公路网规划。从行政方面划分，一般分为国道、省道、县道、乡道等四个等级。此外，重大厂矿企业和林业部门内部，必要时也有各自的道路规划。每个国家公路等级的划分界限和方法及其相应标准不尽相同。中国的国道规划由国家掌握，省以下的公路规划由各级地方政府掌握。

2、规划

公路网规划的制定是一项繁重复杂的工作。由于各地情况的变化，例如政治、军事等战略的改变，矿藏资源的开发，海岸、商埠经济的发展，城乡人民生活的改善，旅游事业的兴起，其他运输方式的改变，资金的增加等，都可能使规划随之变化。因此，在制定规划时，事先应充分掌握各方面的信息，进行有充分预见性的可行性研究，避免规划的盲目性带来不良后果，之后有计划按步骤地分期付诸实现。

3、勘察设计

公路工程拟建路线的第一步，应根据线路所经控制点，进行勘察和测量，选出距离最短、工作量最小、工程举办容易、造价低廉、后遗病害最少、养护费用最低、使用效益最大的线路。如果线路有几种选线方案，则应进行比选，以便从中选定最优方案。

各项新建或改建工程的设计，应本着就地取材、因材施用、利废增益的原则，要重视对长远的经济损益的分析来进行设计。公路等级一旦确定，则线型几何标准也随之确定。尤其是丘陵区和山岭区的纵坡度是很难改变的。又如路基路面工程往往占造价比重最大，但可以从低级过渡到高级，分期修建。这些项目的设计，都必须充分考虑前期工程能为后期利用，而不致废弃，造成浪费。此外，路面等级愈低，造价愈低，但公路养护和更新费用则愈高，行车消耗费用愈大。因此，决定路面等级不能孤立地考虑造价，而是要根据较长时间，从造价、养护更新费用，特别是行车消耗费用这三者进行经济损益分析，选择经济合理的方案。

现代的勘察设计工作已利用卫星地图或航测地图，并用电子计算机分析和绘图，用地震法探测地层地质，用γ射线量测密度含水量，用激光测距等新技术和其他新设备，使勘察设计工作缩短了作业时间，提高了作业效率和精度，降低了成本。

4、施工

优质工程不仅要有良好的设计，而且在最大限度上取决于施工质量的好坏。在施工中，材料、机具、操作是保证产品质量的主要环节。一切施工都必须严格遵守每项施工规范。一是材料的准备，包括检查材料品种、规格、数量、堆放场所、供应和保管工作等；二是施工机具，包括品种、型号、数量的配备及修理工作；三是操作，应精心进行，每道工序完毕须经检查合格后方可进行下一道工序。全部工序完毕，经检查验收后方可交付使用。

公路工程的一些项目在使用中，会随着时间的延续产生不可避免的损耗，如路面在行车荷载下产生轻微变形、车辙、磨损，就必须及时养护、整修，才能维持正常使用效能，延长使用寿命。公路工程对各个工程项目都制定有相应的养护规范。忽视养护，损坏严重才进行补救，造成的损失往往更大。

5、管理

公路工程管理系统和公路运输管理系统是两个不相统属的系统，但又是彼此有密切关系的系统。比如，汽车运输要想开辟或加强改善某些线路的客货运输，必须预先调查研究沿线的客货来源、种类、运量、地点、季节等等，为此向工程部门提出工程的要求和指标。工程部门则研究满足这些要求的方法和措施，为运输服务。那么，究竟是先有公路然后考虑组织运输，还是先考虑运输需要来修建公路呢？一般讲，按后者安排为好。但有时也应根据具体情况，全面分析，决定对策。这个问题在国际公路论坛中是经常遇到的。有些国家已把运输工程和工程经济列为专业课程，在大学讲授。这是关系到公路发展的宏观经济、影响全局的问题，在公路管理中值得重视。

公路工程方案在实施过程中，工程管理部门应根据需要完成项目的先后顺序，编制分项工程进度表，然后根据各项进度排出总的进度表，并注意各分项工程之间不得互相干扰。

如遇情况变化，应及时作相应修改。进度表是执行计划的指导纲领。某一环节不按计划进行就有可能打乱局部，甚至是全局的安排。执行计划包含内容繁多，主要方面有：施工前需补充的测量放样、材料供应和试验、机具配备和维修、运输工具的配备和维修、劳动力组织和调配、技工培训和考核、水电供应、工地安全设施、工地应急设施、医疗卫生、职工生活、工程定额和进度的统计分析、财务管理等等。工地既要有分项管理人员，又要有全面管理的人员。

6、养护

早期的施工、养护工作，一般是用简单的工具和人力或畜力操作。随着机械工业的发展，蒸汽机和内燃机等动力机械广泛应用于施工中，并出现各种单用机械和联合操作机械。在筑路机械中，繁重、量大的工程所使用的机械，例如土石方的挖掘、运输、压实等使用的机械，正向着多用途、大功率的方向发展；路面铺装机械向着自动就地加工、提高废旧料利用率、简化工序、一次性完成的大功率大型机械的方向发展。养路机械则向着一机多用和小型化的方向发展。桥梁工程用的机械趋向适用于轻型、装配化和预制构件所需机械发展；吊装设备则向大型机械发展。各种施工机械的发展，使以往难以进行的工序问题得到解决。施工机械的进步反过来又促进材料和结构物的革新。这种互相促进作用有益于提高工程质量、降低生产成本。

7、其他相关

（1）管理办法

为规范公路工程施工分包活动，引导公路工程施工分包市场健康、有序地发展，交通运输部日前发布了《公路工程施工分包管理办法》（以下简称《办法》）。

（2）《办法》出台的背景

加强市场监管，规范分包活动，是工程建设领域专项治理的重点工作。《办法》的出台是市场经济体制下行业健康发展的需要，是规范公路建设市场分包行为的需要，是完善公路建设市场法律法规体系的需要。

工程分包的产生是计划经济向市场经济过渡的产物，是社会分工专业化的必然结果，在国外工程管理中也普遍存在。规范引导施工单位进行合理、合法的分包，既有利于施工企业的发展壮大和结构调整，也有利于规范建设市场，提高工程质量，降低建设成本。我国《招标投标法》《建设工程质量管理条例》《公路建设市场管理办法》《公路建设监督管理办法》等法律、法规和部门规章相继对工程分包进行了相应规定，但由于种种原因，公路工程中的违法分包现象仍然屡禁不止。

（3）沉降预防

工后沉降就是指从施工完毕直到沉降稳定这段时间内的沉降量。利用高频液压振动锤施工筒桩、振动取土灌注桩作为公路路基的承载桩，使路基在筒桩的施工过程中产生预沉降，并且汽车在以后的运行过程中地基不会产生沉降。利用这种新工法可以有效预防公路工程工后沉降。

（4）计划实施

工程计划的实施要根据设计方案编制工程预算，经主管部门批准后作为投资依据，拨款举办。承办工程有部门自办制、招标发包制或部分自办、部分发包制等几种。自办制由主管部门委派负责人成立机构，负责完成计划内全部工程任务。如遇原设计不符实际情况时，有变更设计权，但须向主管部门说明变更原因，经批准后执行。如因特殊原因，必须立即执行时，可以事后报告备案。工程负责人在预算范围内，根据法定财务制度有支付全部工程费用的权力。发包制由主办机构公开招标。凡领取开业执照的企业单位或承包商经审查合格者均可取得投标资格。一般由最低价格者得标，但仍须审查所投价格是否合理，经主办机构认可后方可取得承包权。对于工程所需材料供应、机具设备、劳动力的雇用，一般均由承包者自理。但在某种情况下，也可通过协商共同解决。

二、公路工程施工

1、建筑资质新办所需要的资料

（1）《营业执照》正副本；

（2）企业章程（工商局提档）；

（3）办公场所证明，属于自有产权的出具产权证；属于租用或借用的，出具出租（借）方产权证和双方租赁合同或借用协议；

（4）标准要求的主要设备购置发票；

（5）经省级注册管理部门批准的注册建造师初始注册或变更注册材料（新企业无资质的）；

（6）中级及以上职称人员的身份证明、职称证（学历证明）；

（7）现场管理人员的身份证明、岗位证书；

（8）技术负责人身份证明、执业资格证书、职称证书或技能证书；

（9）技术工人的身份证明、职业培训合格证书或职业技能证书；

（10）企业主要人员申报前1个月的社会保险证明；

（11）技术负责人（或注册建造师）基本情况及业绩表。

2、公路工程施工总承包资质标准

公路工程施工总承包资质分为特级、一级、二级、三级。

（1）一级资质标准

1）企业资产：净资产1亿元以上。

2）企业主要人员：

公路工程专业一级注册建造师不少于 15 人。

技术负责人具有 15 年以上从事工程施工技术管理工作经历，且具有公路工程相关专业高级职称；公路工程相关专业中级以上职称人员不少于 75 人。

持有岗位证书的施工现场管理人员不少于 25 人，且施工员、安全员、造价员等人员齐全。

经考核或培训合格的中级工以上技术工人不少于 50 人。

3）企业工程业绩：

近 10 年承担过下列 4 类中的 3 类工程的施工，工程质量合格。

累计修建一级以上公路路基 100 公里以上；

累计修建二级以上等级公路路面（不少于 2 层且厚度 10 厘米以上沥青混凝土路面，或 22 厘米以上水泥混凝土路面）300 万平方米以上；

累计修建单座桥长 ≥ 500 米或单跨跨度 ≥ 100 米的桥梁 6 座以上；

累计修建单座隧道长 ≥ 1 000 米的公路隧道 2 座以上，或单座隧道长 ≥ 500 米的公路隧道 3 座以上。

4）技术装备：

具有下列机械设备：

160 吨/小时以上沥青混凝土拌和设备 3 台；

120 立方米/小时以上水泥混凝土拌和设备 4 台；

300 吨/小时以上稳定土拌和设备 4 台；

摊铺宽度 12 米以上的沥青混凝土摊铺设备 6 台；

各型压路机 20 台（其中沥青混凝土压实设备 10 台，大型土方振动压实设备 10 台）；

扭矩 200 千牛·米以上的钻机 2 台；

80 吨以上自行式架桥机 2 套；

水泥混凝土泵车 4 台；

隧道掘进设备 2 台，水泥混凝土喷射泵 4 台，压浆设备 2 台。

（2）二级资质标准

1）企业资产：净资产 4 000 万元以上。

2）企业主要人员：

公路工程专业注册建造师不少于 15 人。

技术负责人具有 8 年以上从事工程施工技术管理工作经历，且具有公路工程相关专业高级职称或公路工程专业一级注册建造师执业资格；公路工程相关专业中级以上职称人员不少于 50 人。

持有岗位证书的施工现场管理人员不少于 15 人，且施工员、安全员、造价员等人员齐全。

经考核或培训合格的中级工以上技术工人不少于 30 人。

3）企业工程业绩：

近 10 年承担过下列 3 类工程的施工，工程质量合格。

累计修建三级以上公路路基 200 公里以上；

累计修建四级以上公路路面（厚度 5 厘米以上沥青混凝土路面或 20 厘米以上水泥混凝土路面）200 万平方米以上；

累计修建单座桥长 ≥ 100 米或单跨跨度 ≥ 40 米的桥梁 4 座以上。

4）技术装备：

具有下列机械设备：

120 吨/小时以上沥青混凝土拌和设备 2 台；

60 立方米/小时以上水泥混凝土拌和设备 2 台；

300 吨/小时以上稳定土拌和设备 2 台；

摊铺宽度 8 米以上的沥青混凝土摊铺设备 2 台；

120 千瓦以上平地机 3 台；

1 立方米以上挖掘机 3 台；

100 千瓦以上推土机 3 台；

各型压路机 10 台（其中沥青混凝土压实设备 4 台，大型土方振动压实设备 2 台）；

扭矩 200 千牛·米以上的钻机 1 台；

80 吨以上自行式架桥机 1 套；

50 吨以上吊车 1 台；

水泥混凝土泵车 2 台；

隧道掘进设备 1 台，水泥混凝土喷射泵 2 台，压浆设备 1 台。

（3）三级资质标准

1）企业资产：净资产 800 万元以上。

2）企业主要人员：

公路工程专业注册建造师不少于 8 人。

技术负责人具有 6 年以上从事工程施工技术管理工作经历，且具有公路工程相关专业中级以上职称或公路工程专业注册建造师执业资格；公路工程相关专业中级以上职称人员不少于 15 人。

3）持有岗位证书的现场管理人员不少于 8 人，且施工员、安全员、造价员等人员齐全。

4）企业具有经考核或培训合格的中级工以上技术工人不少于 15 人。

5）技术负责人（或注册建造师）主持完成过本类别资质二级以上标准要求的工程业绩不少于 2 项。

技术装备：

具有下列机械设备：

1）100 吨/小时以上沥青混凝土拌和设备 1 台；

2）50立方米/小时以上水泥混凝土拌和设备1台；

3）摊铺宽度4.5米以上沥青混凝土摊铺设备2台；

4）8吨以上压路机5台；

5）1立方米以上挖掘机2台；

6）120千瓦以上平地机2台；

7）30吨以上吊车1台。

（4）承包工程范围

1）一级资质：可承担各级公路及其桥梁，长度3 000米以下的隧道工程的施工。

2）二级资质：可承担一级以下公路，单座桥长1 000米以下、单跨跨度150米以下的桥梁，长度1 000米以下的隧道工程的施工。

3）三级资质：可承担二级以下公路，单座桥长500米以下、单跨跨度50米以下的桥梁工程的施工。

注：公路工程相关专业职称包括公路工程、桥梁工程、公路与桥梁工程、交通土建、隧道（地下结构）工程、交通工程等专业职称。

三、公路的分级与组成

城市道路是市政工程建设的重要组成部分。城市道路不仅是组织城市交通运输的基础，而且也是布置城市公用管线、街道绿化，并为其城市架空杆线提供容纳空间。

1、城市道路的组成

城市道路由以下几部分组成：供各种车辆行驶的车行道；步行交通人行道；步行专用通道；沿街绿化地带；为组织交通、保证交通安全的辅助性交通设施。如交通信号、交通标志、分车带、导向岛、护栏，以及临时停车用的停车场和公共交通车辆站台；道路排水设施，如明沟、雨水口、地下管道构筑物及各种管道井等。除路段外，还包括交叉口、交通广场、固定停车场等；从城市道路体系来看还有：沿街的地上设备，如照明灯柱、架空电线杆、给水消防栓、邮筒、清洁卫生箱等；沿街的地下管线：自来水管、污水管、雨水管、煤气管道等管道及各种电缆。

2、城市道路分类、分级

按照道路在道路网中的地位、交通功能以及对沿线建筑物的服务功能等，城市道路分为以下四类：

（1）快速路（又称汽车专用道）：快速路应为城市中大量、长距离、快速交通服务。快速路对向车行道之前应设中间分车带，其进出口应采用全控制或部分控制。快速路两侧不应设置吸引大量车流、人流的公共建筑物的进出口。两侧一般建筑物的进出口应加以控制。（中、小城市不设快速道）。

（2）主干路（全市性干道）：主干路应为连接城市各主要分区的干路，为城市主要客、货运输路线，以交通功能为主。自行交通量大时，宜采用机动车与非机动车分隔形式，如三幅路或四幅路。主干路两侧不应设置吸引大量车流、人流的公共建筑的进出口。一般红线宽度为30~45m。

（3）次干路（区级干道）：次干路应与主干路结合组成道路网，为联系主要道路之间的辅助性交通路线，起集散交通的作用，兼有服务功能，一般红线宽度为25~40m。

（4）支路（街坊道路）：支路应为次干路与街坊路的连接线，解决局部地区交通，以服务功能为主，一般红线宽度为12~25m左右。

城市道路的分级：

除上列快速路外，每类道路按照所在城市的规模、设计交通量、地形等分为Ⅰ、Ⅱ、Ⅲ级，大城市应采用各类道路中的Ⅰ级标准；中等城市应采用Ⅱ级标准；小城市应采用Ⅲ级标准。有特殊情况需变更级别时，应做技术经济论证，报规划审批部门批准。

居住区道路分级：

根据功能要求和居住区规模的大小，居住区级道路一般可分为三级或四级。居住区道路是解决居住区的内外联系。车行道宽度不应小于9米，红线宽度一般为20~30米；居住小区级道路是居住区的次要道路，用以解决居住区内部的联系，车行道宽度一般为7米，红线宽度12~14米；居住组团级道路是居住区内的支路，用以解决住宅组群的内外联系，车行道宽度一般为4~6米；通向各户或各单元门前的小路，一般宽度为3米。此外，在居住区内还可能有专供步行的林荫步道。

行车道宽度

国家对公路每条机动车道的宽度是有标准的，三级以上多车道公路每条机动车道宽度为3米。中央隔离带无统一标准，因地制宜，单纯的水泥制中央隔离带宽度为一米（中央隔离带两侧白实线之间的距离），如果是中央绿化隔离带，宽度就难说了，有的"形象工程"路可以做到几十米宽。城镇间的公路一般不设人行道（一般穿越城市段才设），城市干道必须设置人行道，城市干道人行道按实际人流量计算，一般最少3米宽，宽的可以达到15~20米。

1）高速公路和一级公路，一般为4个车道，必要时车道数可按双数增加。

2）二级公路，平原、微丘区慢行车很少或将慢行车分开的路段，行车道宽度为7米，并设路缘线；有一定混合交通的路段，行车道宽度一般为9米；混合交通量大，并且将慢行道分开又有困难时，其行车道宽度可加宽到12米，并画线分快、慢行道。

3）四级公路，平原、微丘区的行车道宽度，当交通量较大时，可采用6.0米。

以一条红线26米的一级公路来讲，一般是这样：双向六车道18米，中央隔离带1米，两侧路肩各1.5米共3米，剩下的两侧各2米为排水沟等配套设置。而一条红线为80米的城市一级干道一般可以这样分：双向八车道28米（城市干道每条机动车道3.5米），中央绿化带5米，两侧机动车道与非机动车道之间的绿化带各3米共6米，两侧非机动车道各5.5米共11米，剩下30米两侧人行道各15米。

3、行车对道路的要求

（1）保证汽车在道路上行驶的稳定性。

（2）保证车道上的行车通畅。

（3）尽可能提高设计车速，缩短行车时间，提高汽车周转，创造条件节约燃料，减少轮胎磨损，要求道路的平面和纵断面做出合理布局。

（4）为满足行车安全，就需路面粗糙，平整沙尘，排水通畅，道路两旁进行绿化，改善景观等。

4、城市道路横断面

道路的横断面是指沿道路宽度方向，垂直于道路中心线方向的断面。横断面的形式主要取决于：道路的类别、等级、性质和红线宽度以及有关交通资料。

道路横断面是由机动车道、非机动车道、人行道、分车道、绿化带等几部分组成。

5、城市道路的宽度

（1）城市道路总宽度

城市道路的总宽度即城市规划红线之间的宽度，也称路幅宽度。道路用地范围，包括城市道路各组成部分：车行道、绿化带、分车带等所需宽度的总和。

（2）车行道的宽度

确定车行道宽度最基本的要求是保证道路在设计年限内来往车辆安全顺利的通过，车辆最多的时候也不发生交通堵塞。

（3）人行道宽度

城市道路要求人行道宽度按照不同的城市大小，人流量来定。

四、公路施工的方法与特点

在公路工程设计和建设中，施工方法的选择是非常重要的，必须依据工程条件和经济合理的原则进行多方面的比较，选择既经济又实用的施工方法。

在设计阶段，一般情况下，施工方法是设计人员在施工组织设计中提出的，但对具体机械设备的配置，仍需要概、预算编制人员根据经验选择。

1、路基施工方法的选择

路基工程中，土石方工程量很大，采用何种施工方法，人工、机械消耗数量差异都很大。目前，高等级公路为了满足施工质量和工期要求一般都是采用机械施工，而低等级公路多采用人工机械组合施工。在机械施工中，主要是就作业种类和机械经济运距选择机械的问题。

2、路面施工方法的选择

路面施工方法，基层主要采用路拌或厂拌，面层有热拌、冷拌、厂拌、层铺法等。当路面结构一定时，不同的施工方法工程成本消耗不同，选择路面施工方法时，应结合公路的技术等级、工程规模、质量和工期的要求以及造价进行综合分析后确定。

3、构造物施工方法的选择

公路工程构造物是指路基土石方和路面工程以外的桥梁、涵洞、防护工程等。由于构造物的种类多，结构各异，所以其施工方法也各不相同。

20世纪70年代以来，随着预应力混凝土的广泛应用，施工机械设备的不断发展，桥梁施工方法也多种多样，如现浇、预制安装、悬臂施工、顶推施工等。但就其施工工艺的全过程来看，可以归纳为两类：一是就地砌筑或浇筑；二是预制安装或悬拼。基础和墩台工程的施工，基本上都是采用前一种施工方法，而上部构造多采用后一种施工方法。为了使桥梁上部构造具有较好的整体性能，在安装或悬拼完成后，还有适量的现浇接缝混凝土。

桥梁的施工方法虽然很多，但都有其一定的适用范围和条件。

涵洞的类型按照其洞身形状可分为圆管涵、盖板涵、拱涵和箱涵四种。

圆管涵的基础一般采用石砌混凝土，当地基承载力符合要求时，管身可直接搁置在天然基础上，管身一般采用预制安装施工方法。为避免破坏已建成的路基和影响交通，圆管涵也可采用顶进法施工。

盖板涵有石盖板和钢筋混凝土盖板两种，目前多采用钢筋混凝土盖板涵，其涵身和基础多采用石砌圬工，钢筋混凝土盖板则是预制后运至现场安装，安装一般使用扒杆或汽车式起重机进行。

拱式涵洞多为石拱涵，多采用半圆拱结构，施工工艺要求与石拱桥基本一致，施工方法一般是拱盔、支架或土台作支撑，现场砌筑拱圈。

箱涵是一种刚架结构，采用钢筋混凝土建造，施工方法有现浇和预制两种。预制钢筋混凝土箱涵通常采用顶进法施工，多用作拟建公路与原有铁路、公路相交的情况。

隧道的施工方法主要有新奥法和矿山法两种。现行概预算定额是按照一般凿岩机钻爆法施工的开挖方法进行编制。

五、公路施工的基本程序

（1）根据城镇总体规划、公路规划，进行项目预可行性研究，编制项目建议书。（报省发改委、交通厅审批）

（2）工程可行性研究阶段：

1）规划选址（需省建设厅批复）。

2）水土保持评价（委托相关咨询单位编制，报主管部门水利厅审批）。

3）环境影响报告书（委托相关咨询单位编制，报主管部门省环保局审批）。

4）申请项目控制性工程用地预审（按隶属原则报主管部门审批）。

5）编制可行性研究报告。

6）会审可行性研究报告，按专家意见修改，报主管部门审批。

（3）项目初步设计阶段：

1）建设单位根据批准的可行性研究报告，委托勘察设计单位编制初步设计文件。

2）组织相关部门、专家对初步设计进行审查，根据审查意见，按项目隶属原则报批。

（4）根据批准的初步设计，向省发改委提出申请，列为实施性重点建设项目（立项）。

（5）施工图设计阶段：

1）建设单位根据批准的初步设计，委托设计单位进行施工图设计。

2）组织施工图设计审查。

3）根据审查意见，修改施工图设计文件，按隶属关系报主管部门审批。

（6）根据国家有关规定，进行土地丈量，征地拆迁，编制建设用地申请，向土管部门申报用地，取得建设用地资格。

（7）组织施工，监理招标，签订施工监理服务合同。

（8）办理施工许可证，进入施工阶段。

（9）项目完工后，建设单位申请交工验收，验收合格进入试运行阶段。

（10）达到竣工验收条件，建设单位向交通主管部门申请组织竣工验收，验收合格后，项目正式运营。

（11）项目后评价。

六、公路施工组织设计

1、含义

是研究公路基本建设过程中众多要素的合理组织与安排的一项学科。

2、对象

要进行基本建设就必须要有一定的劳动力、劳动资料和劳动对象，这是公路基本建设不可缺少的三要素。

对公路行业来说，基本建设即是一个建设项目（从立项到竣工验收）的实施过程。所以，基本建设过程离不开人、材料、机械、和资金。

建筑产品即劳动对象。公路建筑产品有路基、路面、桥梁、涵洞、隧道、排水设施、防护设施等。

具体来说，公路施工组织设计就是统筹考虑整个施工过程，即对人力、材料、机械、资金、施工方法、施工现场（空间）等主要要素，根据其所处的环境、自然条件、施工工期等，进行合理的组织、安排，使之有条不紊，以实现有计划、有组织、均衡地施工，使其达到工期尽可能短、质量上尽可能好、成本尽可能低的效果。

3、任务

为了确保工程质量、施工进度及资金合理使用等，在施工前必须完成以下具体任务。

（1）确定开工前必须完成的各项准备工作，如：审核设计文件、补充调查资料、先遣人员进场等。

（2）计算工程数量（防止漏算、重算），确定劳动力、机械台班、各种材料、构件等的需要量和供应方案等。

（3）确定施工方案（多种施工方案应经过比选），选择施工机具。

（4）安排施工顺序（由整体到局部）。

（5）编制施工进度计划，确定每月或每季度人力、材料、机械需用量。

（6）进行施工平面布置，即设备停放场、料场、仓库、拌和场、预制场、生活区、办公室等的布置。

（7）制定确保工程质量及安全生产的有效技术措施。

通过以上几点可以看出，施工组织设计在整个施工过程中的重要性。施工组织设计合理与否，直接影响工程的工期、工程质量及工程的成本。

4、作用地位

现代交通运输业包含铁路、公路、航空、水运及管道运输五种运输方式，各有其适用性和特点。

公路运输在整个交通运输业中占有较大比重，在今后几十年中公路运输仍占主导地位。因为它具有机动、灵活、直达、迅速、适应性强、服务面广等优点。

5、编制原则

（1）严格遵循设计文件、技术规范和质量验收标准的原则。在编写工作中，严格按设计要求认真执行国家现行的技术规范和质量验收标准，正确组织施工，确保工程质量优良。

（2）坚持实事求是的原则。在制定施工方案中，充分发挥我公司的技术优势和专业化、机械化联合作业的特点，坚持科学组织、合理安排、均衡生产、确保高速度、高质量、高效益地完成本标段的工程建设。

（3）根据项目法施工的原则，组织本工程的施工。通过与业主、监理和设计单位的充分合作，综合运用人员、机械、物资、资金和信息。实现质量和造价的最佳组合。实事求是地确定工期、施工方案，确保按期、优质、安全、高效地完成所有的工程项目。

（4）积极推广应用四新成果的原则，在各项工序施工中，对于能够提高工程质量、加快施工进度、降低工程成本的新技术、新设备、新工艺、新材料要积极采用，发挥科技在路桥施工中的先导作用。

第二节　施工准备

一、概述

公路施工前准备工作，是为了保证施工正常进行而必须做好的先前工作。在公路施工中，它作为一个重要环节，应引起高度重视，应坚持"不打无准备之仗"的原则。它之所以重要，是因为公路施工是一项非常复杂的生产活动，需要处理复杂的技术问题，耗用大量的物资，使用众多的人力，动用许多机械设备，所遇到的条件也是多种多样的，因而本书中对此作了简要概述：施工前准备工作考虑的因素越多，准备工作做得越充分，则施工越顺利。没有施工准备或施工准备不充分，就会丧失主动权，处处被动，致使以后施工无法开展。可以说施工准备实际上起着"开路"的作用。

二、施工准备工作的内容

施工准备工作涉及的范围比较多，本人归纳为以下三个方面：

1、组织准备工作

主要是建立和健全施工组织管理机构，制定施工管理制度，明确施工任务，确立施工应达到的目标。

在公路施工中项目多，范围也比较广，因此，首先必须建立和健全施工组织管理机构，必须要有严格的责任制，按计划将责任预先落实到有关部门甚至个人，同时明确各级技术负责人在施工准备工作中所负责任，从而充分调动各部门和技术人员的积极性，使他们有职、有权、有责。施工管理制度是公路施工管理的核心。

2、物质准备工作

就各种材料与机具设备的购置、采集、调配、运输和储存；临时便道及工程房屋的修建；供水、供电、必需生活福利设施等的安装及建设等所做的工作。

在公路施工前，各种生产，生活需用的临时设施，比如各种仓库、搅拌站、预制构件厂（站，场），各种生产作业棚、办公用房、宿舍、食堂、文化设施等均应按施工组织需要的数量、标准、面积、位置等应在施工前修建完毕。修建完毕各种生产，生活需用的临时设施后，应及时根据施工组织设计确定的材料、半成品、预制构件的数量、品种、规格，编制好物质供应计划，按计划订货和组织进货，按照施工平面图要求在指定地点堆存或入库，对各种材料如砂子、碎石、钢材等提前应做各种试验，确定其是否满足设计要求，对各种标号混凝土提前做好其配比；对施工将用的施工机械和机具需用量进行计划，按计划进场安装，检修和试运转。施工队应提早调整，健全和充实施工组织机构，进行特殊工种、稀缺工种的技术培训，提前预招临时工和合同工，落实专业施工队伍和外包施工队伍，同时，根据地理位置，气候条件，冬、雨期施工也应做些适当准备。

3、技术准备工作

技术准备工作，即通常所说的"内业"工作，它是以后施工的基础，其内容包括：熟悉和审核图纸和编制施工组织设计。

熟悉图纸是为了领会设计意图，熟悉图纸内容，明确技术要求，以便以后正确无误地进行施工。

熟悉图纸的要点是：复核主要尺寸、标高、预制构件的位置。

图纸的审核主要审核施工图的设计是否符合国家有关技术规范，图纸及设计说明是否完整，齐全清楚；图纸中的尺寸、坐标、标高是否准确；一套图纸的前后是否吻合一致，有无矛盾。

在熟悉和审核图纸过程中，对发现的问题应做标记，做好记录，对设计中不明确或疑问处，立即请设计人员核查清楚。

4、编制施工组织设计

施工组织设计是全面安排施工生产的技术经济文件，是指导施工的主要依据。

施工组织设计根据编制对象不同，大致可以分三类：施工总设计，单位工程施工组织设计和分部工程施工作业设计。

施工组织设计是以一个建设施工项目为编制对象，用以规划整个拟建工程施工活动的技术经济文件。它是整个项目施工任务总的战略性部署安排，主要内容包括工程概况、施工布置与施工方案、施工总进度计划、施工准备工作及各项资源需要量计划、施工总平面图、主要技术组织措施及主要技术指标。

单位工程施工组织设计是以一个单位工程或一个不复杂的单项工程为对象而编制的，它是根据施工总设计的规定要求和具体实际条件对拟建的工程对象的施工工作所做的战术性部署。

单位工程施工组织设计的内容包括：工程概况、施工方案与施工方法、施工进度计划、施工准备工作及各项资源需要计划、施工平面图、主要技术组织措施及主要经济指标。

分部工程施工作业设计是以某些新结构，技术复杂的或缺乏施工经验的分部工程为对象而编制的用以指导和安排该分部工程施工作业，它主要内容包括：施工方法、技术组织措施、主要施工机具、劳动力安排、平面布置、施工进度，它是编制月、旬作业计划的依据。

施工前准备工作带有全局性，没有这项工作工程就不能顺利开工，更不能连续施工。总之，施工前准备工作极为重要，它是组织施工的第一步，没有准备的施工或准备不充分的施工，均使以后施工难以顺利进行。

第三节　路基工程施工

一、路基工程施工

1、路基工程

路基工程是由岩土材料采用人工方法构筑于露天环境的一种工程构筑物，主要涉及了路基填土施工、路基压实施工、路基排水施工等技术。

2、路基

路基是由填筑或开挖而形成的直接支承轨道的结构，也叫作线路下部结构。路基与桥梁、隧道相连，共同构成线路。路基依其所处的地形条件不同，有两种基本形式：路堤和路堑，俗称填方和挖方。铁路路基的作用是在路基面上直接铺设轨道结构，因此，路基是轨道的基础，路基荷载，既承受轨道结构的重量，即静荷载，又承受列车行驶时通过轨道传播而来的动荷载。路基同轨道一起共同构成的线路结构是一种相对松散联结的结构形式，抵抗动荷载的能力弱。建造路基的材料，不论填或挖，主要是土石类散体材料，所以路基是一种土工结构，经常受到地质、水、降雨、气候、地震等自然条件变化的侵袭和破坏，抵抗能力差，因此，路基应具有足够的坚固性、稳定性和耐久性。对于高速铁路，路基还应有合理的刚度，以保障列车高速行驶中的平稳性和舒适性。

3、路基施工的质量要求

（1）结构稳定性

路基作为市政道路的基础，在道路使用过程中需要承受着车辆的荷载和自然环境的影响，如果施工过程中存在问题，则会导致路基整体失稳、变形或是受到不同程度的破坏，因此在路基施工中需要提前采取科学可行的预防措施，来对路基结构进行有效的控制，确保路基结构的稳定性。

（2）强度

路基在外力作用下，一旦超出自身所能承受的强度范围，则会发生变形或是损坏，所以在路基施工中需要确保其达到足够的强度，路基只有强度达到要求的标准，才能更好确保道路路面的稳定性。

（3）水温稳定性

路基长期处于自然环境下，不可避免地会受到地面水和地下水的影响，在地面水和地下水作用下路基的强度会出现不同程度的下降。特别是在我国北方地区，由于冬季较为寒冷，路基出现季节性冰冻，而在春季则又会在温度上升的状况下冰冻路基则会融化，这样周期性的冻融作用导致路其发生冻胀和翻浆病害的发生，路基强度则会急剧下降，所以在路基施工时，需要确保路基具有较好的水温稳定性。

4、道路路基工程施工特点

路基工程施工需要露天作业，不仅需受到自然条件的影响，而且在施工所需要经过的区域内结构物及各专业管线较多，这就需要在施工前需要做好各方协调和配合工作。市政道路路基施工干扰因素较多，这必然会导致施工过程中存在着较多的变化性，所以需要在施工前做好各项规划工作，确保施工能够顺利进行。

路基施工时，其所包含的施工项目较多，不仅需要进行路基本身的施工，还包括土方、涵洞、挡土墙、边坡及排水管线等多个项目的施工，所以需要做好施工中各项分工工作，各专业之间能够有效地配合。

路基施工过程中多数情况下都是以采用机械作业，在一些机械设备无法操作的地方则由人工作业进行补充，路基施工过程中其作业方式多以流水作业或是分段平行作业方式为主。在土方作业时由于需要人工进行配合，所以需要设置专人进行指挥。

5、路基工程施工技术要点

（1）施工测量

施工测量指的是在工程开工之前及施工过程中，根据设计图纸在现场进行恢复道路中线，并定出构造物的位置等。施工测量的目的是将图纸上所设计的建筑物平面位置、形状及高程标定在施工现场地面上，并在施工的过程中指导施工，使工程严格按照所设计的图纸进行建设，路基施工过程主要包括：导线、中线及水准点复测。施工测量中，工作人员在工作中应认真熟悉图纸，检查图纸与设计是不是存在一定的误差；为了满足路基施工期间需要，应在中线复测中增设临时水准基点标高及加桩的地面标高；在每道工序的施工测量防线时，要保证纵横断面定位精度，使后期施工路基及构造物的定位和几何尺寸满足设计质量要求；要避免在施工损失，就必须仔细查找路面下覆盖的各种管网路线。

（2）填方路基

首先，在路堤填筑前，选择一填方路段作为试验段，在试验段内测定土的松铺系数、达到不同压实要求所需的压实遍数、设备的最佳组合、每台班最大完成工作量及每台班最合理完成工作量等技术参数以指导生产。施工前进必须行试验路铺筑，对设计方案进行可行性分析，此路段路基填筑平均高度80cm时，对原地表面清理与挖除后，将表层翻松30cm，然后平整压实（压实度≥93%）后填筑；当路堤填土高度大于80cm时，对原地表面清理与挖除后，将路堤基底整平处理并在填筑前进行碾压（压实度≥85%）后填筑。其次，在摊平过程中，注意保持每一土层的填筑保持一定的路拱，以确保施工期内路基的排水疏通，每层填土应超过相应标高下路基宽度，每侧至少宽出50cm，以保证路基边缘的压实度满足要求。

（3）路基填筑

路基填筑需要分层进行，这样就需要进行每层填筑时对土层厚度进行有效的控制，当土石方运送到摊铺地点后，则需要对松土厚度利用进行测量，确保所填筑的土石方厚度大高于路堤的宽度，而且在确保具有足够的余宽，这样才能在压实过程中，确保路基边缘具有较好的压实度。在进行压实过程中需要根据现场的实际情况来进行确定，确保压实度达到规定的标准。

（4）路基压实

在对路基土进行压实时，为了确保出现路拱，则需要先多路边进行压实，一点点向中部进行移动，同时在压实过程中需要先轻后重，这样可以更好的适应不断增长的土基强度。在压实时，为了避免松土被机械推动则需要先慢后快。利用压实机对路基进行碾压之前，需要先对道路进行整平处理，而在碾压时则需要确保前后两次轮迹重叠12~20cm，在确保压实的均匀性，在路基压实过程中，需要分层进行压实，在每一层所填充的材料需要确保一致，对于路基存在软土的情况，则需要将这部分软土换填后再进行压实。路基压实度对于路基的质量至关重要，只有路基达到规定的压实标准后才能减少路面病害的发生。所以在路基压实过程中需要针对不同土质进行击实试验，根据试验所获取的参数进行施工，这样可以有效地确保压实的质量，同时在压实作业中还要加强检查的力度，不仅需要确保每层土厚度的均匀，而且还要对压实度的均匀性进行检查，确保路基压实度达到规定的标准。

二、路基工程的要求

为了保证公路最大限度地满足车辆运行的要求，提高车速、增强安全性和舒适性，降低运输成本和延长道路使用年限，这就要求路基具有下述一系列的基本性能。

具有足够的强度（承载能力）。行驶在路面上的车辆，通过车轮把荷载传给路面，由路面传给路基，在路基、路面结构内部产生应力、应变及位移。

如果路基结构整体或某一组成部分的强度或抗变形能力不足以抵抗这些应力、应变及位移，路面会出现断裂，路基结构会出现波浪或车辙等情况，使路况恶化、服务水平下降。因此，要求路基结构整体及其各组成部分都具备与行车荷载相适应的承载能力。

结构承载能力包括强度与刚度两方面。强度是指路基抵抗应力作用和避免破坏的能力；刚度是指路基抵抗变形的能力。路基是直接在天然地面上填筑或挖除部分地面而建成的。

为了防止路基在行车荷载及各种自然因素作用下遭到破坏，应采取一定的措施来保证路基具有足够的强度。同时，为保证路基在荷载作用下不致产生超过容许范围的变形，要求路基具有足够的刚度。

具有足够的水温稳定性。路基的水温稳定性是指路基在水和温度的作用下保持其强度的能力。路基在地面水和地下水的作用下，其强度将会显著降低。特别是在季节性冰冻地区，由于水温状况的变化，路基将发生周期性冰冻，形成冰冻和翻浆，使其强度急剧下降。

因此，对于路基不仅要求有足够的强度，而且要保证在最不利的水温状况下，强度不致显著降低。这要求路基具有一定的水温稳定性。

具有足够的整体稳定性。路基是直接在地面上填筑或挖去一部分地面建成的。路基施工改变了地面的天然平衡状态。在某些地形、地质条件下，挖方路堑边坡可能坍塌，陡坡路堤可能沿地表整体下滑，软土路基可能整体滑塌等。为使路基具有抵抗自然因素侵蚀的能力，路基设计时必须采取技术措施，设置防护或加固，以确保路基的整体稳定性。

具有足够的耐久性。路基工程投资大，从规划、设计、施工到建成通车需要较长的时间，因为这样的大型工程都具有较长的使用年限，一般道路的使用年限至少数十年，承受并经受车辆直接碾压的路面部分要求使用年限在20年以上，因此路基工程应具有耐久性。

三、路基工程施工程序及方法

1、路基填筑方式顺序

填前准备工作：先进行施工测量放样，对含水量偏大的路段，在路基两侧开挖临时排水沟，必要时在路基中挖纵横排水沟，加快基底土壤晾干。按技术规范要求对表土进行清理，清理表土后，将地表碾压使之达到规定标准。

路基填前的试验段作业：在经过整修的路段上选几段长度不小于50m的路基作填筑试验，以确定不同的填料、不同的压实度、不同碾压方式情况下，达到设计压实度的最佳铺筑厚度及不同吨位压路机的最佳压实遍数、速度等。该项试验工作在使用该种填料前一个月予以完成，并报工程师批准，作为路基填筑施工时的依据。

路基填筑方法：路基填筑采用水平分层、纵向分段、以机械施工为主、人工为辅的作业方法进行施工。在达到要求的路基上，将合格的路基填料运到填筑地点，其卸料顺序按先两面侧后中间，派专人指挥，按规定数量均匀卸料，以免影响摊铺厚度和质量。每层路基的摊铺宽度均大于设计宽度20cm~30cm，以保证路基边坡位置的压实质量和边坡整修的净宽。

路基填筑施工程序：挖掘机装土（机械开采→装载机装料）→自卸汽车分运到填筑路段→推土机推平→人工整修→检查摊铺厚度并调整→用振动压路机碾压。

每填筑3~4层，即恢复中线，调整边坡位置，每层的填筑高度用红漆或胶布画在醒目的标杆上，并拉线予以控制，同时纵向分段留台阶，刷坡与路基填筑同步。

碾压顺序：碾压遵循先低后高、先轻后重的原则，直线段由路基两侧向中心碾压，有超高的曲线段由弯道内侧向外碾压。碾压时前后两次轮迹重叠20cm~30cm，并尽快压到规定的压实度（土）或固体体积率（宕渣）。

对坡地或填挖交接处的路基填筑按规范要求处理，先将坡地挖成符合规定宽度的台阶，并具有一定的横坡，然后分层填筑路基填料。

与结构衔接处严格按设计施工，回填采用透水性良好且易压实的材料，每层厚度不超过 20cm，并做到均匀对称地分层填筑和压实。对距离结构物近的地方，用小型机动夯具夯实或小型振动压路机压实，严格质量把关，避免试用手桥头跳车。

路基填筑需要控制好填料的粒径。本合同段利用填方量较大，所以在路基开挖中，注意炮孔位置的布置，采用控制间距、塑料导爆管、MS 雷管微差挤压爆破，以利于在爆破过程中形成大量合格粒径的细料，并在开挖现场进行人工和再爆破，在装载机翻车时，确保路基填料达到规定粒径和级配。推土机推平，人工整修，运输的过程中严格地进行挑选，挑出大粒径的石块，同时利用推土机或装载机翻拌，保证工程内、外质量。

2、路基开挖施工顺序

开挖前准备工作：先进行施工测量放样，定出开挖边线，在开挖范围内清除杂草、树木等植物。

开挖截水沟：按设计先进行截水沟施工，把坡面的地表水引到路基外，防止边坡流失坍塌。

修开山机械和挖装机械及宕渣运输机械等上山实施便道。

开挖：就近利用土方用推土机推运，远运利用土用挖掘机挖装，自卸汽车运土，人工修筑边坡。对于石方开挖路段，采用从上至下分层爆破的方法开挖，在地形较陡、地表岩石风化破碎地段，采用楹动爆破。

石质整体性较好地段，人工清理地表，潜孔钻机钻孔，阶梯深孔松动爆破，炮位呈宽孔距、小排距、梅花形布置。塑料导爆管 MS 雷管微差挤压爆破，为确保边坡的稳定和平顺，先采用潜孔钻机沿边坡面先行加密钻孔，实施预裂光面爆破。

防护：路堑基开挖完工后，及时对边坡进行防护，尤其是土方路段及时按设计要求对边坡进行防护，防止边坡土流失坍塌。

四、填方路基施工

1、土方路堤施工技术

（1）填筑要求

1）性质不同的填料，应水平分层、分段填筑，分层压实。同一水平层路基的全宽应采用同一种填料，不得混合填筑。每种填料的填筑层压实后的连续厚度不宜小于 500mm。填筑路床顶最后一层时，压实后的厚度应不小于 100mm。

2）对潮湿或冻融敏感性小的填料应填筑在路基上层。强度较小的填料应填筑在下层。在有地下水的路段或临水路基范围内，宜填筑透水性好的填料。

3）在透水性不好的压实层上填筑透水性较好的填料前，应在其表面设 2%~4% 的双向横坡，并采取相应的防水措施。不得在由透水性较好的填料所填筑的路堤边坡上覆盖透水性不好的填料。

4）每种填料的松铺厚度应通过试验确定。

5）每一填筑层压实后的宽度不得小于设计宽度。

6）路堤填筑时，应从最低处起分层填筑，逐层压实；当原地面纵坡大于12%或横坡陡于1∶5时，应按设计要求挖台阶，或设置坡度向内并大于4%、宽度大于2m的台阶。

7）填方分几个作业段施工时，接头部位如不能交替填筑，则先填路段，应按1∶1坡度分层留台阶；如能交替填筑，则应分层相互交替搭接，搭接长度不小于2m。

（2）填筑方法

土方路堤填筑作业常用推土机、铲运机、平地机、挖掘机、装载机等机械按以下几种方法作业。

1）分层填筑法

水平分层填筑法：填筑时按照横断面全宽分成水平层次，逐层向上填筑，是路基填筑的常用方法。

纵向分层填筑法：依路线纵坡方向分层，逐层向上填筑。常用于地面纵坡大于12%，用推土机从路堑取料填筑，且距离较短的路堤。缺点是不易碾压密实。

2）竖向填筑法

从路基一端或两端按横断面全高逐步推进填筑。填土过厚，不易压实。仅用于无法自下而上填筑的深谷、陡坡、断岩、泥沼等机械无法进场的路堤。

竖向填筑因填土过厚不易压实，施工时需采取选用振动或夯击式压实机械、选用沉降量小及颗粒均匀的砂石材料、暂不修建高级路面等措施，一般要进行沉降量及稳定性测定。

3）混合填筑法

路堤下层用竖向填筑而上层用水平分层填筑。适用于因地形限制或填筑堤身较高的路段，不宜采用水平分层法或竖向填筑法自始至终进行填筑的情况。单机或多机作业均可，一般沿线路分段进行，每段距离以20~40m为宜，多在地势平坦，或两侧有可利用的山地土场的场合采用。

2、填石路基施工技术

（1）填筑要求

1）路堤施工前，应先修筑试验路段，确定满足其规定孔隙率标准的松铺厚度、压实机械型号及组合、压实速度及压实遍数、沉降差等参数。

2）路床施工前，应先修筑试验路段，确定能达到最大压实干密度的松铺厚度、压实机械型号及组合、压实速度及压实遍数、沉降差等参数。

3）二级及二级以上公路的填石路堤应分层填筑压实。二级以下砂石路面公路在陡峻山坡地段施工特别困难时，可采用倾填的方式将石料填筑于路堤下部，但在路床底面以下不小于1.0m范围内仍应分层填筑压实。

4）岩性相差较大的填料应分层或分段填筑。严禁将软质石料与硬质石料混合使用。

5）中硬、硬质石料填筑路堤时，应进行边坡码砌，码砌边坡的石料强度、尺寸及码砌厚度应符合设计要求。边坡码砌与路基填筑宜基本同步进行。

6）压实机械宜选用自重不小于18t的振动压路机。

7）在填石路堤顶面与细粒土填土层之间应按设计要求设过渡层。

（2）填筑方法

1）竖向填筑法（倾填法）

主要用于二级及二级以下且铺设低级路面的公路，以及在陡峻山坡施工特别困难或大量爆破以挖作填路段，以及无法自下而上分层填筑的陡坡、断岩、泥沼地区和水中作业的填石路堤。该方法施工路基压实、稳定问题较多。

2）分层压实法（碾压法）

是普遍采用并能保证填石路堤质量的方法。该方法自下而上水平分层，逐层填筑，逐层压实。高速公路、一级公路和铺设高级路面的其他等级公路的填石路堤采用此方法。填石路堤将填方路段划分为四级施工台阶、四个作业区段、八道工艺流程进行分层施工。

四级施工台阶是：在路基面以下0.5m为第1级台阶，0.5~1.5m为第2级台阶，1.5~3.0m为第3级台阶，3.0m以下为第4级台阶。四个作业区段是：填石区段、平整区段、碾压区段、检验区段。施工中填方和挖方作业面形成台阶状，台阶间距视具体情况和适应机械化作业而定，一般长为100m左右。填石作业自最低处开始，逐层水平填筑，每一分层先是机械摊铺主骨料，平整作业铺撒嵌缝料，将填石空隙以小石或石屑填满铺平，采用重型振动压路机碾压，压至填筑层顶面石块稳定。

石方填筑路堤八道工艺流程是：施工准备、填料装运、分层填筑、摊铺平整、振动碾压、检测签认、路基成型、路基整修。

3）冲击压实法

利用冲击压实机的冲击碾周期性大振幅、低频率地对路基填料进行冲击，压密填方；强力夯实法用起重机吊起穷锤从高处自由落下，利用强大的动力冲击，迫使岩土颗粒位移，提高填筑层的密实度和地基强度。

4）强力夯实法

填石分层强夯施工，要求分层填筑与强夯交叉进行，各分层厚度的松铺系数，第一层可取1.2m，以后各层根据第一层的实际情况调整。每一分层连续挤密式夯击，然后形成夯坑，夯坑以同类型石质填料填补。由于分层厚度4~5m，填筑作业以堆填法施工，装运需大型装载机和自卸汽车配合作业，铺筑需人型履带式推土机摊铺和平整，夯坑回填也须推土机完成，每层主夯和面层的主夯与满夯由起重机和夯锤实施，路基面需振动压路机进行最后的压实平整作业。

强夯法与碾压法相比，只是夯实与压实的工艺不同，而填料粒径控制、铺填厚度控制都要进行，强夯法控制夯击数，碾压法控制压实遍数，机械装运摊铺平整作业完全一样，强夯法须进行夯坑回填。

3、土石路堤施工技术

填料要求：石料强度大于 20MPa 时，石块的最大粒径不得超过压实层厚的 2/3；当石料强度小于 15MPa 时，石料最大粒径不得超过压实层厚，超过的应打碎。

填筑方法：土石路堤不得采用倾填方法，只能采用分层填筑，分层压实。当土石混合料中石料含量超过 70% 时，宜采用人工铺填；当土石混合料中石料含量小于 70% 时，可用推土机铺填，最大层厚 40cm。

五、挖方路基施工

1、挖方路基施工

即将横挖法与通道纵挖法混合使用，适用于路堑纵向长度和挖深都很大时，先将路堑纵向挖通后，然后沿横向坡面挖掘，以增加开挖坡面。每一个坡面应设一个机械施工班组进行作业。

2、挖方路基机械化施工

高速公路路基施工的特点是，合同工期要求短，质量要求高，标段内工程土方量相对较大，同时由于土方施工作业受季节影响，因此，必须很好地组织机械化施工。

（1）项目机械化施工组织机构；

（2）机械配套及选型：

高速公路，质量要求高，工期紧，任务重，填筑土方运距远，要真正做到合理的机械配套，除考虑到工程数量、施工方案、工期、技术标准要求、当地的水文地质情况、本单位的实际情况外，还要考虑到设备的适应性、先进性、经济性和可靠性。

A.设备的适应性、可靠性土方运距：当土方的运输距离小于 100m 时，选用推土机；100~500m 或大于 500m 时应选自卸车运土。施工条件的要求：机械设备要满足场地的作业条件。机械组合尽可能并列化：这里指的是主要设备最好能配备 2 台以上，这样平时可以多开工作面，加快施工进度。一旦因机械故障停机时，2 台（或多机时）可以及时调整，不至于造成全面停工的情况，这在工程施工中是经常遇到的问题。

B.同一流程上各种机械的生产率应相互匹配

在土方工程施工中往往是多种机械联合作业，例如挖方施工作业程序，填方段推土开挖→装车→运输，其中有一个环节不匹配就会造成待装车过多或自卸弃土场车不足的现象，因此要求在施工组织中要及时合理地调度和安排。

C.科学地进行机械保养与维修

由于土方施工灰尘大，对推土机、装载机、自卸车的空气滤芯双套配置，收工后将灰尘大的滤芯交机械修理班。将已经吹洗干净的滤芯取回，以求得在机械正常运转情况下的最大生产能力。

D. 保证燃油料和机械配件的供应

燃油料的供应是机械施工的保证，工地柴、汽油的供应一般有两个渠道，交通方便的地方请加油站在工地设点，加油站负责日常加油定期结算；工地交通不便时，可经有关部门批准在工地设地下油罐及加油泵，由专人管理。油罐的储量要满足用油高峰期的需要，并与石油供应商建立好供应合同。在油库附近要严禁烟火，做好治安防火工作。对加油管理应有相应的办法和制度。

除此之外，为保证工地用油（有些大型设备收工后停在工地），必须配备有专用的加油车辆，加油车辆每天提早到达工地，开工前为工地机械加好油。工程施工准备阶段，就进场的设备与配件的供应进行市场调查，询价选定供货商以保证机械修理换件能在最短时间内解决，提高机械的使用率。

（3）土方机械施工机械配置；

（4）注意事项：

a. 作业面段落的划分：路基土石方机械施工都是流水作业，作业面设置是否合理直接影响工程进度、机械效率和质量要求。较为合理的做法是，每一个土方机械作业应设置2~3个作业面，每个作业面长150~200m，日完成土方量1 000m³~2 000m³之间，汽车运输道路应保证装车，会车不受影响，做好排水工作。

b. 每一配套组内必须配有一名机械保养工，以便随时进行检修，或配有专用维修车辆，工地通过对讲机联系，发现故障，及时维修。

c. 严格执行机械操作、驾驶、保养、安全各项规章制度和交通部已颁布《公路筑养路机械操作规程》（人民交通出版社，1996）。

六、软基处理

1、竖向塑料排水板施工

（1）施工方法

1）恢复中线，放出作业路段边桩，清理平整原地基。做好排水系统，保证排水通道畅通以利于软土排水固结。

2）将质量合格的砂运至施工现场，按计算用量卸料，用人工配合推土机按设计厚度铺设砂垫层并压实。

3）绘制方格网图并现场放样，用方格网控制，标示插板位置，使板距误差控制在允许范围内。

4）选择插板机（有轮胎式，链条式，轨道式），机上应刻有明显的进尺标志。如选用轨道式插板机时，要事先铺设与路基中线垂直的轨道。

5）就位插板机，调好机架的平整度和套管的垂直度，使排水板的垂直度偏差控制在允许范围内。

6）将排水板插入套管，起动振动锤，将套管和排水板压入土中。

7）排水板进尺长度要足够，不允许使用搭接延续的排水板。排水板的入土深度不得小于设计深度。

8）输送滚轴反转，松开排水板，套管上提，排队水板留在土中满足设计深度，套管上提时，跟带排水板的长度不大于50cm。

9）在地面以上20cm处切断排水板，移向下一孔位施工。

10）一个作业段插板完成后移走插板机，整平砂垫，埋位板头，尽快转入下一工序的施工。

（2）工艺流程框图

主要机械设备：插板机，推土机，发电机，自卸汽车。

2、特殊路基施工

软土的工程特性。

概念：天然含水率高、天然孔隙比大、抗剪强度低、压缩性高的细粒土。

包括：淤泥、淤泥质土、泥炭、泥炭质土等。

主要问题：填筑荷载引起软基滑动破坏的稳定问题和量大且时间长的沉降。

3、软土地基处理施工技术

（1）垫层和浅层处理

适用：表层软土厚度小于3m的浅层软弱地基处理。

1）碎石、沙砾、石屑、矿渣垫层施工规定；

2）机械碾压压实遍数不宜小于4遍；

3）特殊路基施工技术；

4）严禁扰动下卧软土层。

（2）粉煤灰垫层

1）严禁在浸水状态下施工；

2）施工时应分层铺填压实，松铺厚度应由试验确定；

3）验收合格后，覆盖前严禁车辆在其上通行，并应及时填筑路堤或封层。

（3）灰土垫层

1）施工前应做排水设施，施工期间严禁积水；

2）分段施工时，上下层施工缝应错开不小于0.5m；

3）分层铺填碾压，虚铺厚度不宜大于0.3m；

4）压实后3d内不得受水浸泡；

5）验收合格后，及时填筑路堤或作临时遮盖，防日晒雨淋；刚填筑完未经压实遭雨淋时，视影响程度进行处理，必要时应掺灰拌和重新铺筑。

（4）抛石挤淤

1）当下卧层平坦时，应沿道路中线向前呈三角形抛填，再渐次向两旁展开，将淤泥挤向两侧；

2）当下卧层具有明显横向坡度时，应从下卧层高的一侧向低的一侧拓展，并在低侧边部多抛投不少于2m宽，形成平台顶面；

3）在抛石高出水面后，应采用重型机具碾压紧密，然后在其上设置反滤层，再填土压实。

（5）竖向排水体

适用：深度大于3m的软土地基处理。对淤泥质土和淤泥地基处理时宜与加载预压或真空预压联合使用，保证足够预压期。

1）袋装砂井

顶部埋入砂垫层的长度不应小于0.3m。

工艺程序：整平原地面→摊铺下层砂垫层→机具定位→打入套管→沉入沙袋→拔出套管→机具移位→埋沙袋头→摊铺上层砂垫层。

2）塑料排水板

顶端埋入砂垫层的长度不应小于0.5m。

工艺程序：整平原地面→摊铺下层砂垫层→机具就位→塑料排水板穿靴→插入套管→拔出套管→割断塑料排水板→机具移位→摊铺上垫层。

（6）真空预压

适用：软土性质很差、土源紧缺、工期紧的软土地基。

施工流程：排水系统施工→抽真空系统施工→密封系统施工→抽气。

采用真空—堆载联合预压时，应先按真空预压的要求抽真空，当真空压力达到设计要求并稳定后，再进行堆载，并继续抽气。堆载时在膜上铺设土工布等保护材料。

（7）粒料桩

1）粒料桩振冲置换法施工规定

机械：振冲器、吊机或施工专用平车和水泵。

2）粒料桩振动沉管法施工规定

机械：钢套管、振冲器、吊机或施工专用平车和水泵。

施工工艺程序：整平地面→振冲器就位对中→成孔→清孔→加料振密→关机停水→振冲器移位。

（8）加固土桩

适用：处理十字板抗剪强度不小于10kPa、有机质含量不大于10%的软土地基。（包括粉喷桩与浆喷桩）

施工前应进行成桩工艺和成桩强度试验。当成桩质量不满足设计要求时，应在调整设计与施工有关参数后，重新进行试验或改变设计。

（9）粉喷桩施工规定

钻进过程中保持连续喷射压缩空气，保证喷灰口不被堵塞，钻杆内不进水。（0.8～1.5m/min）

提升钻杆、喷粉搅拌时，应使钻头反向，边旋转、边喷粉、边提升；当钻头提升至距离地面0.3～0.5m，可停止喷粉。

根据设计要求对桩身从地面开始1/3～1/2桩长并不小于5m范围内或桩身全长进行复搅。

（10）浆喷桩施工规定

制备好的浆液不得离析，不得长时间放置，超过2h的浆液应废弃。入集料斗应加筛过滤，保护泵体。

提升钻杆、喷浆搅拌时，应使钻头反向，边旋转、边喷浆、边提升；当钻头提升至距离地面1m时，宜慢速提升；当喷浆口即将出地面时，停止提升并搅拌数秒。

（11）水泥粉煤灰碎石桩（CFG）——振动沉管灌注法

施工规定：

沉管至设计高程后应尽快投料，首次投料量应使管内混合料面与投料口平齐。拔管过程中发现料量不足时应及时补充投料。桩顶超灌高度不宜小于0.5m。

设计高程留振10s左右，边振动边拔管。拔管速度宜为1.2～1.5m/min，如遇淤泥层，速度宜适当放慢。拔管过程中不得反插。

当设计桩距较小时，宜按隔桩跳打的顺序施工。施打新桩与已打桩间隔的时间不应少于7d。

（12）刚性桩

适用：处理深厚软土地基上荷载较大、变形要求较严格的高路堤段、桥头或通道与路堤衔接段。

刚性桩顶应设置桩帽（圆柱体、台体或倒锥台体），桩帽直径或边长宜为1.0～1.5m，厚度宜为0.3～0.4m，宜采用C30水泥混凝土现场浇筑而成。

种类：预应力混凝土薄壁管桩、现浇混凝土大直径管桩（PCC）。

（13）爆炸挤淤

适用：处理海湾滩涂等淤泥和淤泥质土地基。处理厚度不宜大于15m。

爆炸施工前应进行现场勘查及爆炸安全区的安全检查，从事爆破工作的施工单位应取得当地公安部门核发的爆破作业许可证，从事爆破工作的人员应该持证上岗。

（14）路堤地基隔离墙

适用：相邻两路堤之间，或已建成路堤与拓宽路堤之间出现相互干扰，对地基渗流、变形、稳定等产生不利影响情况下的隔离。

（15）强夯和强夯置换

1）适用范围：

碎石土、低饱和度的粉土与蒙古性土、杂填土和软土等地基。

高饱和度的粉土与软塑、流塑的软黏土地基，处理深度不宜大于7m。

2）处理范围：

超出路堤坡脚（不宜小于3m），坡脚外增加一排置换桩。

3）要求：

地基中设竖向排水体，强夯前采取降水措施，桩顶铺设一层厚度不小于0.5m的粒料垫层。

第四节 路面工程施工

一、概述

路面工程包含路面基层（底基层）施工技术，沥青路面施工技术，水泥混凝土路面施工技术，路面防、排水施工技术，特殊沥青混凝土路面施工技术，路面试验检测技术等。

1、基本内容

路面工程包含路面基层（底基层）施工技术，沥青路面施工技术，水泥混凝土路面施工技术，路面防、排水施工技术，特殊沥青混凝土路面施工技术，路面试验检测技术等。

2、路面基层（底基层）施工技术

（1）粒料基层（底基层）

料理基层（底基层）包括嵌锁型和级配型两种。嵌锁型包括泥结碎石、泥灰结碎石、填隙碎石等，其中填隙碎石可用于各等级公路的底基层和二级以下公路的路基。级配型包括级配碎石、级配砾石、符合级配的天然沙砾、部分砾石经轧制参配而成的级配碎、碎石等，其中级配碎石可用于各级公路的基层和底基层；级配砾石、级配碎砾石以及符合级配、塑性指数等技术要求的天然沙砾，可适用于轻交通的二级和二级以下公路的基层以及各级公路的底基层。

（2）对原材料的技术要求

1）填隙碎石的单层铺筑厚度宜为10~12cm，最大粒径宜为厚度的0.5~0.7倍。用作基层时，最大粒径不应超过53mm；用作底基层时，最大粒径不应超过63mm。填隙料可用石屑或最大粒径小于10mm的沙砾料或粗砂，主骨料和填隙料的颗粒组成可参照有关规范的规定。

2）级配碎石宜用几种粒径不同的碎石和石屑掺配拌制而成，其粒料的级配组成应符合相应的试验规程的要求，且级配应接近圆滑曲线。用于底基层的为筛粉碎石的级配，依据符合相应的试验规程的要求。级配碎石用作基层时，其压实度不应小于98%；用作底基层时，其压实度不应小于96%。

3）级配砾石或天然沙砾用作基层或底基层，其颗粒组成应符合相应的试验规程的要求，且级配宜接近圆滑曲线。

4）填隙碎石施工。

A.备料

根据基层的宽度、厚度及松铺系数，计算粗碎石用量。填隙料用量约为粗碎石用量的30%~40%。

B.运输粗碎石：由远到近将粗碎石按规范计算的距离卸置于下承层上。卸料距离应严格掌握。

C.摊铺：用平地机或其他合适的机具将粗碎石均匀地摊铺在预定的宽度上，表面应力求平整，并有规定的路拱，应同时摊铺路肩用料。

D.撒铺填隙料和碾压。（分干施工法和湿施工法）

D1.干法施工

初压：

撒铺填隙料；

碾压：用振动压路机慢速碾压，将全部填隙料振入粗碎石间的孔隙中。

再次撒布填隙料；

再次碾压：用振动压路机按前述进行碾压。

再次碾压后，表面必须能看得见粗碎石。如填隙碎石层上为薄沥青面层，应使粗碎石的棱角外露3~5mm。

当需分层铺筑时，应将已压成的填隙碎石层表面粗碎石外露约5~10mm，然后在上摊铺第二层粗碎石。

填隙碎石表面孔隙全部填满后，用12~15t三轮压路机再碾压1~2遍。在碾压过程中，不应有任何蠕动现象。

在碾压之前，宜在表面先洒少量水。

D2.湿法施工

开始工序与干施工法要求相同。

粗石层表面孔隙全部填满后，立即用洒水车洒水，直到饱和，但应注意避免多余水浸泡下承层。

用12~15t三轮压路机跟在洒水车后进行碾压。

干燥：碾压完成的路段应让水分真发一段时间。

当需分层铺筑时，应待结构层变干后，将已压成的填隙碎石层表面的填隙料扫除一些，使表面粗碎石外露 5~10mm，然后在上摊铺第二层粗碎石。

3、无机结合料稳定基层施工

（1）无机结合料稳定类

无机结合料稳定类（也称半刚性类型）基层分类及适用范围：

1）水泥稳定土

适用范围：各级公路的基层和底基层，但水泥稳定细粒土不能用作二级和二级以上公路高级路面的基层。

2）石灰稳定土

适用范围：各级公路的底基层，以及二级和二级以下公路的基层，但石灰土不得用作二级公路的基层和二级以下公路高级路面的基层。

3）石灰工业废渣稳定土

适用范围：各级公路的基层和底基层，但二灰、二灰土和二灰砂不应做二级和二级以上公路高级路面的基层。

（2）对原材料的技术要求

1）水泥：初凝时间 3h 以上和终凝时间较长（宜在 6h 以上）的水泥。

2）石灰：应符合Ⅲ级以上消石灰或生石灰的技术指标。应检验石灰的有效钙和氧化镁含量。

3）粉煤灰：粉煤灰中 SiO_2、Al_2O_3 和 Fe_2O_3 的总含量应大于 70%，烧失量不宜大于 20%。

4）集料：集料除应符合压碎值及级配要求。

5）水泥稳定类材料的压实度（按重型击实标准）及 7d（在非冰冻区 25℃、冰冻区 20℃条件下湿养 6d、浸水 1d）龄期的无侧限抗压强度应满足要求。

6）水泥剂量应通过配合比设计试验确定。当水泥稳定中、粗粒土做基层时，应控制水泥剂量不超过 6%。

7）采用水泥稳定碎石土、砾石土或含泥量大的砂、沙砾时，宜掺入一定剂量石灰进行综合稳定，当水泥用量占结合料总量的 30% 以上时，应按水泥稳定类进行设计，否则按石灰稳定类设计。

8）水泥稳定粒径均匀且不含或细料很少的沙砾、碎石以及不含土的砂时，宜在集料中添加 20%~40% 的粉煤灰或添加剂量为 10%~12% 的石灰土进行综合稳定。

路面结构主要为水稳层和沥青混凝土面层，施工质量要求高，在施工工艺上要求配合的机械设备也较多，需要加强施工组织安排，做好施工现场的资源的现场布置管理，确保工序满足要求。试配配合比：大碎石（19~31.5mm）；中碎石（4.75~19mm）；小石屑（0.075~9.5mm）按照 35：41：27 配得的 5% 水稳的最大干密度（2.04g/cm³），最佳含水率（6%）。

4、路面施工流程简述

（1）工具/原料

水稳拌和站、沥青混凝土拌和站、压路机、摊铺机、抗车辙剂、装载机。

（2）方法/步骤

首先进行路基弯层测量检测路基的施工质量是否符合，或是原有沥青混凝土洗刨清除。按照设计要求拌和水泥稳定碎石料，现场采用装载机摊铺，平地机首屏，水稳层施工。水稳层摊铺完成后，采用压路机碾压，边角部位采用小型机具碾压密室。需要加强质量控制。

水稳层碾压施工完成后，需要铺设塑料薄膜封闭养护。养护时间符合要求。加强洒水。

水稳层表层采用机械清扫，清扫边角不稳人工清除，集中堆放进行处理然后弃置渣场统一堆放。

沥青混凝土由拌和站统一拌制添加抗车辙剂，采用摊铺机统一摊铺，保证温度要求，压路机碾压密室。

采用取芯机对沥青混凝土进行取样，做密实度检测，看压实度适合要求。竣工验收要进行尺寸、厚度检查。

二、路面施工主要机械设备简介

1、分总成移动式厂拌设备

是将各主要总成分别安装在几个专用底盘上，形成两个或两个以上的半挂车或全挂车形式。各挂车分别被拖动到施工现场，依靠吊装机具将设备安装、组合成工作状态，并可根据实际施工现场条件合理布置。这种形式多在大、中型设备中采用，适用于工程量较大的公路施工工程。部分移动式厂拌设备是将主要部件安装在一个或几个特制的底盘上，形成一组或几组半挂车或全挂车，依靠拖动来转移土地；将小的部件采用可拆装搬运的方式，依靠汽车运输完成工地转移。这种形式在大、中型厂拌设备中采用，适用于城市道路和公路施工工程。可搬移动式厂拌设备是将各主要总成分别安装在两个或两个以上底架上，各自装车运输实现工地转移，再依靠吊装机具将几个总成安装、组合成工作状态。这种形式在小、中、大型厂拌设备中采用，具有造价低、维护方便等特点，适用于各种工程量的城市道路和公路施工工程。固定式厂拌设备固定安装在预先选好的场地上，形成一个稳定土生产基地。因此，一般规模较大，具有大、特大生产能力，适用于工程量大且集中的城市道路、公路施工工程。

2、稳定土厂拌设备的技术特点

稳定土厂拌设备在技术特点上已经相对较为完善，在集料的计量方面大多采用了先进的工业电脑控制体系，实现了骨料、水泥和水的主动配比，具备计量正确、牢靠性好、搅拌平均、操作不便、环保好的特点；在结构方面需安装在固定地点作业，整机庞大，占地面积大，还需配置运输车辆和装卸机械才能将成品料运至施工现场，因此使用成本高。目前，稳定土厂拌设备技术特点也有新的发展。

（1）颗粒含水率快速连续检测技术

含水率对稳定土的力学性能和施工质量影响很大。原材料的含水率受气候影响而变化，特别是砂料、粉煤灰等细料的变化更大，这将直接影响到成品料的含水率和骨料级配的准确性。因此，必须及时测出原材料的含水率，并通过准确控制供水和供料量，使成品料的各项配比保持一定，从而保证成品料的质量。目前，该项技术已取得很大的进展，电容式、中子式、红外线等粒料含水率快速连续检测仪已推向市场，正在提高可靠性和检测的适用范围，降低成本，尽快普及使用。

（2）既能连续又能间歇强制拌和的多用途厂拌设备

为了扩大厂拌设备的使用范围，一些厂家正在研制了具有连续搅拌作业和间歇搅拌作业两种功能的厂拌设备，使其不仅能拌制稳定材料，也能拌制各种水泥混凝土混合料。通过键盘操作转换物料的计量程序，实现物料的连续计量与输送或分批计量与输送。在连续计量时，搅拌机中叶桨安装成常用的卧式双轴强制连续搅拌机，能生产稳定土；在间歇计量时，搅拌机中的几个叶桨改变安装角（反向），使物料在搅拌机中循环搅拌（搅拌时间按需要设定），能生产水泥混凝土等。该设备的关键技术，是物料的计量控制技术和搅拌机的多功能特性，是未来的发展方向。

（3）无衬板搅拌机

目前，针对稳定土的特性和连续搅拌的作业特点，研制成无衬板搅拌机。无衬板搅拌机的工作原理与有衬板的一样，但两者的抗磨机理不同。无衬板搅拌机最大限度地加大了叶桨与机体之间的间隙。搅拌机工作时，在机体与叶桨之间的间隙中形成一层几乎不移动的混合料层，起到衬板的作用，保护机体不受磨损。这种无衬板搅拌机，机体一般设计成平底斗形，具有结构简单、制造容易、质量轻、造价低、生产率高、物料不产生阻塞和挤碎现象、搅拌均匀等优点。

（4）组成部件间的搭配灵活多样

多数厂家的稳定土厂拌设备是由多个总成相互组配而成的，在保证设备基本性能的前提下，其部件可以根据用户实际需要进行不同的组合。总体布置形式也可根据需要施工场地而变化，可布置成"一"字形或"丁"字形，因而使稳定土厂拌设备结构多样，布局更为灵活，更能满足用户的多种需求。

（5）设备大型化

随着施工作业机械的不断发展，也在要求稳定土厂拌设备向大型化的方向发展，设备的生产能力不断提高。

（6）结构模块化

随着科技的发展，稳定土厂拌设备的组成部分均已系列化，对固定式稳定土厂拌设备的生产制造提供有利条件。

（7）拌和范围扩大

稳定土厂拌设备的拌和范围得到了较大的改善，使设备的利用更加有效，不仅能够搅拌稳定土，还可以搅拌其他的混合料，如碾压混凝土，乳化沥青混凝土等。

3、主要结构与工作原理

稳定土厂拌设备主要由矿料（土壤、碎石、沙砾、粉煤灰等）配料机组；集料皮带输送机；结合料（水泥、石灰）存储配给组成；搅拌器；水箱及供水系统；电器控制系统；成品料皮带输送机；成品储料斗等部件组成。由于厂拌设备型号较多，结构布局多样，因此，各种厂拌设备的组成也有所不同。

4、稳定土厂拌设备的选型

（1）稳定土厂拌设备选择依据

设备选择目的在于挑选技术先进、经济合理和使用安全可靠的最好设备，以保证工程任务按时按量的完成。合理选择施工机械的依据是：工程量、施工进度计划、施工条件、现有机械的施工状况及相应的配套情况等。一般来说应注意遵循以下原则：①设备应能适合工作的性质、适合施工对象的特点、场地大小和运输条件等施工状况，应能充分发挥设备的效能。所选设备的生产能力，应能满足施工强度的要求，施工质量应能满足设计要求；②设备在技术上应是先进的，能满足施工中的要求。即结构先进，性能可靠，生产率稳定，且易于检修，并具有良好的安全性能和环保性能等；③设备的购置和运转费用要少，能源消耗要低，并通过技术经济比较，优先选用生产率高、单位产品费用低的设备；④所选用的设备技术含量要与使用、维护能力相适应，以此来充分发挥其潜在效能。

（2）稳定土厂拌设备参数及关键部件的选择

①生产率是依据稳定土厂拌设备总体方案确定的，在设计搅拌器时为已知条件。稳定土厂拌设备的生产率 Q（t/h）可按下式计算：

$Q=3600Uq_c/t$

式中：U——搅拌器应有的有效容积，m³；q_c——混合密度，t/m³；t——拌和时间，s。

根据上述公式，计算稳定土厂拌设备的生产率标称值，是设备综合性能的最终体现，一般以其输出的生产能力的大小表现出来。但为使设备平稳、可靠、持续的运行，设备在实际运行中的设定生产率一般为标称生产率的80%~90%，此值也即为设备的实际稳定生产能力。此值与施工中的生产率实际需求值加以比较后，才能对设备的标称生产率进行有效确认，从而选定合适的配套设备，并充分发挥其效能。

②计量系统的选择

按照计量系统的不同可将计量分为两类：一种采用体积式计量，另一种采用质量式计量。质量计量系统是在体积计量系统的基础上，用电子传感器测出物料单位时间内通过的质量信号，并根据质量信号调节皮带输送机的转速。因此，质量式计量比体积式计量准确度要高。对于集料的计量来讲，体积式计量包括储料斗，调速皮带输送机和集料皮带机。其输送量如下：

$$Q=rBHv$$

式中：Q——单位时间集料输送量，t/h；r——集料比重，t/m³；B——出料门宽度，m；H——料门开启高度，m；v——皮带机速度，m/h。

三、路面的分类和路面结构

1、路面的分类

路面类型可从不同角度来进行划分，一般常按照面层所用的材料来进行区分，如水泥混凝土路面、沥青路面、砂石路面等等。

（1）沥青路面

1）柔性基层沥青路面；

2）半刚性基层沥青路面；

3）刚性基层沥青路面；

4）全厚式沥青路面。

我国常用的高速公路沥青路面的结构（半刚性基层沥青路面）：（A级或改性）沥青AC-13，Sup-13，SMA-13，4cm；（A级或B级或改性）沥青AC-20，Sup-19，6cm～8cm；（A级或B级）沥青AC-25，Sup-25，6cm～8cm；水泥稳定碎石或二灰碎石30cm～40cm；二灰土或石灰土20cm～40cm；土基。

（2）水泥混凝土路面（水泥路面）

普通混凝土（JPCP）；钢筋混凝土（JRCP）；连续配筋混凝土（CRCP）；钢纤维混凝土；预应力混凝土、装配式混凝土、碾压混凝土。

2、路面的结构层次与材料要求

由于行车荷载、自然因素等对路面的影响随深度的增加而逐渐减弱，路面的强度、抗变形能力和稳定性也应随深度而逐渐降低要求，因此，路面的结构应分层铺筑、分为若干层次结构，并按各结构层次的特定状况进行相应的材料要求。

路面结构按照使用要求、受力状况、土基支承条件和自然因素影响程度的不同分成若干层次，通常按照各个层位功能的不同划分为面层、基层和底基层三个层次，基层中包括底基层在内。

面层：直接同行车荷载、大气接触，承受较大的行车荷载作用（包括冲击），同时受到降水、气温等的影响。与其他层次相比，它应具有较高的结构强度、抗变形能力，较好的水稳定性和温度稳定性，而且应耐磨、不透水、抗滑、平整（另外还应能适应基层开裂对其影响或旧路面病害的反映）。材料的使用应能适应此功能要求。

基层：主要承受由面层传来的车辆荷载垂直力并将其扩散到下面的垫层及土基，是路面结构的主要承重层（对于沥青路面）或重要功能层（对于水泥砼路面），因此，它也应具有足够的强度与刚度，并应具有良好的扩散应力的能力；基层受大气影响较面层小，但仍可能被面层渗入雨水浸湿或地下水影响，也可受温度影响变形，因此仍应具有足够的水温稳定性；同时，为保证面层平整，它还应具有较好的平整度。

路基垫层：垫层介于基层和土基之间，它可改善土基的湿度和温度状况、使面层与基层免受土基水温状况变化的不良影响或保护土基处于稳定状态；同时，也可扩散基层传递的荷载应力、减小土基的应力与变形，并可阻止路基土挤入基层。一般垫层修于特定状况道路工程如防砂土基础挤入基层、软土地基扩散应力、冻土保温隔温等。

面层：用水泥混凝土、沥青混凝土、沥青碎石、泥灰结石、块料等材料。

基层（包括底基层）：材料主要有各种结合料稳定土或稳定碎石、贫水泥砼、天然沙砾、碎石/块石/片石/砾石、工业废渣结合混合料等。当用不同材料修筑基层时，最下层的统一材料层称为底基层，它可就近使用当地的材料或土。

路基及垫层：材料主要有松散粒料类透水层或稳定土等稳定隔离层。

四、路面基层（底基层）施工

1、粒料分类及适用范围

（1）粒料分类

1）嵌锁型——包括泥结碎石、泥灰结碎石、填隙碎石等。

2）级配型——包括级配碎石、级配砾石、符合级配的天然沙砾、部分砾石经轧制掺配而成的级配砾、碎石等。

（2）粒料类适用范围

1）级配碎石可用于各级公路的基层和底基层。

2）级配砾石、级配碎砾石以及符合级配、塑性指数等技术要求的天然沙砾，可适用于轻交通的二级和二级以下公路的基层以及各级公路的底基层。

3）填隙碎石可用于各等级公路的底基层和二级以下公路的基层。（只记适用基层的情况）

2、对原材料的技术要求

（1）各类基层、底基层的集料压碎值应符合规定要求。

（2）填隙碎石的单层铺筑厚度宜为 10~12cm，最大粒径宜为厚度的 0.5~0.7 倍。主骨料和填隙料的颗粒组成可参照有关规范的规定。

（3）级配碎石宜用几种粒径不同的碎石和石屑掺配拌制而成，其粒料的级配组成应符合相应的试验规程的要求。

级配碎石用作基层时，其压实度不应小于 98%；用作底基层时，其压实度不应小于 96%。

（4）级配砾石或天然沙砾用作基层或底基层，其颗粒组成应符合相应的试验规程的要求，且级配宜接近圆滑曲线。

级配砾石或天然沙砾用作基层时，其重型击实标准的压实度不应小于 98%，CBR 值不应小于 60%；用作底基层时，其重型击实标准的压实度不应小于 96%，CBR 值相较于轻交通道路的不应小于 40%，对中等交通道路不应小于 60%。（级配碎石和级配砾石或天然沙砾结合起来记）

3、沥青稳定类基层分类及适用范围

（1）分类

包括热拌沥青碎石、沥青贯入碎石、乳化沥青碎石混合料等。

（2）适用范围

1）热拌沥青碎石适用于柔性路面上基层及调平层。

2）沥青贯入式碎石可设在沥青混凝土与粒料基层之间作上基层，此时应不撒封层料，也不做上封层。

3）乳化沥青碎石混合料适于各级公路调平层。

4、热拌沥青碎石施工的一般要求

（1）按施工规范要求做好各项施工准备工作。

（2）按施工规范规定的步骤进行热拌沥青碎石的配合比设计，即包括目标配合比设计阶段、生产配合比设计阶段、生产配合比验证阶段。

（3）配合比设计采用马歇尔试验设计方法。

第五节　沥青路面施工技术

一、沥青路面施工技术

1、沥青路面结构组成

1）沥青路面结构层可由面层、基层、底基层、垫层组成。

2）面层是直接承受车轮荷载反复作用和自然因素影响的结构层，可由一至三层组成。表面层应根据使用要求设置抗滑耐磨、密实稳定的沥青层；中面层、下面层应根据公路等级、沥青层厚度、气候条件等选择适当的沥青结构层。

3）基层是设置在面层之下，并与面层一起将车轮荷载的反复作用传布到底基层、垫层、土基，起主要承重作用的层次。当基层较厚需分两层施工时，可分别称为上基层、下基层。

4）底基层是设置在基层之下，并与面层、基层一起承受车轮荷载反复作用，起次要承重作用的层次。底基层较厚需分两层施工时，可分别称为上底基层、下底基层。

5）垫层是设置在底基层与土基之间的结构层，起排水、隔水、防冻、防污等作用。

2、路面等级、面层类型

（1）路面等级分为高级路面、次高级路面、中级路面、低级路面。

（2）路面面层类的选用应符合相关规定标准；

面层类型适用范围：

沥青混凝土高速公路、一级公路、二级公路、三级公路、四级公路；

水泥混凝土高速公路、一级公路、二级公路、三级公路、四级公路；

沥青贯入、沥青碎石、沥青；

表面处治三级公路、四级公路；

砂石路面四级公路。

3、沥青混合料结构类型

（1）按组成结构分类

1）密实—悬浮结构：在采用连续密级配矿料配制的沥青混合料中，工程中常用的AC-Ⅰ型沥青混凝土就是这种结构的典型代表。

2）骨架—空隙结构：当采用连续开级配矿料与沥青组成沥青混合料时，由于矿料大多集中在较粗的粒径上，压实后在混合料中留下较多的空隙，形成骨架—空隙结构。工程中使用的沥青碎石混合料（AM）和排水沥青混合料（OGFC）是典型的骨架空隙型结构。

3）密实—骨架结构：当采用间断型密级配矿料与沥青组成沥青混合料时，由于矿料颗粒集中在级配范围的两端，缺少中间颗粒，形成密实—骨架结构。沥青碎石玛蹄脂混合料（SMA）是一种典型的骨架密实型结构。

（2）按矿料级配分类

1）密级配沥青混凝土混合料：各种粒径的颗粒级配连续、相互嵌挤密实的矿料，与沥青拌和而成，且压实后的剩余空隙率小于10%的混凝土混合料。代表类型有沥青混凝土、沥青稳定碎石。

2）半开级配沥青混合料：由适当比例的粗集料、细集料及少量填料（或不加填料）与沥青拌和而成，压实后剩余空隙率在10%以上的半开式改性沥青混合料。代表类型有改性沥青稳定碎石，用 AM 表示。

3）开级配沥青混合料：矿料级配主要由粗集料组成，细集料和填料较少，采用高黏度沥青结合料黏结形成，压实后空隙率大于15%的开式沥青混合料。代表类型有排水式沥青磨耗层混合料，以 OGFC 表示；另有排水式沥青稳定碎石基层，以 ATPB 表示。

4）间断级配沥青混合料：矿料级配组成中缺少1个或几个档次而形成的级配间断的沥青混合料。代表类型有沥青玛蹄脂碎石（SMA）

（3）按矿料粒径分类

1）砂粒式沥青混合料；

2）细粒式沥青混合料；

3）中粒式沥青混合料；

4）粗粒式沥青混合料；

5）特粗式沥青混合料。

（4）按施工温度分类

1）热拌热铺沥青混合料；

2）常温沥青混合料掌握沥青路面透层、粘层、封层的作用及适用条件。

二、沥青路面施工方法

1、洒布法路面面层施工

用洒布法施工的沥青路面面层有沥青表面处治和沥青贯入式两种，沥青表面处治是用沥青和细料矿料分层铺筑成厚度不超过3cm的薄层路面面层，通常采用层铺法施工，按照洒布沥青及铺撒矿料的层次的多少，可分为单层式、双层式和三层式三种，单层式和双层式为三层式的一部分。

2、三层式表面处治施工

清理基层，在表面处治施工前，应将路面基层清扫干净，使基层的矿料大部分外露，并保持干燥；若基层整体强度不足时，则应先予以补强。

洒透层(或粘层)沥青，洒布第一层沥青要洒布均匀，当发现洒布沥青后有空白、缺边时，应立即用人工补洒，有积聚时应立即刮除。施工时应采用沥青洒布车喷洒沥青，其洒布长度应与矿料撒布能力相协调。沥青洒布温度应根据施工气温以及沥青标号确定，一般情况下，石油沥青宜为 130℃～170℃，煤沥青宜为 80℃～120℃，乳化沥青宜在常温下散布。

铺撒第一层矿料：洒布主层沥青后，应立即用矿料撒布机或人工洒布第一层矿料。矿料要洒布均匀，达到全面覆盖一层、厚度一致、矿料不重叠、不露沥青，当局部有缺料或过多处，应适当找补或扫除。

碾压：洒布一段矿料后，用 60～80kN 双轮压路机碾压。碾压时，应从一侧路缘压向路中，宜碾压 3～4 遍，其速度开始不宜超过 2km/h，以后可适当增加。

洒第二层沥青，洒布第二层矿料，碾压，再洒第三层沥青，洒布第三层矿料，碾压。

初期养护：沥青表面处治后，应进行初期养护。当发现有泛油时，应在泛油部位补撒与最后一层矿料规格相同的嵌缝料并洒布均匀；当有过多的浮动矿料，应扫出路外；当有其他损坏现象时，应及时修补。

3、贯入式路面施工

沥青贯入式路面属多孔结构，为防止路表水侵入和增强路面的水稳定性，其面层的最上层应洒布封层料或加铺拌和层，而当沥青贯入层作为联结层时，可不洒布表面封层料。沥青贯入式路面适用于二级及二级以下的公路，其厚度宜为 4～8cm，但乳化沥青贯入式路面厚度不宜超过 5cm，当贯入层上部加铺拌和层的沥青混合料面层时，总厚度宜为6～10cm，其中拌和层的厚度宜为 2～4cm。

沥青贯入式路面的施工工艺流程为：清扫基层→洒透层或粘层沥青（乳化沥青贯入式或沥青贯入式厚度小于5cm）→洒主层矿料→碾压→洒布第一遍沥青→洒布第一遍嵌缝料→碾压→洒布第二遍沥青→洒第二遍嵌缝料→碾压→洒布第三遍沥青→洒封层料→碾压→初期养护。

4、铺筑施工工艺

热拌沥青混合料路面施工可分为沥青混合料的拌制与运输和现场铺筑两阶段。热拌沥青混合料路面完工后待自然冷却，表面温度低于50℃后，方可开放交通。

在拌制沥青混合料之前，应根据确定的配合比进行试样，试拌时对所用的各种矿料及沥青应严格计量，对试样的沥青混合料进行试验以后，即可选定施工配合比。

（1）热拌沥青混合料的拌制和运输

1）沥青混合料必须在沥青搅拌厂（场、站）采用搅拌机拌和。

2）城市主干路、快速路的沥青混凝土宜采用间歇式（分拌式）搅拌机拌和。

3）拌制的沥青混合料应均匀一致，无花白料、无结团成块或严重的粗细料分离现象。

4）为配合大批量生产混合料，宜用大吨位自卸汽车运输。运输时对货厢底板、侧板均匀喷涂一薄层油水（柴油：水为1:3的混合液），注意不得将油聚积在车厢底部。

5）出厂的沥青混合料应逐车用地磅称重，并测量温度，签发一式三份的运料单。

6）从搅拌锅往汽车中卸料时，要前后均匀卸料，防止粗细料分离。运输过程中要对沥青混合料加以覆盖。

（2）热拌沥青混合料的铺筑

基层准备和放样，铺筑沥青混合料前，应检查确认下层的质量，当下层质量不符合要求，或未按规定洒布透层、粘层沥青或铺筑下封层时，不得铺筑沥青面层。为了控制混合料的摊铺厚度，在准备好基层之后，应进行测量放样，即沿路面中心线和四分之一路面宽度处设置样桩，标出混合料松铺厚度。当采用自动调平摊铺机时，应放出引导摊铺机运行走向和标高的控制基准线。

摊铺，热拌沥青混合料应采用机械摊铺，对高速公路和一级公路宜采用两台以上摊铺机联合摊铺，以减少纵向次冷按缝，相邻两台摊铺机纵向相距10~30m，横向应有5cm宽度摊铺重叠。沥青混合料摊铺机摊铺过程是由自卸汽车将混合料卸在料斗内，经传送器将混合料往后传到螺旋摊铺器，随着摊铺机前进，螺旋摊铺器即在摊铺带宽度上均匀地摊铺混合料，随后捣实，并由摊平板整平。

运料车的运输能力应较主导机械的工作能力稍大。城市主干路、快速路开始摊铺时，等候卸料的车不宜少于5辆。宜采用两台（含两台）以上摊铺机成梯队作业，进行联合摊铺。相邻两幅之间宜重叠5~10cm，前后摊铺机宜相距10~30m，且保持混合料合格温度。摊铺机应具有自动调平、调厚装置，具有足够容量的受料斗和足够的功率可以推动运料车，具有初步振实、熨平装置，摊铺宽度可以调整。城市主干路、快速路施工气温低于10℃时，或其他等级道路施工气温低于5℃时均不宜施工。摊铺沥青混合料应缓慢、均匀、连续不间断。用机械摊铺的混合料，不得用人工修整。

碾压，摊铺后紧跟碾压工序，压实分初压、复压、终压（包括成型）三个阶段。正常施工时碾压温度为110~140℃，且不低于110℃；低温施工碾压温度120~150℃。碾压终了温度不低于65~80℃。碾压速度应慢而均匀。初压时料温较高，不得产生推移、开裂。压路机应从外侧向中心碾压，相邻碾压带重叠1/3~1/2轮宽。碾压时应将驱动轮面向摊铺机。复压采用重型轮胎压路机或振动压路机，不宜少于4~6遍，达到要求的压实度。终压可用重型轮胎压路机或停振的振动压路机，不宜少于2遍，直至无轮迹。在连续摊铺后的碾压中，压路机不得随意停顿。为防止碾轮粘沥青，可将掺洗衣粉的水喷洒碾轮，严禁涂刷柴油。

压路机不得在未碾压成型并冷却的路面上转向、调头或停车等候，也不得在成型路面上停放任何机械设备或车辆，不得散落矿料、油料等杂物，加强成品保护意识。碾压的最终目的是保证压实度和平整度达到规范要求。

压实后的沥青混合料应符合平整度和压实度的做法，因此，沥青混合料每层的碾压成型厚度不应大于10cm，否则应分层摊铺和压实，其碾压过程分为初压、复压和终压三个阶段。初压是在混合料摊铺后较高温度下进行，宜采用 60~80kN 双轮压路机慢速度均匀碾压 2 遍，碾压温度应符合施工温度的要求，初压后应检查平整度、路拱必要时应予以适当调整；复压是在初压后，采用重型轮式压路式或振动压路机碾压 4~6 遍，要达到要求的压实度，并无显著轮迹，因此，复压是达到规定密实度的主要阶段；终压紧接着复压进行，终压选择 60~80kN 的双轮压路机碾压不少于 2 遍，并应消除在碾压过程中产生的轮迹和确保路表面的良好平整度。

5、接缝施工工艺

沥青路面的各种施工，包括纵缝、横缝和新旧路的接缝等处，往往由于压实不足，容易产生台阶、裂缝、松散等质量事故，影响路面的平整度和耐久性。接缝的内容、要求和注意事项如下：摊铺时采用梯队作业的纵热接缝。施工时应将先铺的已铺混合料留下 10~20cm 宽度暂时不碾压，作为后摊铺部分的高程基准面。纵缝应在后铺部分摊铺后立即进行碾压，压路机应大部分压在已先铺碾压好的路面上，仅有 10~15cm 的宽度压在新铺的车道上，然后逐渐移动跨缝碾压以消除缝迹。

摊铺梯队作业时的纵缝应采用热接缝。上下层的纵缝应错开 15cm 以上，上面层的纵缝宜安排在车道线上，相邻两幅及上下层的横接缝应错位 1m 以上。中、下层可采用斜接缝，上层可用平接缝。接缝应黏结紧密、压实充分，连接平顺。

半幅施工或与旧沥青路面连接的纵缝，不能采用热接缝时，宜加设挡板或采用切刀切齐。铺另半幅前必须将缝边缘清扫干净，并刷粘层沥青。摊铺时应重叠在已铺层上 5~10cm，摊铺后用人工将摊铺在前半幅上面的混合料铲走。碾压时先在已压实的路面上行驶，碾压新铺层 10~15cm，然后再逐渐移动跨过纵缝，将纵缝碾压紧密。上下层的纵缝应错开 15cm 以上。表层的纵缝应顺直，且位于车道的画线位置。

横缝应与路中线垂直。相邻两幅及上下层的横缝应错位 1m 以上。对高速公路和一级公路、中面层、下面层的横向接缝可斜接，但在上面层应做成垂直的平头缝，即平接。其他等级公路的各层均可斜按。铺筑接缝时，可在已压实的部分上面铺设一些热混合料使之预热软化，以加强新旧混合料的黏结。但在开始碾压前应将预热用的混合料铲除。

斜接缝的搭接长度与厚度有关，宜为 0.4~0.8m。搭接处应清扫干净并洒粘层沥青，斜接缝应充分压实并搭接平整。

平接缝应做到紧密黏结，充分压实，连接平顺。接缝处应清扫干净，切齐，边缘涂粘层沥青，并在其压实后用热熔铁烫平，再在缝口涂粘层沥青，撒石粉封口，以防渗水。

三、公路施工技术

1、透层施工技术

（1）作用与适用条件

1）透层的作用：为使沥青面层与非沥青材料基层结合良好，在基层上浇洒乳化沥青、煤沥青或液体沥青而形成的透入基层表面的薄层。

2）符合下列情况，应浇洒透层沥青：

沥青路面的级配沙砾、级配碎石基层；

水泥、石灰、粉煤灰等无机结合料稳定土；

粒料的半刚性基层上必须浇洒透层沥青。

（2）一般要求

1）凡是用水泥、石灰、粉煤灰等无机结合料稳定土或粒料的半刚性基层、级配沙砾、级配碎石基层都应喷洒透层油。

2）对于表面致密的半刚性基层宜采用渗透性好的稀透层沥青；对级配沙砾、级配碎石等粒料基层宜采用软稠的透层沥青。

3）透层油沥青宜采用慢裂的洒布型乳化石油沥青，或者是中、慢裂液体石油沥青或煤沥青。

（3）注意事项

1）透层油洒布后应不致流淌，应渗入基层一定深度，不得在表面形成油膜。

2）如遇大风或将要下雨时，不能喷洒透层油。

3）气温低于10℃时不宜喷洒透层油。

4）应按设计喷油量一次均匀洒布，当有漏洒时，应人工补洒。

5）喷洒透层油后一定要严格禁止人和车辆通行。

6）在摊铺沥青前，应将局部尚有多余的未渗入基层的沥青清除。

7）透层油布洒后应待充分渗透，一般不少于24h后才能摊铺上层，但也不能在透层油喷洒后很久不做上层施工，应尽早施工。

8）对无机结合料稳定的半刚性基层喷洒透层油后，如果不能及时铺筑面层时，并还需开放交通，应铺撒适量的石屑或粗砂，此时宜将透层油增加10%的用量。

作用：为使沥青面层与非沥青材料基层结合良好，在基层上浇洒乳化沥青、煤沥青或液体沥青而形成的透入基层表面的薄层。

2、粘层施工技术

（1）作用与适用条件

1）粘层的作用：使上下层沥青结构层或沥青结构层与结构物（或水泥混凝土路面）完全黏结成一个整体。

2）符合下列情况，应浇洒粘层沥青：

①双层式或三层式热拌热铺沥青混合料路面在铺筑上层前，其下面的沥青层已被污染。

②旧沥青路面层上加铺沥青层。

③水泥混凝土路面上铺筑沥青面层，或桥面铺装前。

④与新铺沥青混合料接触的路缘石、雨水进水口、检查井等的侧面。

（2）一般要求

1）粘层沥青的技术要求

粘层沥青材料目前一般多采用乳化沥青。使用乳化沥青时，宜使用快裂型的乳化沥青，也可以使用快、中凝液体石油沥青或煤沥青。

粘层沥青的种类、标号宜与面层所用沥青相同，但需经乳化或稀释。

2）粘层沥青的用量、品种选择

路面的基层结构不一样，使用粘层沥青的品种就不一样。如级配碎石基层的渗透性好，可采用慢裂乳化沥青，而半刚性基层使用慢裂石油沥青洒布后会严重流淌，应使用快裂型沥青。

（3）注意事项

1）喷洒表面一定清扫干净，并表面干燥。

2）当气温低于10℃或路面潮湿时禁止喷洒。

3）喷洒粘层后，严禁车辆行人通过。

4）粘层沥青喷洒后，一定要等乳化沥青破乳，水分蒸发完后才能铺筑上层沥青混凝土。

3、封层的施工技术

（1）作用与适用条件

1）封层的作用：一是封闭某一层起着保水防水作用；二是起基层与沥青表面层之间的过渡和有效连接作用；三是路的某一层表面破坏离析松散处的加固补强；四是基层在沥青面层铺筑前，要临时开放交通，防止基层因天气或车辆作用出现水毁。封层可分为上封层和下封层；按施工类型来分，可采用拌和法或层铺法的单层式表面处治，也可以采用乳化沥青稀浆封层。

2）符合下列情况之一时，应在沥青面层上铺筑上封层：

沥青面层的空隙较大，透水严重。

有裂缝或已修补的旧沥青路面。

需加铺磨耗层改善抗滑性能的旧沥青路面。

需铺筑磨耗层或保护层的新建沥青路面。

（2）一般要求

1）使用层铺法沥青表面处治铺筑上封层时，施工方法按层铺法表面处治工艺施工。

2）使用层铺法沥青表面处治铺筑下封层时，施工工艺同上封层。

3）采用拌和法施工上、下封层时，应按照热拌沥青混

凝土路面的施工工艺进行。当为下封层铺筑时，宜采用 AC-5（或 LH-5）砂粒式沥青混凝土，厚度宜为 1cm。

4）使用乳化沥青稀浆封层施工上、下封层。

5）稀浆封层的厚度宜为 3~6mm。

（3）注意事项

1）当在被磨损的旧路面上铺筑稀浆封层时，施工前应先修补坑槽、整平路面。

2）稀浆封层施工时应在干燥情况下进行。

3）稀浆封层施工应使用稀浆封层铺筑机，其工作速度宜匀速铺筑，应达到厚度均匀，表面平整的要求。

4）稀浆封层铺筑后，必须待乳液破乳、水分蒸发、干燥成型后方可开放交通。

5）稀浆封层施工气温不得低于10℃。

四、沥青路面的面层、基层、底基层和垫层

1、面层

面层是直接承受车轮荷载反复作用和各种自然因素影响，并将荷载传递到基层以下的结构层，因此，它应满足表面功能性和结构性的使用要求。面层可为单层、双层或三层。双层结构称为表面层、下面层；若采用三层结构称为表面层、中面层、下面层。

表面层应具有平整密实、抗滑耐磨、稳定耐久的服务功能，同时应具有高温抗车辙、抗低温开裂、抗老化等。中、下面层应密实，基本不透水，并具有高温抗车辙、抗剪切、抗疲劳的力学性能。

2、基层

基层是主要承重层，应具有稳定、耐久、较高的承载能力。基层可为单层或双层，双层称为上、下基层，无论是沥青混合料或粒料类基层，还是半刚性基层、刚性基层，均要求具有相对较高的物理力学性能指标。

3、底基层

底基层是设置在基层之下，并与面层、基层一起承受车轮荷载反复作用的次要承重层，因此，对底基层材料的技术指标要求可比基层材料略低，底基层也可分为上、下底基层。

4、垫层

垫层是设置在底基层与土基之间的结构层，起排水、隔水、防冻、防污及减少层间模量比、降低半刚性底基层拉应力的作用。

以上是路面结构层组成，各级公路应根据具体情况设置必要的结构层，对三、四级公路最少不得低于两层，即面层和基层。

五、表路面面层类型及适用范围

1、路面基层（底基层）施工

常用的基层有以下两类：一类是半刚性基层，包括水泥稳定类、石灰稳定类、石灰工

业废渣稳定类基层等；另一类是柔性基层，包括级配型粒料基层（如级配碎（砾）石）、嵌锁型粒料基层（如泥结碎石、填隙碎石）以及沥青碎石。

（1）半刚性基层施工

在粉碎的或原状松散的土（包括各种粗、中、细粒土）中掺入适量的无机结合料（水泥、石灰、工业废渣等）和水，经拌和、压实及养生后形成的半刚性基层，也叫作稳定土基层。半刚性基层的施工方法分为路拌法和厂拌法。

（2）路面基层路拌法施工

路拌法常用的施工机械有粉料撒布机、稳定土拌和机、推土机、平地机、装载机和压路机。

1）路面基层施工准备

下承层验收、道路控制桩校核、集料准备；

2）摊铺集料

摊铺土料前，应在土基上洒水湿润，摊铺表面应力求平整，并有留设路拱，摊铺一层要检验松铺厚度是否满足预计要求，洒水闷料；

3）摆放和摊铺结合料

摊铺完后结合料表面应无空白位置，也没有结合料过分集中地点；

4）洒水拌和

应采用专用稳定土拌和机进行拌和，其深度应达到稳定层底部并宜侵入下承层5~10mm，以利于上下层黏结，严禁在拌和层底部留有素土夹层。在没有专用拌和机械的情况下，对稳定细粒土和中粒土可用农用旋转耕作机与多铧犁或平地机配合进行拌和，或用缺口圆盘耙与多铧犁或平地机配合进行。

是由两侧向中心进行，每次拌和应重叠10~20cm，防止漏拌。拌和过程中若混合料含水量较少，应用喷管式洒水车补充加水并湿拌，拌和后的混合料应颜色一致，没有灰条、灰团和花面。

5）整形

混合料拌和均匀后，立即用平地机初步整形。在直线段，平地机由两侧向路中心进行刮平；平曲线段平地机应由内侧向外侧进行刮平。在初平的路段上，用拖拉机、平地机或轮胎压路机快速碾压一遍，以暴露潜在的不平整。每次整形时都应按照规定的坡度和路拱进行，并特别注意接缝顺适平整。

6）碾压

碾压应在最佳含水量的±1%范围内进行，压实度达到规范规定的要求。碾压施工要点：

各种稳定土结构层应用12t以上压路机碾压。用12~15t三轮压路机碾压时，每层压实厚度不应超过15cm；用18~20t的三轮压路机不超过20cm；

直线段上，由两侧路肩向中心碾压；平曲线段上，由内侧路肩向外侧路肩进行碾压；

碾压时应重叠 1/2 轮宽，后轮必须超过两段的接缝处，后轮压完路面全宽时，即为一遍，一般需 6~8 遍。碾压速度头两遍 1.5~1.7km/h 为宜，以后宜采用 2.0~2.5km/h；

碾压结束前用平地机再整平一次，使其纵向顺适，路拱和超高符合设计要求。整平时必须将局部高出部分刮平并扫出路外；对于局部低洼之处，不再进行找补，留待铺筑上层时处理。

7）接缝处理

在两工作段的搭接部分，前一段拌和整形后，留 5~8m 不进行碾压，待后一段施工时，将前段留下未压部分一起再进行拌和、碾压。

8）养生

保湿养生时间不少于 7 天。水泥稳定类混合料碾压完成后，即刻开始养生，二灰稳定类在碾压完成后第二或第三天开始养生。养生期结束，立即铺筑面层或做下封层。

（3）厂拌法施工

厂拌法就是采用集中厂拌和摊铺机摊铺。实践证明，采用厂拌法可提高工程质量，加快工程进度，因此条件具备时应尽可能采用。摊铺后的整形、碾压、养护与路拌法施工相同。

2、沥青路面面层施工

沥青路面是用沥青材料作结合料黏结矿料修筑面层，与各类基层和垫层所组成的路面结构。沥青路面按强度构成原理，分为密实型和嵌挤型两大类；按施工工艺分为层铺法与拌和法；按技术特性分为沥青混凝土、热拌沥青碎石、乳化沥青碎石、沥青表面处治和沥青贯入式等。

（1）沥青路面材料

1）沥青

高速公路、一级公路和城市快速路、主干路的沥青路面，选用符合"重交通道路石油沥青技术要求"的沥青或改性沥青；其他道路选用符合"中、轻交通道路石油沥青技术要求"的沥青或改性沥青；乳化沥青应符合"道路乳化沥青技术要求"的规定。

2）填料

主要是指 0.075mm 以下的粉料。矿粉必须采用石灰岩或岩浆岩中的强基性岩石等增水性石料磨细的矿粉，应洁净、干燥，能自由地从矿粉仓流出，质量应符合规范要求。

3）矿料

粗、细集料均应洁净干燥、无风化、无有害杂质，粗集料还应具有一定硬度和强度、良好的颗粒形状。细集料可用天然砂、机制砂和石屑，并有适当的颗粒级配。矿料规格和质量应符合《公路沥青路面施工技术规范》（JTGF40—2004）之要求。

4）纤维

在沥青混合料中掺加的纤维稳定剂宜选用木质素纤维、矿物纤维等，其性能指标应符合规定要求。

（2）沥青路面施工

1）沥青贯入式路面

沥青贯入式路面是在初步碾压的矿料层上洒布沥青，再分层铺撒嵌缝料、洒布沥青和碾压，并借助于行车压实而成的沥青路面。沥青贯入式路面适用于二级及二级以下公路、城市道路的次干路及支路，也可作为沥青路面的联结层。沥青贯入式路面采用的机械有摊铺机、沥青撒布机、压路机。

层铺法施工是按照洒布沥青和铺撒矿料的层次多少划分工序，施工时一般采用所谓"先油后料"法，即先洒布一层沥青，后铺撒一层矿料。层铺法沥青贯入式路面施工程序为：

整修和清扫基层→浇洒透层或粘层沥青→铺撒主层矿料→第一次碾压→洒布第一次沥青→铺撒第一次嵌缝料→第二次碾压→洒布第二次沥青→铺撒第二次嵌缝料→第三次碾压→洒布第三次沥青→铺撒封面矿料→最后碾压→初期养护。

2）沥青表面处置路面

沥青表面处治是用沥青和细粒矿料铺筑的一种薄层面层，厚度不超过30mm。由于处置层很薄，一般不起强度作用，主要是用来抵抗行车的磨损，增强防水性，提高平整度，改善路面的行车条件。适用于三级及三级以下公路、城市道路的支路、县镇道路、各级公路的施工便道以及在旧沥青面层上加铺的罩面层或磨耗层。沥青表面处治施工采用的机械有沥青洒布机、集料撒布机和压路机等，施工方法可采用层铺法。沥青表面处治施工程序与沥青贯入式路面的施工程序类同。

3）热拌热铺沥青混合料路面施工

热拌沥青混合料路面是矿料与沥青在热态下拌和、热态下铺筑施工成型，适用于各等级道路，包括沥青混凝土、沥青碎石和抗滑表层等类型，施工过程可分为沥青混合料的拌制与运输及现场铺筑两个阶段。

（3）沥青混合料的拌制与运输

热拌沥青混合料可采用间歇强制式拌和机和连续式拌和机拌制。

间歇强制式拌和机的特点是冷矿料的烘干、加热以及与热沥青的拌和，是先后在不同设备中进行的，其中集料的烘干与加热是连续进行的，而混合料的拌制则是间歇进行，由搅拌器强制拌和。

连续滚筒式拌和设备的特点是骨料烘干、加热及沥青的搅拌在同一个滚筒内完成，即骨料烘干与加热后未出滚筒就被沥青裹覆，从而避免了粉尘的飞扬和逸出，其拌和方式是非强制式的，具有结构简单、投资少、能耗低、污染少等优点，但必须确保原材料是均匀一致的，否则很难保证配合比。

为保证混合料的质量，沥青与矿料的加热温度应调节到能使拌和的沥青混合料出厂温度符合表《公路沥青路面施工技术规范》（JTGF40—2004）中的相关规定。改性沥青混合料施工温度在此基础上提高10~20℃。经拌和后的混合料应均匀，无花白料，无结团成块或严重的粗细料分离现象，不符合要求时不得使用，并应及时调整。

（4）沥青混合料的运输

沥青混合料用自卸汽车运至工地，运料车每次使用前后必须清扫干净，在车厢板上涂一薄层防止沥青黏结的隔离剂或防粘剂。运量应较拌和能力或摊铺速度有所富余。

（5）铺筑

1）准备工作

铺筑前对基层或旧路面的厚度、密实度、平整度等各项指标进行检查。为使面层与基层黏结好，在面层铺筑前4~8h，在粒料类的基层洒布透层沥青；若为旧路面，铺筑前应洒布一层粘层沥青。为控制混合料的摊铺厚度，基层准备好后进行测量放样，沿路面中心线和1/4路面宽度处设置样桩，标出松铺厚度。

2）摊铺作业

热拌沥青混合料应采用沥青摊铺机摊铺，摊铺机主要由基础由发动机与底盘、供料设备（料斗、输送装置和闸门）、工作装置（螺旋摊铺器、振捣器和熨平装置）及控制系统等部分组成。

混合料从自卸汽车上卸入摊铺机的料斗中，经由刮板输送到摊铺室，再由螺旋摊铺器横向摊开，随着机械的行驶，被摊开的混合料又被振捣器初步捣实，再由熨平板根据摊铺厚度修成适当的横断面，并加以熨平。

摊铺机必须缓慢、均匀、连续不间断地摊铺，不得随意变换速度或中途停顿，以提高平整度，减少混合料的离析，摊铺速度宜控制在2~6m/min的范围内。

（6）压实

沥青混合料摊铺后，应趁热及时碾压。压路机应以慢而均匀的速度碾压，碾压速度满足规范相关规定。碾压过程分为初压、复压和终压三个阶段。

初压是压实的基础，目的是整平和稳定混合料，同时为复压创造有利条件。初压紧跟摊铺机后碾压，宜采用钢轮压路机静压1~2遍。碾压时应将压路机的驱动轮面向摊铺机，从外侧向中心碾压，在超高路段则由低向高碾压，在坡道上应将驱动轮从低处向高处碾压。

复压是整个压实过程中的关键，目的是使混合料密实、稳定、成型，应紧跟在初压后开始，且不得随意停顿。当采用三轮钢筒式压路机时，总质量不宜小于12t，相邻碾压带宜重叠后轮的1/2宽度，并不应少于200mm。复压遍数4~6次，压至稳定，且表面无显著轮迹为止。

终压是消除轮迹、缺陷和保证面层有较好平整度的最后一步，终压应紧接在复压后进行，可选用双轮钢筒式压路机或关闭振动的振动压路机碾压2~4遍。

（7）接缝施工

接缝包括纵向接缝和横向接缝（工作缝）。

1）纵向接缝有热接缝和冷接缝两种：

热接缝施工一般使用两台以上摊铺机成梯队同步摊铺，此时相邻摊铺带的混合料处于压实前的热状态，所以纵向接缝易于处理，且连接强度好；冷接缝指新铺层与经过压实后的冷铺层进行搭接，搭接宽度约为 3~5cm，摊铺新铺层时，对已铺层带接缝边缘进行铲修垂直，新铺层与已铺层松铺厚度相同。

2）横向接缝对路面平整度影响很大

高速公路和一级公路的表面层横向接缝应采用垂直的平接缝，平接缝宜趁尚未冷透时用凿岩机或人工垂直刨除端部层厚不足的部分，使工作缝成直角连接。以下各层及其他等级公路的各层均可采用自然碾压的斜接缝，沥青层较厚时也可作阶梯形接缝。

3、液体石油沥青

在制作、贮存、使用的全过程中必须通风良好，并有专人负责，确保安全。基质沥青的加热温度严禁超过 140℃，液体沥青的贮存温度不得高于 50℃。

（1）煤沥青严禁用于热拌热铺的沥青混合料。作其他用途时的贮存温度宜为 70~90℃，且不得长时间贮存。

（2）沥青贯入式路面最上层应撒布封层料或加铺拌和层。沥青贯入层作为联结层时，可不撒表面封层料。

（3）乳化沥青贯入式路面必须浇洒透层或粘层沥青。沥青贯入式路面厚度小于或等于 5cm 时，也应浇洒透层或粘层沥青。

第六节　水泥混凝土路面施工

一、概述

1、含义

水泥混凝土路面是指以水泥混凝土板和基（垫）层所组成的路面，亦称为刚性路面。它包括普通水泥混凝土、钢筋混凝土、碾压混凝土和连续配筋混凝土路面等。水泥混凝土路面以其抗压、抗弯、抗磨损、高稳定性等诸多优势，在各级路面上得到广泛应用，在我国高等级公路中水泥混凝土路面日渐增多，加上近年来农村公路建设中普遍采用水泥路面，使得水泥混凝土路面科学化、规范化施工成为广大公路建设者关注的问题。水泥混凝土路面施工中，核心环节是混凝土的拌和生产和混凝土的摊铺，本文仅对公路水泥混凝土路面施工工艺流程进行探讨。

2、工艺流程

（1）模板安装

模板宜采用钢模板，弯道等非标准部位以及小型工程也可采用木模板。模板应无损伤，有足够的强度，内侧和顶、底面均应光洁、平整、顺直，局部变形不得大于 3mm，振捣时模板横向最大挠曲应小于 4mm，高度应与混凝土路面板厚度一致，误差不超过 ±2mm，纵缝模板平缝的拉杆穿孔眼位应准确，企口缝则其企口舌部或凹槽的长度误差为钢模板 ±1mm，木模板 ±2mm。

（2）安设传力杆

当侧模安装完毕后，即在需要安装传力杆位置上安装传力杆。

当混凝土板连续浇筑时，可采用钢筋支架法安设传力杆。即在嵌缝板上预留圆孔，以便传力杆穿过，嵌缝板上面设木制或铁制压缝板条，按传力杆位置和间距，在接缝模板下部做成倒 U 形槽，使传力杆由此通过，传力杆的两端固定在支架上，支架脚插入基层内。

当混凝土板不连续浇筑时，可采用顶头木模固定法安设传力杆。即在端模板外侧增加一块定位模板，板上按照传力杆的间距及杆径、钻孔眼，将传力杆穿过端模板孔眼，并直至外侧定位模板孔眼。两模板之间可用传力杆一半长度的横木固定。继续浇筑另版混凝土时，拆除挡板、横木及定位模板，设置接缝板、木制压缝板条和传力杆套管。

（3）摊铺和振捣

1）摊铺前的准备工作

混凝土摊铺前的准备工作很多，主要强调一下摊铺前洒水的卸料工序。

①洒水

摊铺前洒水是一个看似简单的工序，往往不被施工人员重视，但如果洒水处理不好会严重影响路面质量。

洒水量要根据基层材料、空气温度、湿度、风速等诸多因素来确定洒水量，即保证摊铺混凝土前基层湿润，而且尽可能撒布均匀，尤其在基层不平整之处禁止有存水现象。从目前施工现场来看，大多数情况下是洒水量不足，因为基层较干，铺筑后混凝土路面底部产生大量细小裂纹，有些小裂纹与混凝土本身收缩应力产生的裂重叠后使整个混凝土路面裂纹增多。

②卸料

自卸车的卸料也是常常不被重视的工序，在施工中经常发生堆料过多给施工造成困难，有时布料过少使混凝土量不足，路面厚度得不到保证。这种混凝土忽多忽少现象会严重影响混凝土路面的平整度。在施工过程中大多数施工者死板地间隔一定距离卸一车料，而忽视了基层不平整的变化，这种变化在客观上是普遍存在的。目前许多企业施工水平不是很高，尤其是对路面基层的标高控制不到位，造成基层平整度较差，加大了混凝土路面施工的难度。在实际施工中，我们可对基层表面与面层基准标高线隔段实测来决定混凝土的卸料量，这样会避免卸料不均的问题。

对于半干硬性现场拌制的混凝土一次摊铺容许达到的混凝土路面板最大板厚度为 22~24cm；塑性的商品混凝土一次摊铺的最大厚度为 26cm。超过一次摊铺的最大厚度时，应分两次摊铺和振捣，两层铺筑的间隔时间不得超过 30min，下层厚度约大于上层，且下层厚度为 3/5。每次混凝土的摊铺、振捣、整平、抹面应连续施工，如需中断，应设施工缝，其位置应在设计规定的接缝位置。振捣时，可用平板式振捣器或插入式振捣器。

施工时，可采用真空吸水法施工。其特点是混凝土拌和物的水灰比比常用的增大 5%~10%，可易于摊铺、振捣，减轻劳动强度，加快施工进度，缩短混凝土抹面工序，改善混凝土的抗干缩性、抗渗性和抗冻性。施工中应注意以下几点：真空吸水深度不可超过 30cm。真空吸水时间宜为混凝土路面板厚度的 1.5 倍（吸水时间以 min 计，板厚以 cm 计）。

吸垫铺设，特别是周边应紧贴密致。开泵吸水一般控制真空表 1min 内逐步升高到 400~500mmHg，最高值不宜大于 650~700mmHg，计量出水量达到要求。关泵时，亦逐渐减少真空度，并略提起吸垫四角，继续抽吸 10~15s，以脱尽作业表面及管路中残余水。

真空吸水后，可用滚杠或振动梁以及抹石机进行复平，以保证表面平整和进一步增强板面强度的均匀性。

（4）接缝施工

纵缝应根据设计文件的规定施工，一般纵缝为纵向施工缝。拉杆在立模后浇筑混凝土之前安设，纵向施工缝的拉杆则穿过模板的拉杆孔安设，横缝槽宜在混凝土硬化后用锯缝机锯切；也可以在浇筑过程中埋入接缝板，待混凝土初凝后拔出即形成缝槽。锯缝时，混凝土应达到 5~10MPa 强度后方可进行，也可由现场试锯确定。横缩缝宜在混凝土硬结后锯成，在条件不具备的情况下，也可在新浇混凝土中压缝而成。锯缝必须及时，在夏季施工时，宜每隔 3~4 块板先锯一条，然后补齐；也允许每隔 3~4 块板先压一条缩缝，以防止混凝土板未锯先裂。横胀缝应与路中心线成 90°，缝壁必须竖直，缝隙宽度一致，缝中不得连浆，缝隙下部设胀缝板，上部灌封缝料。胀缝板应事先预制，常用的有油浸纤维板（或软木板）、海绵橡胶泡沫板等。预制胀缝板嵌大前，应使缝壁洁净干燥，胀缝板与经壁紧密结合。

（5）表面修整和防滑措施

水泥混凝土路面面层混凝土浇筑后，当混凝土终凝前必须用人工或机械将其表面抹平。当采用人工抹光时，其劳动强度大，还会把水分、水泥和细砂带到混凝土表面，以致表面比下部混凝土或砂浆有较高的干缩性和较低的强度。当采用机械抹光时，其机械上安装圆盘，即可进行粗光；安装细抹叶片，即可进行精光。

为了保证行车安全，混凝土表面应具有粗糙防滑的表面。而抗滑标准，据国际道路会议路面防滑委员会建议，新铺混凝土路面当车速为 45km/h 时，摩擦系数最低值为 0.45；车速为 50km/h 时，摩擦系数最低值为 0.40。其施工时，可用棕刷顺横向在抹平后的表面轻轻刷毛，也可用金属丝梳子梳成深 1~2mm 的横槽；目前，常用在已硬结的路面上，用锯槽机将路面锯成深 5~6mm、宽 2~3mm、间距 20mm 的小横槽。

（6）养护和填缝

混凝土板做面完毕应及时进行养护，使混凝土中拌和料有良好的水化、水解强度发育条件以及防止收缩裂缝的产生。养护时间一般约为 14~21d。混凝土宜达到设计要求，且在养护期间和封缝前，禁止车辆通行，在达到设计强度的40%后，方可允许行人通行。其养护方法一般有两种方法：

湿治养生法，这是最为常用的一种养护方法。即是在混凝土抹面2h后，表面有一定强度，用湿麻袋或草垫，或者20~30mm厚的湿砂覆盖于混凝土表面以及混凝土板边侧。覆盖物还兼有隔温作用，保证混凝土少受剧烈的天气变化影响。在规定的养生期间，每天应均匀洒水数次，使其保持潮湿状态。

塑料薄膜养生法，即在混凝土板做面完毕后，均匀喷洒过氯乙烯等成胰液（由过氯乙烯树脂、溶剂油和苯二甲酸二丁酯，按10%、88%和3%的重量比配制而成），使形成不透气的薄膜保持膜内混凝土的水分保湿养生。但注意过氯乙烯树脂是有毒、易燃品，应妥善防护。封（填）缝工作宜在混凝土初凝后进行，封缝时，应先清除干净缝隙内泥沙等杂物。如封缝为胀缝时，应在缝壁内涂一薄层冷底子油，封填料要填充实，夏天应与混凝土板表面齐平，冬天宜稍低于板面。常用的封缝料有两大类，即：加热施工式封缝料常用的是沥青橡胶封缝料，也可采用聚氯乙烯胶泥和沥青玛蹄脂等。常温施工式封缝胶主要有聚氨酯封缝胶、聚硫脂封缝胶以及氯丁橡胶类、乳化沥青橡胶类等常温施工式封缝料。

总之，混凝土路面浇筑的各个环节，必须严格按照规范和既定的程序进行施工，这样才能使混凝土的质量满足设计的要求。

目前已广泛使用滑动模板摊铺机建筑混凝土路面。这种机械尾部两侧装有模板随机前进，能兼做摊铺、振捣、压入杆件、切缝、整面和刻画防滑小槽等作业，可铺筑不同厚度和宽度的混凝土路面，对无筋或配筋的混凝土路面均可使用。这种机械工序紧凑、施工质量高，行驶速度一般为1.2~3.0m/min，每天能铺筑1 600m双车道路面。

通过我们对混凝土路面的施工，了解了混凝土的施工工艺，并对其关键环节做了施工分析，对我们在施工中遇到的难题、不足进行了补充和完善，使我们在以后的施工中能够顺利地开展工作，并有效地提高施工效率，保证工程质量。

二、隧道施工方法

在当前隧道施工实践中，从施工造价及施工速度考虑，施工方法的选择顺序为：全断面法→台阶法→环形开挖留核心土法→中隔壁法（CD法）→交叉中壁法（CRD法）→双侧壁导坑法；从施工安全角度考虑，其选择顺序应反过来。如何正确选择，应根据实际情况综合考虑，但必须符合安全、快速、质量和环保的要求，达到规避风险、加快进度和节约投资的目的。

1、全断面开挖法

全断面开挖法就是按照设计轮廓一次爆破成形，然后修建衬砌的施工方法。

适用条件：

（1）I-IV级围岩，在用于IV级围岩时，围岩应具备从全断面开挖到初期支护前这段时间内，保持其自身稳定的条件。

（2）有钻孔台车或自制作业台架及高效率装运机械设备。

（3）隧道长度或施工区段长度不宜太短，根据经验一般不应小于1km，否则采用大型机械化施工，其经济性较差。

隧道机械化施工，有三条主要作业线：

开挖作业线：钻孔台车、装药台车、装载机配合自卸汽车（无轨运输）、装渣机配合矿车及电瓶车或内燃机车（有轨运输）。

锚喷作业线：混凝土喷射机、混凝土喷射机械手、锚喷作业平台、进料运输设备及锚杆灌浆设备。

模筑衬砌作业线：混凝土拌和机具、混凝土输送车及输送泵、防水层作业平台、衬砌钢模台车。

全断面法施工特点：

（1）开挖断面与作业空间大、干扰小；

（2）有条件充分使用机械，减少人力；

（3）工序少，便于施工组织与管理，改善劳动条件；

（4）开挖一次成形，对围岩扰动少，有利于围岩稳定。

2、台阶法施工

台阶法是先开挖上半断面，待开挖至一定长度后同时开挖下半断面，上、下半断面同时并进的施工方法；按台阶长短有长台阶、短台阶和超短台阶三种。近年由于大断面隧道的设计，又有三台阶临时仰拱法，甚至多台阶法。

1）至于施工中究竟应采用何种台阶法，要根据以下两个条件来决定：

初期支护形成闭合断面的时间要求，围岩越差，闭合时间要求越短。

上断面施工所用的开挖、支护、出碴等机械设备施工场地大小的要求。

在软弱围岩中应以前一条为主，兼顾后者，确保施工安全。在围岩条件较好时，主要是考虑如何更好地发挥机械效率，保证施工的经济性，故只要考虑后一条件。

2）台阶开挖法的优缺点：

台阶开挖法可以有足够的工作空间和相当的施工速度。但上、下部作业有干扰；台阶开挖虽增加对围岩的扰动次数，但台阶有利于开挖面的稳定。尤其是上部开挖支护后，下部作业就较为安全，但应注意下部作业时对上部稳定性的影响。

3）台阶开挖时应注意以下几点：

解决好上、下半断面作业的相互干扰问题。微台阶基本上是合为一个工作面进行同步掘进；长台阶基本上拉开，干扰较小；而短台阶干扰就较大，要注意作业组织。对于长度较短的隧道，可将上半断面贯通后，再进行下半断面施工。

4）下部开挖时，应注意上部的稳定

若围岩稳定性较好，则可以分段顺序开挖；若围岩稳定性较差，则应缩短下部掘进循环进尺；若稳定性更差，则可以左右错开，或先拉中槽后挖边帮。

下部边墙开挖后必须立即喷射混凝土，并按规定做初期支护。

量测工作必须及时，以观察拱顶、拱脚和边墙中部位移值，当发现速率增大立即进行仰拱封闭。

3、环形开挖留核心土法

环形开挖留核心土法应注意以下几点：

环形开挖进尺宜为 0.5~1.0m，核心土面积应不小于整个断面面积的 50%。

开挖后应及时施工喷锚支护、安装钢架支撑，相邻钢架必须用钢筋连接，并应按施工要求设计施工锁角锚杆。

围岩地质条件差，自稳时间短时，开挖前应按设计要求进行超前支护。

核心土与下台阶开挖应再上台阶支护完成后，喷射混凝土达到设计强度的 70%。

4、中隔壁法（CD 法）

CD 法是在软弱围岩大跨度隧道中，先开挖隧道的一侧，并施作中隔壁，然后再开挖另一侧的施工方法，主要应用于双线隧道Ⅳ级围岩深埋硬质岩地段以及老黄土隧道（Ⅳ级围岩）地段。

5、交叉中隔壁法（CRD 法）

交叉中隔壁法是在软弱围岩大跨隧道中，先开挖隧道一侧的一或二部分，施作部分中隔壁和横隔板，再开挖隧道另一侧的一或二部分，完成横隔板施工；然后再开挖最先施工一侧的最后部分，并延长中隔壁，最后开挖剩余部分的施工方法。采用短台阶法难确保掌子面的稳定时，宜采用分部尺寸小的 CRD 法，该工法对控制变形是比较有利的。

CD 法是 "Center Diaphragm" 的简称，而 CRD 法则是 "Cross Diaphragm" 的简称。两者既有联系又有区别。它们都用于比较软弱地层中而且是大断面隧道的场合。而前者是在用钢支撑和喷混凝土的隔壁分割开进行开挖的方法；后者则是用隔壁和仰拱把断面上下、左右分割闭合进行开挖的方法，是在地质条件要求分部断面及时封闭的条件下采用的方法。因此，CRD 法与 CD 法唯一的区别是在施工过程中每一步，都要求用临时仰拱封闭断面。

在 CRD 法或 CD 法中，一个关键问题是拆除中壁。一般说，中壁拆除时期应在全断面闭合后，各断面的位移充分稳定后，才能拆除。

6、双侧壁导坑法

双侧壁导坑法一般将断面分成四块：左、右侧壁导坑、上部核心土和下台阶。其原理是利用两个中隔壁把整个隧道大断面分成左中右 3 个小断面施工，左、右导洞先行，中间断面紧跟其后；初期支护仰拱成环后，拆除两侧导洞临时支撑，形成全断面。两侧导洞皆为倒鹅蛋形，有利于控制拱顶下沉。

当隧道跨度很大，地表沉陷要求严格，围岩条件特别差，单侧壁导坑法难以控制围岩变形时，可采用双侧壁导坑法。现场实测表明，双侧壁导坑法所引起的地表沉陷仅为短台阶法的 1/2。双侧壁导坑法虽然开挖断面分块多，扰动大，初次支护全断面闭合的时间长，但每个分块都是在开挖后立即各自闭合的，所以在施工中间变形几乎不发展。双侧壁导坑法施工安全，但速度较慢，成本较高。该方法主要适用于黏性土层、砂层、砂卵层等地层。

双侧壁导坑法施工作业顺序为：

（1）开挖一侧导坑，并及时地将其初次支护闭合。

（2）相隔适当距离后开挖另一侧导坑，并建造初次支护。

（3）开挖上部核心土，建造拱部初次支护，拱脚支承在两侧壁导坑的初次支护上。

（4）开挖下台阶，建造底部的初次支护，使初次支护全断面闭合。

（5）拆除导坑临空部分的初次支护。

（6）建造内层衬砌。

双侧壁导坑法应注意以下几点：

（1）侧壁导坑开挖后方可进行下一步开挖。地质条件差时，每个台阶底部均应按设计要求设临时钢架或临时仰拱。

（2）各部开挖时，周边轮廓应尽量圆顺。

（3）应在先开挖侧喷射混凝土强度达到设计要求后在进行另一侧开挖。

（4）左右两侧导坑开挖工作面的纵向间距不宜小于 15 米。

（5）当开挖形成全断面时应及时完成全断面初期支护闭合。

（6）中隔壁及临时支撑应在浇筑二次衬砌时逐段拆除。

第七节　公路附属设施的施工

一、概述

1、公路附属设施含义

公路附属设施，前款公路附属设施，是指为保护、养护公路和保障公路安全畅通所设置的公路防护、排水、养护、管理、服务、交通安全、渡运、监控、通信、收费等设施、设备以及专用建筑物、构筑物等。

2、基本内容

公路附属设施是指公路的排水设施、安全设施、防护设施、监控设施、通信设施、收费设施、绿化设施、服务设施、管理设施、照明设施、消防设施、通风设施、渡口码头、交叉道口、苗圃菜地、界桩、测桩、里程碑等统称为公路附属设施。

3、条例规定

第五十二条任何单位和个人不得损坏、擅自移动、涂改公路附属设施。

——《中华人民共和国公路法》

（1）交通安全设施，如：护栏、反光标志、防眩设施，危险路段的反光镜、警告标志等。

（2）交通管理设施，如：交通标志、路面标线、紧急电话、公路通讯、监控、收费设施等。

（3）防护设施，如在积雪、积沙、坠石等地段设置的防护设施。

（4）服务设施，如：高速公路的服务区。

（5）公路管理房屋，如公路养护所需的生产和生活用房等。

（6）绿化设施。

4、主要设施介绍

（1）防撞护栏

高速公路在上下行分隔的中央隔离带处设有防撞护栏，其主要作用有：（一）防止相对行驶的机动车互相碰撞、刮损；（二）夜间行车时防止车灯照射对面行驶的车辆造成驾驶员晕眩；（三）对行驶车辆具有视线诱导作用。为防止车辆相撞、刮损，要求防撞护栏有足够的强度、刚度，有一定的整体性，能够承受车辆在一定行车时速下的冲撞。为防止夜间车灯光线照射，要求防撞护栏有一定的宽度，护栏板安装高度一般应与中型机动车前灯高度一致。

（2）隔离栅

为达到高速公路全封闭的设计要求，保障通行车辆及过往行人的安全，在高速公路排水沟外侧通常设置全封闭隔离栅，防止行人、动物、牲畜穿行。隔离栅要求全线封闭，埋置连接坚实、牢固，栅网紧密，应能够有效地防止小牲畜穿行。一般采用编织网形隔离栅，隔离栅一般设置在公路排水沟外侧、公路征地界内。

（3）标志、标线

高速公路标线的作用是给行驶的车辆提供明确、清晰的指示、高速公路标志将所传输的信息最大程度传递给使用者，从而避免事故发生，避免迷失方向，浪费时间。在互通式立交桥出口处一般设有指示出入方向的斑条线。高速公路的标志、标线原则上要求在夜间具有和白天一样的可见性。标志的板面与字体应有鲜明的反差，字体应清晰，符合国家规范的文字要求，字体大小应使驾驶员在一定的距离上能清楚地看到，不会产生误解。字体面漆，在夜间车辆灯光照射下应反射足够的光亮，以满足夜间行车要求。标志牌上标注的地名、结构物名称应准确，里程桩、结构物编号应统一编排。

（4）绿化工程

中央分隔带绿化方式一般是在种植草坪的同时相距一定间隔种植灌木，种植的灌木高度一般不应超过中央分隔带防撞护栏的高度，灌木长高时及时修整，这种处理方法既能够使中央分隔带绿化有明显的宏观效果，又可以保证相对行驶的车辆互相通视。边坡绿化可根据当地情况，选择适于生长的草种，可选择多年生宿根、根系发达的草类，如马连草、茵宿草等，有条件时可将道路两侧边坡全部绿化，条件不成熟时，可只绿化边坡上部三分之一部分。

5、养护方法

（1）护栏的养护维修

公路设置护栏是预防车辆因故障事故等原因驶入其他车道。设置桥梁、中央分离带、路侧等位置，材质分别为刚性材料、半刚性材料、柔性材料。护栏的养护维修工作除了日常巡逻养护工作，还有两个月一次的定期检查。发现未发挥作用及变形、损坏、油漆脱落的护栏，（混凝土及其他材质的护栏）对发现地点、道路情况，损坏部位及原因等记录下来，并立即进行修理、修补、清扫、涂漆等工作。

（2）公路标志和路面标线的养护维修

道路标志做到及时清扫、清除污染和障碍物。污染情况严重的要做涂漆或是更换处理，对损伤或失效的道路标志进行修复或是更新。交叉点附近的标线，易磨损位置要定期复原，融雪期间尽快对路面标线复原。

（3）信号及照明等设施的养护维修

信号及监控设施除了目测或简易的方法进行表面检查，还要利用相关的数据采集检测仪器进行定期维护，对故障或是损坏的设施进行记录，报告后及时做出调整、修理或是更换。照明设施必须在夜间进行检查，定期做好灯柱和灯具检查、灯具有定期更换和损坏更换两种维护方法，灯柱则是定期进行检查和清扫。

6、养护问题

（1）养护管理设备落后，管理伸缩性大

目前，在我国养护设备方面，养护管理单位在人力、财务、物力管理上大都采用的是人工处理，如：生产实绩表、材料消耗表、考勤表等等，都是通过手工执行的，同时对于养护中重要的部分，好路率的形成也都是人们手工操作的。出现错误的概率很大，直接影响着高速公路养护的前进工作。在对高速公路评价方面，大都采取的是人工自我评价，缺乏一定的公平、公正，其所提供的信息给监管部门也带来了一定的困难，不利于其部门监管。

（2）高速公路附属设施养护专业技术欠缺

我国高速公路养护人员专业技术普遍较低，据调查，在我国从事高速公路方面的工作人员中，拥有养护技术的人员在 35% 左右，其中这些人中还包括非养护专业人员，真正有养护技术的工作人员少之又少，现在国家一直提倡的是创新，新时期需要的是创新型人才，但是在我国的养护人员方面，创新人才严重缺乏，致使养护科技创新落后，从而影响了养护工作的水平和质量。近些年来，我国高速公路设备也从国外引进了一些养护机械设

备，但由于人员素质偏低。因此，在我国使用的效率相对来说较低，导致了设备耗损现象严重，而目前我国高速公路的养护作业还是采用传统落后的工艺来完成。

二、公路安全设施施工

交通安全设施属于道路的基础设施，包括道路交通标志、标线、护栏、隔离设施、防眩设施、视线诱导设施等。它对减轻事故的严重度，排除各种纵、横向干扰，提高道路服务水平，提供视线诱导，改善道路景观等起着重要的作用，特别是对充分发挥道路安全、快速、经济、舒适的功能，具有特殊的意义。因此，不论是施工企业还是建设单位应协调合作，把质量管理涉及的各个环节紧密联系起来，强化管理，明确权责，使质量管理体系更加制度化和标准化，指导双方的合作，为施工质量增添一份保障。

1、高速公路交通安全设施工程施工技术要点

（1）隔离栅设置

隔离栅通常设置在公路地界的位置，施工过程中经常会产生一些问题，为了确保放样的准确度，必须要在施工开始之前就由土建单位利用全站仪进行地界测量，测量以后再进行施工定位。隔离栅安装施工之前，必须要对所处位置的地势进行处理，对于其附近地面要求做到平整处理，将周围的杂物清理干净，并且尽量地压实整平，对于地势比较险峻的地段，需要通过施工形成一定的坡度，从而确保隔离栅能够顺着坡向位置进行施工。

（2）防撞护栏施工技术

在高等级公路上，为了防止与公路无关的人和动物进入，保证车辆高速行驶的安全，防止非法占用土地等，而设置禁入隔离栅，隔离栅最常见的问题是由于隔离栅强度较差而时有被盗，不仅给管理者造成经济上的损失，而且给安全行车带来不利影响，必须加强现场的安装质量。严格按照设计图进行施工放样，先从路两侧的边沟向外定出中心线，保证公路用地范围的准确性，然后再在中心线上定出立柱位置，并在每个桩位做出标志；在放样和定位工作完成的基础上，根据设计图的要求开始挖坑，平面尺寸和深度不能小于设计要求，坑底要清理干净；连接网片，先在地面上将网片用立柱连接起来（连接螺栓不能拧紧），连接完后按照每个基坑的位置竖立起来，并用临时支架进行支撑，根据设计图和现场地形进行调整，确保线形的平顺美观；隔离栅的线形经监理检查合格后，即可向坑内浇筑混凝土，混凝土强度达到设计标号的80以上时方可拆除临时支撑，并拧紧螺栓。

（3）交通标志设置

标志性工程项目在施工过程中，最大的特点就是分布范围广，并且整体的结构也非常复杂，类型也比较多，所以这一类工程在施工开始之前，必须要有相关的人员对施工现场进行考察，将施工图纸和施工现场条件进行全面考察之后，才可以进行施工确定，这样可以有效地避免因为施工问题对周围环境造成不利的影响。在施工过程中，对于重点问题还需要给桩号上进行相应的标记，那么在图纸设计过程中，也需要对相关的设计内容进行详

细的考察，确保其和实际情况相符合。对于标志工程，要对标志位置前后方是否存在阻碍物、编制周围是否存在等压线缆以及标志预埋的地理位置状况等进行充分的考量，对周围可能会产生的影响因素进行分析，从而当出现问题的时候，就可以进行及时的处治，能够做到防患于未然。

（4）交通标线

交通标线施工过程中，对于整个交通安全设施工程施工有着重要影响，一定要做好施工速度和施工温度的控制。施工操作人员在进行标线施工过程中，必须要充分地掌握各类标线建造的施工知识，对于标线的常规知识必须要准确认识，尤其是在开始施工之前，必须要对整个过程中的温度控制、湿度控制、施工设备等进行详细的检测，当其达到既定的施工要求后才可以进行实际的交通标线施工，从而使得交通标线施工能够达到一个理想的施工状态，确保整个交通系统的顺利运行。例如雨夜反光雨线就是道路交通标线的一种。在夜间，路面标线在干燥、潮湿、水膜覆盖情况下，给定一个外光源均能以一定角度把光反射回来的标线。

2、高速公路交通安全设施施工技术质量控制

（1）加强施工队伍的建设

作为交通安全设施的重要施工主体，施工人员的素养对于工程的施工质量具有重要决定性影响，所以我们在未来的工程建设中应当努力提升施工人员的专业素养，在施工过程中使其逐渐养成安全施工的意识，保证工程的应有质量。为此，在施工前施工单位应当对施工环境的地形条件进行充分考虑和分析，最大限度上消除安全隐患，保证工程能够得到顺利进行和开展。施工单位也要将对施工人员的质量予以严格控制，加强人员的培训力度，努力提升施工人员的专业能力和综合素质，为交通安全设施的施工提供应有保障。

（2）原材料的质量控制

原材料的质量是工程安全的重要保障，必须加强对原材料的质量检测，从而提高安全设施的有效性。加强对材料厂家生产资质，对原材料的生产合格证、检测报告等材料进行严格审查，杜绝生产厂家以次充好、偷工减料的情况出现。另外，对原材料进行抽检，检查每一批次的材料是否符合施工组织设计中的要求，检查其型号、规格、性能、厚度等，保证抽检的产品达到施工安全性能标准。对质量出现问题的产品必须进行及时处理，不得投入施工。例如，加强对标线材料反光性能和附着性能的检测，对标志板逆反射系数和耐弯曲等性能的测试。

（3）严格控制施工工序

在交通安全设施的施工过程中还应当严格按照质量控制程序进行施工，保证质量目标的实现。在进行施工作业的过程中，应当结合具体情况，根据道路的施工特点，进行各个环节质量控制程序的编制。当质量控制程序编制完成后，就应当按照质量控制程序来进行相关的施工作业，待各个环节的施工完成后，施工单位自身也要就施工情况进行质量自检，

待通过自检后再进行下一步的施工。鉴于高速公路交通安全设施对于人们生活水平的提高具有重要影响，因此我们在改造的过程中一定要注重对工程质量的掌控，加强技术和制度方面的建设，保证工程质量。

（4）建立合理的质量管理体系

建设科学、完善的质量管理体系，使得工程建设过程有据可依，有章可循，为施工建设提供强有力的制度保障。结合公路交通工程的特点和要求，制定严格的施工规范。同时，加强对施工队伍资质的审查，符合施工要求后方可进场。选派专业的技术人员或工程师进行现场技术监督和指导，对施工建设中出现的问题及时发现，及时解决，提高公路交通工程安全设施建设的科学性和有效性。

简而言之，作为一项复杂的系统工程，高速公路交通安全设施的施工将会成为影响到人们生活和工作的环境要素，但由于高速公路的施工将会受到诸多因素的影响和干扰，因此我们在未来的工程建设中应当采取适宜的手段来保证工程的应有质量，在整个施工期间要合理的组织人力，按照相关的技术作业规程进行施工，保证人们的正常工作和生活，提升人们的生活质量，促进交通行业建设水平的不断提升。

第二章 公路桥梁工程

第一节 概 述

一、公路桥梁工程

公路桥梁工程（highway bridge engineering）公路跨越水域、山谷及一切交通通道的构造物的规划、设计、施工、养护、维修等全部工作。

公路线路穿过江河、港湾、湖泊、水库、灌渠等水域，或跨过高差大的深谷地带，或跨过其他交通线路，为了保持交通畅通需要架设桥梁。繁华的市区有时需设由高架桥组成的高架路。傍山路线或因开凿路基工程浩大，或因地质构造不稳定，或因保护景观，有时也修建高架桥，而不修筑路基。

跨越江河的桥梁，一般设置能安全宣泄预期最大洪水的高水位桥。在季节性水流的河溪，如交通量小，为节省投资有时设置低水位桥（又称漫水桥）或过水路面。在宽阔水深的湖面和一时不易建桥的河面可架设浮桥。在通航河道上架桥，如两岸平坦，桥面不易抬高时，常采用可以移动或升高的活动式桥梁。当公路和铁路或公路相互交叉时，为了避免平面交叉可修建立体交叉桥。主要公路穿过次要道路时立交桥可以是上跨式的或是下穿式的。跨越高速公路、交通繁忙的公路以及街道时，为了行人的安全通行，可修建行人桥，从公路上方横跨公路。

公路桥梁也可同其他工程建筑物合建。有的公路桥同铁路桥合建，如武汉长江桥和南京长江桥就是铁路公路两用桥，公路在上层，铁路在下层。有的公路桥在闸坝顶上架设，成为桥闸两用桥。有的公路桥上架设输油管道或输气管道，成为兼供油气管道用的公路桥。

公路桥梁工程包括桥梁主体（即桥梁上部结构和桥梁下部结构）工程和桥位总体中附属的工程设施。附属的工程设施很多，如为了保持桥位处河道稳定的护岸、导流堤等调治水流的构造物，桥头与公路连接的引道引桥，桥面上防车轮冲撞的栏杆，保证行人安全的人行道栏杆，以及桥上号志、桥下导航标志和桥面照明设备等。此外，位于地震区的桥梁还设有防震装置，斜拉桥吊索牵索上设有防风动谐振的附加装置，活动桥设有机械装置，流冰河上的桥设有破冰装置等。因此桥梁工程同结构工程、基础工程、水利工程和交通工程有关，并同气象、水文、工程地质、建筑材料、测试技术、工程机械、美学、环境保护等学科有关，是一门综合性很强的工程技术。

桥梁的规划设计公路桥梁的建造，首先要根据公路线路的性质和要求，以及勘察测量的资料，并结合技术经济分析进行可行性研究；然后进行技术设计，并绘出施工图纸和编制文件。这个过程即为桥梁的规划设计。

桥梁规划设计应进行的勘察测量有：①桥址地形测量，以确定桥位；②桥址处地层的地质调查（包括地震情况调查），以确定桥墩、桥台的位置和深度；③河流水位、流速、流量等水文调查（包括流冰和漂浮物的情况调查），以确定桥长、跨径、桥高、基础深度、适宜施工期；④河道通航情况调查，以确定通航桥孔大小及其桥下净空高度；⑤交通量的调查，以确定桥的宽度和荷载等级；⑥经济调查，以确定建筑材料的来源和运输。

公路桥梁设计的基本要求是根据所在公路的使用任务、性质和将来发展的需要，按照适用、经济及美观的原则进行设计。在技术上，一般应保证所建设的桥梁能承受施加的荷载，并能抗御自然因素的破坏作用。此外，应尽可能采用先进技术，并力求保护和美化环境。在使用上，应保证桥上能安全通行车辆，桥下能安全宣泄洪水和结冰。在流放木排的河流上木排能安全通过，在通航河流上船只能安全航行。在桥梁设计时，既要考虑桥梁的正常使用，又要考虑施工和养护的方便性。

桥梁设计工作包括桥位选择，桥孔确定，桥型布置，桥长、桥高、桥宽确定，桥型结构选定，结构计算，详细尺寸和细部详图绘。

二、桥梁施工方法

1、桥梁下部结构基础工程

在桥梁工程中，通常采用的基础有扩大基础、桩基础、沉井基础等。基础的施工方法大致可分类如下：

（1）扩大基础

所谓扩大基础，是将墩（台）及上部结构传来的荷载由其直接传递至较浅的支承地基的一种基础形式，一般采用明挖基坑的方法进行施工，故又称之为明挖扩大基础或浅基础。其主要特点是：

由于能在现场用眼睛确认支承地基的情况下进行施工，因而其施工质量可靠；

施工时的噪声、振动和对地下污染等建设公害较小；

与其他类型的基础相比，施工所需的操作空间较小；

在多数情况下，比其他类型的基础造价省、工期短；

易受冻胀和冲刷产生的恶劣影响。

扩大基础施工的顺序是开挖基坑，对基底进行处理（当地基的承载力不满足设计要求时，需对地基进行加固），然后砌筑圬工或立模、绑扎钢筋、浇筑混凝土。其中，开挖基坑是施工中的一项主要工作，而在开挖过程中，必须解决挡土与止水的问题。

当土质坚硬时，对基坑的坑壁可不进行支护，仅按一定坡度要求进行开挖。在采用土、石围堰或土质疏松的情况下，一般应对开挖后的基坑坑壁进行支护加固，以防止坑壁坍塌。支护的方法有挡板支护加固、混凝土及喷射混凝土加固等。

扩大基础施工的难易程度与地下水处理的难易有关。当地下水位高于基础的设计底面标高时，施工时则需采取止水措施，如打钢板桩或考虑采用集水坑用水泵排水、深井排水及井点法等使地下水位降低至开挖面以下，以使开挖工作能在干燥的状态下进行。还可采用化学灌浆法及围幕法（包括冻结法、硅化法、水泥灌浆法和沥青灌浆法等）进行止水或排水，但扩大基础的各种施工方法都有各自特有的制约条件，因此在选择时应特别注意。

（2）桩基础

桩是深入土层的柱形构件，其作用是将作用于桩顶以上的荷载传递到土体中的较深处。根据不同情况，桩可以有不同的分类法。本书按成桩方法对桩进行分类，并分别叙述其不同的施工方法和工艺。

1）沉入桩

沉入桩是将预制桩用锤击打或振动法沉入地层至设计要求标高。预制桩包括木桩、混凝土桩和钢桩，一般有如下特点：

①因是在预制场内制造，故桩身质量易于控制，可靠；

②沉入时的施工工序简单，工效高，能保证质量；

③易于在水上施工；

④多数情况下施工噪声和振动的公害大，污染环境；

⑤受运输、起吊设备能力等条件的限制，其单节预制桩的长度不能过长；沉入长桩时要在现场接桩；桩的接头施工复杂、麻烦且易出现构造上的弱点；接桩后如果不能保证全桩长的垂直度，则将降低桩的承载能力，甚至在沉入时造成断桩；

⑥不易穿透较厚的坚硬地层；当坚硬地层下仍存在较弱层，设计要求桩必须穿过时，则需辅以其他施工措施，如射水或预钻孔等；

⑦当沉入地基的桩超长时，需截除其超长部分，截桩不仅较困难，且不经济。

A. 锤击沉桩法

锤击沉桩是以桩锤（落锤、柴油锤、气动锤、液压锤等）锤击预制桩的桩头而将桩沉入地下土层中的施工方法。

锤击沉桩法的特点：

①锤击沉桩是在桩将土向外侧推挤的同时而贯入的施工方法，桩周围的土被挤压，因此增大了桩与土接触面之间的摩擦力；

②由于沉桩时会产生较大的噪声和振动，在人口稠密的地方一般不宜采用；

③各种桩锤的施工效果在某种程度下受地层、地质、桩重和桩长等条件的限制，因此需注意选用。

锤击法沉桩的施工机械包括桩锤、桩架、动力装置、送桩杆（替打）及衬垫等，应按工程地质条件、现场环境、工程规模、桩型特性、桩密集度、工期、动力供应等多种因素来选择。

B. 振动沉桩法

振动法沉桩是采用振动沉桩机（振动锤）将桩沉入地层的施工方法。

振动法的特点为：

①操作简便，沉桩效率高；

②施工速度快，工期短，费用省；

③不需辅助设备，管理方便，施工适应性强；

④沉桩时桩的横向位移和变形小，不易损坏桩；

⑤虽有振动，但噪声较小，软弱地基中入土迅速、无公害；

⑥因振动锤的构造较复杂，故维修较困难，设备使用寿命较短，耗电量大，需要大型供电设备；

⑦地基受振动影响大，遇到坚硬地基时穿透困难，且受振动锤效率限制，较难沉入30m 以上的长桩。

振动沉桩法通常可应用于松软地基中的木桩、钢筋混凝土桩、钢桩、组合桩的陆上、水上、平台上的直桩施工及拔桩施工；一般不适用于硬黏土和沙砾土地基。

C. 静力压桩法

静力压桩法系借助专用桩架自重、配重或结构物自重，通过压梁或压柱将整个桩架自重、配重或结构物反力，以卷扬机滑轮组或电动油泵液压方式施加在桩顶或桩身上，当施加给桩的静压力与桩的人入土阻力达到动态平衡时，桩在自重和静压力作用下逐渐沉入地基土中。

静力服桩法的特点是：

①施工时无冲击力，产生的噪声和振动较小，施工应力小，可减少打桩振动对地基的影响；

②桩顶不易损坏，不易产生偏心沉桩，梢度较高；

③能在施工中测定沉桩阻力为设计施工提供参数，并预估和验证桩的承载能力；

④由于专用桩架设备的高度和压桩能力受到一定限制，较难压入 30m 以下的长桩，但可通过接桩，分节压入；

⑤机械设备的拼装和移动耗时较多。

静力压桩法通常应用于高压缩性粘上层或砂性较轻的软黏土地基。当桩需要穿过有一定厚度的砂性土中间夹层时，必须根据砂性上层的厚度、密实度、上下土层的力学指标、桩的结构、强度、形式或设备能力等综合考虑其适用性。

静力法压桩按加力方式可分为压桩机（压桩架、压桩车、压桩船）施工法、吊载压力施工法、结构自重压力施工法等。

D. 辅助沉桩法

①射水辅助沉桩

射水沉桩是利用在桩尖处设置冲射管喷出高压水，冲刷桩尖处的土体，在桩尖周围地基松动、摩擦阻力减少的同时，使桩受自重以及锤击、振动、静压等作用而下沉的施工方法。这种施工方法只能作为锤击、振动和静力沉桩的辅助手段，而不允许单独使用。其特点是：不易损伤桩材，沉桩效率高；施工时的噪声和振动极小；由于射水破坏了桩周上的结构，桩在下沉时易发生偏斜；消耗大量的水，易产生泥浆污染公害，只宜在特殊条件下使用。

射水辅助沉桩法对黏性土、砂性土地基都可适用，但更适用于细砂地基。

②预钻孔辅助沉桩

预钻孔辅助沉桩，是预先在桩位进行钻孔取土，然后以锤击、振动、静压等法沉桩的一种施工方法。主要用于软土层的地基，可分为全钻孔和局部钻孔沉桩法两类。其特点是施工中的噪声和振动小，并可减少对桩区邻近结构物的危害，但施工费用约增大10%~20%。

E. 沉管灌注法

沉管灌注法是采用锤击或振动法将钢管沉入土内，然后在管内灌注混凝土，随灌随拔管而形成桩的一种施工方法、其特点是：设备简单、施工方便、操作简易、施工速度快、工期短、造价低、随地质条件变化适应性强。但由于桩管口径的限制，影响单桩承载力，且施工的振动大，噪声高。这种方法适用于黏质土、砂类土和小粒径中密的碎石土地层。

还有一种称为锤底沉管的施工方法，是将用薄钢板焊接成封底的钢管，在管底部浇半干硬性的混凝土形成柱塞，然后用落锤击打管底部的柱塞，使钢管沉入地基，并在钢管内灌注混凝土而成桩。此法的特点是：由于管顶锤的直接冲击，使得钢管不承受压屈力而仅受拉力，因此可采用很薄的钢板卷制成焊接管以节省钢材，这种施工方法国外已广泛使用。

2）灌注桩

灌注桩，是在现场采用钻孔机械（或人工）将地层钻孔挖成预定孔径和深度的孔后，将预制成一定形状的钢筋骨架放入孔内，然后在孔内灌入流动的混凝土而形成桩基。水下混凝土多采用垂直导管法灌注。

灌注桩特点是：

①与沉入桩中的锤击法和振动法相比，施工噪声和振动要小得多；

②能修建比预制桩的直径大得多的桩；

③与地基的土质无关，在各种地基上均可使用；

④施工上应特别注意对钻孔时的孔壁坍塌及桩尖处地基的流沙、孔底沉淀等的处理，施工质量的好坏对桩的承载力影响很大；

⑤因混凝土是在泥水中灌注的，因此混凝土质量较难控制。

灌注桩因成孔的机械小同而通常有以下几种成孔施工方法：

A. 螺旋钻机成孔法

此法利用长螺旋或短螺旋钻机成孔，不采用任何护壁措施。这种施工法基本没有噪声和振动的污染。因不采取护壁措施，仅适用于无地下水的地层，且桩长有一定限度；螺旋钻孔机一般不能穿过卵石、砾石地层。

B. 潜水钻机成孔法

采用潜水钻机钻进成孔，钻孔作业时，钻机主轴连同钻头一起潜入水中，由轴底动力直接带动钻头钻进。其特点有：

①潜水钻设备简单，体积小，重量轻，施工转移方便；

②钻进时无噪声，整机钻进时无振动；

③耗用动力小，钻孔效率较高；

④可采用正、反循环两种方式排渣，如果循环泥浆不间断，孔壁不易坍塌，但采用反循环排渣时，土中若有大石块，容易卡管；

⑤因钻孔需泥浆护壁，施工场地泥节，需设置沉淀池和处理排放的泥浆。

潜水钻机成孔适用于填土、淤泥、黏土、粉土、砂土等地层，也可在强风化基岩中使用，尤其适用在地下水位较高的上层中成孔，但不宜用于碎石土层。

C. 冲击钻机成孔法

此法是采用冲击式钻机或卷扬机带动，定重量的冲击钻头，在一定的高度内将钻头提升，然后释放使钻头自由降落，利用冲击功能冲挤土层或破碎岩层形成桩孔，再用掏渣桶或其他方法将钻渣岩屑排出。其特点有：

①设备简单，操作方便，钻进参数容易掌握，设备移动方便，机械故障少；

②在含有较大卵砾石层、漂砾石层中施工，成孔效率较高；

③钻进时孔内泥浆一般不是循环的，只起悬浮钻渣和保持孔壁稳定作用，泥浆用量少，消耗小；

④容易出现孔斜、卡钻和掉钻等事故及成孔不圆的情况。

冲击钻机成孔适用于填土层、黏土层、粉土层、淤泥层、砂土层和碎石土层，也适用于砾卵石层、岩溶发育岩层和裂隙发育的地层施工。

D. 正循环回转法

此法是由钻机回转装置带动钻杆和钻头回转切削破碎岩土，钻进时用泥浆护壁、排渣：泥浆由泥浆泵输进钻杆内腔后，经钻头的出浆口射出，带动钻渣沿钻杆与孔壁之间的环状空间上升到孔口溢进沉淀池后返回泥浆池中净化，再供使用。这样，泥浆在泥浆泵、钻杆、钻孔和泥浆池之间反复循环运行。此法特点是：

①设备简单，在不少场合可直接或稍加改进借用地质岩心钻探设备或水文水井钻探设备，工程费用较低；

②钻机小，重量轻，狭窄场地也能使用，且噪声低，振动小；

③设备故障相对较少，工艺技术成熟，操作简单，易于掌握；

④有的正循环钻机（如日本利根 THS—70）可钻倾角 10° 的斜桩；

⑤钻进时，泥浆上返速度低，挟带泥沙颗粒直径较小，排除钻渣能力差，岩土重复破碎现象严重。

正循环回转法适用于填土层、淤泥层、粉土层和砂土层，也可在卵砾石含量不大于15%、粒径小于 10mm 的部分砂卵砾石层和软质基层、较硬基岩中使用。

E. 反循环回转法

反循环回转是在桩顶处设置比桩径大 15% 左右的护筒，护筒内的水位要高出自然地下水位 2m 以上，以确保孔壁的任何部分均保持 0.02MPa 以上的静水压力防止孔壁坍塌，然后用旋转钻头连续削孔；与此同时，通过循环水将所削出的岩土钻渣由钻杆内部排至孔外。其特点是：

①有利于大直径桩及长桩的施工，最大桩径可达 6m；

②施工时的振动和噪声较小；

③由于安装旋转钻头的转台与机架体是分离的，因而能在不便立脚手架的水上或狭窄的场地上进行施工，但临时设施的规模大；

④因钻头不必每次上下排弃钻渣，只要接长钻杆，就可以在深层进行连续钻挖，因此，钻孔效率高，对孔壁损伤小，排渣干净，孔底沉渣较少；

⑤可用于施工上下部直径不同的桩，即能施工变截面桩；采用特殊钻头则可钻挖岩石；

⑥地基中有透水性高的夹层、被动水压层时，施工比较困难；如果水压头和泥浆比重等管理不当，将会引起坍孔，且废泥水的处理量大；

⑦由于土质不同，钻挖时孔径将比设计桩径扩大 10%~20% 左右，混凝土的数量将随之增大。

反循环回转法适用于填土、淤泥、黏土、砂土、砂砾等地层，尤其适用于砂土层；不适用于自重湿陷性黄土层，也不宜用于直径大于 20cm 的卵石层。采用圆锥式钻头可进入软岩，采用滚轮式（牙轮式）钻头可进入硬岩。

F. 冲抓钻机成孔法

冲抓成孔是利用钻机冲抓锥张开的锥瓣向下冲击切入土石中，收紧锥瓣将土石抓入锥中，然后提升出孔外卸去土石，再向孔内冲击抓土，如此循环钻进成孔，孔中泥浆起护壁作用。全护筒钻机则是将钢护筒压入到桩底护壁，亦使用冲抓锥钻进。

冲抓钻机适用于砾类土、粉质土、黏质土、黄土及较松散的砂砾、卵石等土层，不适于在大漂石和岩层中钻孔：

G. 旋转锥钻孔法

此法是用旋转式开挖铲斗去削孔的钻孔桩施工方法。其特点是：

①施工时的噪声、振动小；

②施工速度快，施工费用一般较其他方法低；

③机械设备简单且在施工场地内移动方便；

④当开挖深度超过一定限度时，因开挖机械需接长而使其效率大减；

⑤使用膨润土防止孔壁坍塌时，需有膨润土的储存及膨润土泥浆的处理设备。

H. 人工挖孔法

是用人力挖土形成桩孔。在向下挖进的同时，对孔壁进行支护，以保证施工安全，然后在孔内安放钢筋骨架，灌注混凝土而形成桩基。此法可形成大尺寸的桩孔，且桩底可采取扩底的方法以增大桩的支承面积，即所谓扩底桩。视桩端土层情况，扩底直径一般为桩身直径的 1.3~2.5 倍。人工挖孔法的特点是：

①便于检查孔壁和孔底的地层土质情况，能用眼睛直接确认地基；

②施工时的噪声、振动极小；

③便于清底，孔底虚土能清除干净；灌注桩身混凝土时，人可入孔采用振捣棒捣实，因此施工质量可靠；

④可按施工进度要求分组同时作业，国内因劳力便宜，故人工挖（扩）孔桩造价较低；但因孔内空间狭小，劳动条件差，施工文明程度低，且易发生人身伤亡事故；

⑤涌水量大时，施工操作困难，混凝土用量较大。

人工挖孔桩适用于无水或少水且较密实的土或岩石地层，但其孔深不宜大于 15mm。

3）大直径桩

一般认为，直径 2.5m 以上的桩可称为大直径桩，目前，最大桩径已达 6m。近年来，大直径桩在桥梁基础上得到广泛应用，结构形式也越来越多样化，除实心桩外，还发展了空心桩；施工方法上不仅有钻孔灌注法还有预制桩壳钻孔埋置法等。根据桩的受力特点，大直径桩多做成变截面的形式。大直径桩与普通桩在施工上的区别上要反映在钻机选型、钻孔泥浆及施工工艺等方面。

（3）沉井基础

沉井基础是一种断面和刚度均比桩大得多的简状结构，施工时在现场重复交替进行构筑和开挖井内土方，使之沉落到预定支承地基上。在岸滩或浅水中建造沉井时，可采用"筑岛法"施工；在深水中建造时，则可采用浮式沉井，先将其浮运至预定位置，再进行下沉施工。按材料、形状和用途的不同，可将沉井分成很多种类型，但各种沉井基础有如下的共同特点：

功沉井基础的适宜下沉深度一般为 10m~40m；与其他基础形式相比，沉井基础的抗水平力作用能力及竖直支承力均较大，由于刚度大，其变位较小。

沉井基础施工的难点在于沉井的下沉，主要是通过从井孔内除土，清除刃脚正面阻力及沉井内壁摩阻力后，依靠其自重下沉；沉井下沉的方法可分为排水开挖下沉和不排水开挖下沉，但其基本施工方法应为不排水开挖下沉，只有在稳定的上层中，而且渗水量不大时，才采用排水开挖法下沉；另外还有压重、高压射水、炮震（必要时）、降低井内水位减少浮力以增加沉井自重、采用泥浆润滑套或空气幕等一些沉井下沉的辅助施工方法。

（4）管柱基础

管柱基础因其施工的方法和工艺相对来说较复杂，所需的机械设备也较多，一般的桥梁极少采用这种形式的基础，仅当桥址处的水文地质条件十分复杂，应用通常的基础施工方法不能奏效时，方采用这种基础形式。因此，对于大型的深水或海中基础，特别是深水岩面不平、流速大的地方，采用管柱基础是比较适宜的。我国的武汉、南京长江大桥和乌龙江大桥都曾采用过这种基础。

管柱基础的施工一般包括管柱预制、围笼拼装浮运和下沉定位、下沉管桩、在管柱底基岩上钻孔、在管柱内安放钢筋笼并灌注水下混凝土等内容。管柱有钢筋混凝土、预应力钢筋混凝土和钢管三种，其下沉与前述的沉入桩类似，大多采用振动法并辅以射水、吸泥等措施。管柱下沉必须要有导向装置，浅水时可用导向架，深水中则用整体围笼。

（5）地下连续墙

地下连续墙（Cast site diaphragms wall）是用膨润土泥浆进行护壁，在防止开挖壁面坍塌的同时在设计位置开挖出一条狭长端圆的深槽，然后将钢筋骨架放入槽内并灌注水下混凝土，从而在地下形成连续墙体的一种基础形式。目前国内还多用于临时支挡设施，国外已有作为永久基础的实例。地下连续墙有墙式和排柱式之分，但一般多用墙式。地下连续墙的特点有：

①施工时的噪声、振动小；

②墙体刚度大且截水性能优异，对周边地基无扰动；

③所获得的支承力大，可用作刚性基础，对墙体进行适当的组合后可用以代替桩基础和沉井基础；

④可用于逆筑法施工，并适用于多种地基条件；

⑤在挖槽时因采用泥浆护壁，如管理不当，有槽壁坍塌的问题。

地下连续墙的施工方法种类甚多，根据机械类型和开挖方法可分为抓斗式、冲击式和旋转切削式三类。

2、承台

位于旱地、浅水河中采用上石筑岛施工桩基的桥梁，其承台的施工方法与扩大基础的施工方法相类似，可采取明挖基坑、简易板桩围堰后开挖基坑等方法进行施工。

对深水中的承台，可供选择的施工方法通常有：钢板桩围堰、钢管桩围堰、双壁钢围堰及套箱围堰等。不论何种围堰，其目的都是为了止水，以实现承台的干处施工。钢板桩和钢管桩围堰实际上是同一类型的围堰形式，只不过所用材料不同；双壁钢围堰通常是将桩基和承台的施工一并考虑，即先在堰顶设钻孔平台，桩基施工结束后拆除平台，在堰内进行承台施工；套箱现多采用钢材制作，分有底和无底两种类型，根据受力情况不同又可设计成单壁或双壁。

3、墩（台）身

墩（台）身的施工方法根据其结构形式的不同而各异。对结构形式较简单、高度不大的中、小桥墩（台）身，通常采取传统的方法，立模（一次或几次）现浇施工；但对高墩及斜拉桥、悬索桥的索塔，则有较多的可供选择的方法。而施工方法的多样化主要反映在模板结构形式的不同。近年来，滑升模板、爬升模板和翻升模板等在高墩及索塔上应用较多，其共同的特点是：将墩身分成若干节段，从下至上逐段进行施工：

采用滑升模板（简称滑模）施工，对结构物外形尺寸的控制较准确，施工进度平稳、安全，机械化程度较高，但因多采用液压装置实现滑升，故成本较高，所需的机具设备亦较多；爬升模板（简称爬模）一般要在模板外侧设置爬架，因此这种模板相对而言需耗用较多的材料，体积亦较庞大，但不需设另外的提升设备；翻升模板（简称翻模）结构较简单，施工亦较方便，不过需设专门用于提升的起吊设备。

高墩的施工，应根据现场的实际情况，进行综合比较后来选择适宜的施工方案。中、小桥中，有的设计为石砌墩（台）身，其施工工艺虽较简单，但必须严格控制砌石工程的质量。

4、桥梁上部结构

桥梁上部结构的形式是多种多样的，其施工方法的种类也较多，但除一些比较特殊的施工方法之外，大致可分为预制安装和现浇两大类。现将常用的一些施工方法的特点和适用性分述如下：

（1）预制安装法

预制安装可分为预制梁安装和预制节段式块件拼装两种类型。前者主要指装配式的简支梁板，如空心板梁 T 形梁、I 形梁及小跨径箱梁等的安装，尔后进行横向联结或施工桥面板而使之成为桥梁整体；后者则将梁体（一般为箱梁）沿桥轴向分段预制成节段式块件，运至现场进行拼装，其拼装方法一般多采用悬臂法。连续梁、T 构、刚构和斜拉桥都可应用这种方法进行施工。

1）自行式吊车吊装法

这种吊装法多采用汽车吊、履带吊和轮胎吊等机械，有单吊和双吊之分。此法一般适用于跨径在 30m 以内的简支梁板的安装作业。在现场吊装孔垮内或引道上应有足够设置吊车的场地，同时应确保运梁道路的畅通，吊车的选定应充分考虑梁体的重量和作业半径后方可决定。

2）垮墩龙门安装法

在墩台两侧顺桥向设置轨道，在其上安置垮墩的龙门吊，将梁体在吊起状态下运至架设地点而安装在预定位置。此法一般可将梁的预制场地安排在桥头引道，以缩短运梁距离。其优点是：施工作业简单、迅速，可快速施工，容易保证施工安全；但要求架设地点的地形应平坦且良好，梁体应能沿顺桥向搬运，桥墩不能太高。因设备的费用较大，架设安装的孔垮数不能太少。

3）架桥机安装法

这是预制梁的典型架设安装方法。在孔垮内设置安装导梁，以此作为支承梁来架设梁体，这种作为支承梁的安装梁结构称为架桥机：目前架桥机的种类甚多，有专用的架桥机设备，也有施工者应用常备构件（万能杆件和贝雷嵌片等）自行拼装而成的。按形式的不同，架桥机又可分为单导梁、双导梁、斜拉式和悬吊式等等。悬臂拼装和逐跨拼装的节段式桥梁也经常采用。

专用的架桥机设备进行施工。其特点是：不受驾设孔跨的桥墩高度影响，亦不受梁下条件的影响；架设速度快，作业安全度高，对于垮数较多的长大桥梁更具优越性。

4）扒杆吊装法

扒杆吊装是一种较原始但简单易行的方法，对一些重量轻的小型构件比较适宜，目前已很少采用。但近年国内亦有采用扒杆吊装大跨径（330m）桁式拱的经验，单件吊装最大重量达 200t。

5）浮吊架设法

这种方法一般适用于河口、海上长大桥梁的架设安装，包括整孔架设和节段式块件的悬臂拼装。采用此法工期较短，但梁体的补强、趸船的补强及趸船、大型吊具、架设用的卡具等设备均较大型化，浮吊所需费用较高，且易受气象、海象和地理条件的影响。梁体安装就位时，浮力的减少会引起浮吊和趸船移动，伴随而来的是会使梁体摇动，因此应充分考虑其倾覆问题。

6）浮运整孔架设法

是将梁体用趸船载运至架设地点后进行架设安装的方法，可采用两种方式：第一种方式是用两套卷扬机（或液压千斤顶装置）组合提升吊装就位；第二种方式是利用趸船的吃水落差将整孔梁体安装就位。

7）缆索吊装法

当桥址为深谷、急流等桥下净空不能利用时，在桥台上或桥台后方设立钢塔架，塔架上悬挂缆索，以此缆索作为承重索进行架设安装的施工方法。缆索吊装法较多地应用于拱桥的拼装施工，有直吊式和斜拉式之分。梁式桥及其他桥型亦有采用此法施工的。缆索吊装法比其他方法的驾设机械庞大且工期长，采用前应对其经济性进行充分分析。

8）提升法

提升法有两种形式：一是采用卷扬机装置进行提升，较适用于节段式悬臂拼装的桥梁；另一种是采用液压式千斤顶装置进行连续提升，较适用于重型梁体的架设安装。

9）逐孔拼装法

逐孔拼装法一般适用于节段式预应力混凝土连续梁的施工。在施工的孔垮内搭设落地式支架或采用悬吊式支架，将节段预制块件按顺序吊放在支架上，然后在预留孔道内穿入预应力筋，对梁施加预应力使其成为整体，这种方法形象的通俗名称为"穿糖葫芦"。

10）悬臂拼装法

悬臂拼装法现多用于预应力混凝土梁体的施工，其他类型的桥梁亦可选用。这是一种将梁体分节段预制，墩顶附近的块件用其他驾设机械安装或现浇，然后以桥墩为对称点，将预制块件沿桥跨方向对称起吊、安装就位后，张拉预应力筋，使悬臂不断接长，直至合拢的施工方法。悬臂拼装法施工速度快，桥梁上、下部结构可平行作业，预制块件的施工质量易控制，但预制节段所需的场地较大，且拼装精度在大跨桥梁的施工中要求较高，因此此法可在跨径 100m~200m 左右的大桥中选用。这种施工方法可不用或少用支架，施工时不影响通航或桥下交通，宜在跨深水、山谷和海上进行施工，并适用于变截面预应力混凝土梁桥。

悬臂拼装可用的机具设备较多，有移动式吊车、移动桁式吊、缆索吊、汽车吊和浮吊等，可根据不同的桥梁结构和地形条件进行选择。

（2）现浇法

1）固定支架法

这是在桥跨间设置支架，安装模板，绑扎钢筋，现场浇筑混凝土的施工方法，特别适用于旱地上的钢筋混凝土和预应力混凝土中小跨径连续梁桥的施工。支架按其构造的不同可分为满布式、柱式、梁式和梁柱式几种类型，所用材料有门式支架、扣件式支架、碗扣式支架、贝雷桁片、万能杆件及各种型钢组合构件等。在这种施工法中，支架虽为临时结构，但施工中需承受梁体的大部分恒重，因此必须有足够的强度和刚度，同时支架的地基要可靠，必要时需对地基进行加固处理；固定支架法施工的特点是：梁的整体性好，施工平稳、可靠，不需大型起重设备；施工中无体系转换的问题；需要大量施工支架，并需要有较大的施工场地。

2）逐孔现浇法

①在支架上逐孔现浇施工

这是一种与前述的固定支架法相类似的施工方法，其区别在于逐孔现浇施工仅在梁的一孔（或二孔）间设置支架，完成后将支架整体转移到下一孔进行连续施工，因此这种方法可仅用一孔（或二孔）的支架和模板周转使用，所需施工费用较少。支架可用落地式、梁式和落地移动式。落地式支架多用于旱地桥梁或桥墩较低的情况；梁式支架的承重梁则可支承在位于桥墩承台的立柱上或锚固于桥墩的横梁上；落地移动式支架可在地面设置轨道，支架在轨道上（或其他滑动、滚动装置上）进行转移。逐孔现浇施工的接头通常设在距桥墩中心约 L/5 弯矩较小的部位，这种施工方法适用于中小跨径及结构构造比较简单的预应力混凝土桥梁。

②移动模架逐孔现浇施工

这种方法是使用不着地移动式的支架和装配式的模板进行连续地逐孔现浇施工。此法自 20 世纪 50 年代末开始使用以来，得到了较广泛的应用，特别对于多跨长桥如高架桥、海湾桥，使用十分方便，施工快速，安全可靠，机械化程度高，节省劳力，减轻劳动强度，少占施工场地，不会受桥下各种条件的影响，能周期循环施工，同时也适用于弯、坡、斜桥。但因其模架设备的投资较大，拼装与拆除都较复杂，所以此法，一般适用于跨径 20m～50m 的预应力混凝土连续梁桥施工，且桥长至少应在 500m 以上。

移动模架可分为在梁下以支架梁等支承梁休重量的活动模架（支承式）和在桥面上设置的主梁支承梁重的移动悬吊模架两种形式。

（3）悬臂浇筑法

这种方法最常用的是采用挂篮悬臂浇筑施工，在桥墩两侧对称逐段就地浇筑混凝土、待混凝土达到一定强度后张拉预应力筋，移动挂篮继续进行施工，使悬臂不断接长，直至合拢、挂篮悬臂浇筑施工是 1959 年首先由前联邦德国迪维达克公司创造和使用，因此又称迪维达克施工法。挂篮的构造形式很多，通常由承重梁、悬吊模板、锚固装置、行走系统和工作平台几部分组成，挂篮的功能是：支承梁段模板，调整位置，吊运材料机具，浇筑混凝土，拆模和在挂蓝上进行预应力张拉工作。挂篮除强度应保证安全可靠外，还要求造价省，节省材料，操作方便，变形小，稳定性好，装拆移动灵活和施工速度快等。

悬臂浇筑施工不需在跨间设置支架，使用少量施工机具设备，便可以很方便地跨越深谷和河流，适用于大跨径连续梁桥的施工；同时根据施工受力特点，悬臂施工一般宜在变截面梁中使用。

（4）顶推法

顶推施工是在桥台的后方设置施工场地，分节段浇筑梁体，并用纵向预应力筋将浇筑节段与已完成的梁体联成整体。在梁体前端安装长度为顶推跨径 0.7 倍左右的钢导梁，然后通过水平千万顶施力，将梁体向前方顶推出施工场地，重复这些工序即可完成全部梁体的施工。顶推法最早是 1959 年在奥地利的阿格尔桥上使用的，其特点是：由于作业场所限定在一定范围内，可设置制作顶棚而使施工不受天气影响，全天候施工。连续梁的顶推跨径以 30m～50m 左右最为经济有利，若竣工跨径大于此值，则需有临时墩等辅助手段。逐段顶推施工宜在等截面的预应力混凝土连续梁桥中使用，也可在结合梁和斜拉桥的主梁上使用。用顶推法施工，设备简单，施工平稳，噪声低，施工质量好，可在深谷和宽深河道上的桥梁、高架桥以及等曲率曲线桥、带有竖曲线的桥和坡桥上采用。

顶推施工的方法依顶推施力的方法可分为单点顶推和多点顶推两种。

（5）转体施工法

转体法多用于拱桥的施工，亦可用于斜拉桥和刚构桥。这种施工法是在岸边立支架（或利用地形）预制半跨桥梁的上部结构，然后借助上、下转轴偏心值产生的分力使两岸半跨桥梁上部结构向桥跨转动，用风缆控制其转速，最后就位合拢。该法最适用于峡谷、水深流急、通航河道和跨线桥等地形特殊的情况，具有工艺简单，操作安全，所需设备少，成本低，速度快等特点。转体法分平转和竖转两种施工方法，施工中又分为有平衡重和无平衡重两种方式。

（6）劲性骨架法

以钢骨架作为拱圈的劲性拱架，采用现浇混凝土包裹骨架，最后形成钢筋混凝土拱桥。这种埋入式拱架法国内有施工实例，国外称为"米兰拱"，骨架可采用型钢或钢管等材料制作。

5、桥梁施工方法的选择原则

施工方法的分类乃是一种权宜的办法，在实际施工中不太可能仅采用分类中某一种施工方法，多数情况下是将几种方法组合起来应用的。另一方面，桥梁的施工方法很多，本手册不可能全部包罗，即使在同一种方法中也有不同的情况，所需的机具、劳力、施工的步骤和施工期限也不一样，因此，在确定桥梁施工方法时应根据桥梁的设计要求，施工的现场、环境、设备和经验等各种因素综合分析考虑，合理选择最佳的施工方法。

选择桥梁施工方法时应考虑的主要因素有以下几点：

桥梁的结构形式和规模；

桥位处的地形、自然环境和社会环境；

施工机械和施工管理的制约；

以往的施工经验；

安全性和经济性等。

三、公路桥涵施工

为适应公路桥涵建设的需要，确保公路桥涵的施工质量必须按照国家有关的基本建设程序进行。施工单位的工程质量负责人对工程应进行自检，在工程完成后应配合监理工程师检查验收。做好施工前的准备工作和施工中的技术交底、施工组织、施工管理工作，推广使用成熟的并经主管部门批准的新技术、新工艺、新材料、新设备，从而加速实现公路桥涵施工现代化。

1、技术准备

熟悉、审查施工图纸和有关资料。参与施工的技术人员在开工之前要对施工图纸进行审核，审查几何尺寸、坐标、标高、图纸说明等有无矛盾之处。尤其要注意的是图纸的完整性、一致性，检查说明与设计是否一致，平、纵、横三剖面是否一致，构造物设计功能与实际布置是否一致。

参照图纸进行现场勘查，对施工地点的地质构造、土的性质和类别、地基承载力、地震级别、地下水、地表水、河流、滩地、气候条件如冻结线、霜期、雨季雨量等情况进行考察。制定施工方案时必须参照这些情况。

对施工场地征用，地方材料的品质，产量，运输等方面进行考察。对以上各方面审查结果进行整理归纳，形成文件。准备充分之后参加由建设单位，设计单位施工单位联合召开的图纸会审会议。

学习，研审业主的招标文件技术合同部分，对拟建工程的技术要求，管理规程。了解该工种的适用规范，并准备齐相关资料，作为施工的质量要求的约束条件与预期目标。

根据以上各点编制施工方案。

2、施工测量

根据桥梁的形式、跨径及设计要求的施工精度，确定利用原设计网点加密或重新布设控制网点。

补充施工需要的水准点，桥涵轴线、墩台控制桩。

（1）桥涵放样测量及要求

当有良好的丈量条件时可采用直接丈量法进行墩台施工定位。直接丈量，应对尺长、温度、拉力、垂度和倾斜度进行改下计算。大、中桥的水中墩、台和基础的位置，宜用检验过的电磁波测距仪测量。

曲线上的桥梁施工测量，应按照设计文件参照公路曲线测定方法处理。

涵洞测量放样时，应注意核对涵洞纵横轴线的地形剖面图是否与设计图相符，应注意涵洞长度、涵底标高的正确性。对斜交涵洞、曲线上和陡坡上涵洞，应考虑交角、加宽、超高和纵坡对涵洞具体位置、尺寸的影响，并注意锥坡、翼墙、一字墙和涵洞墙身顶部和上下游调治构造物的位置、方向等，使之符合技术要求。

（2）桥梁施工过程中的测量和竣工测量

施工过程中，应测定并经常检查桥涵结构浇砌和安装部分的位置和标高，并做出测量记录和结论，如超过允许偏差时，应分析原因，并予以补救和改正。

桥梁竣工后应进行竣工测量，测量项目如下：

测定桥梁中线，丈量跨径。

丈量墩、台（或塔、锚）各部尺寸。

检查桥面高程。

为防止差错，施工测量必须由两个人相互检查校对并做出测量和检查核对记录。

3、施工方法及工艺

（1）基坑

1）一般要求

基坑顶面应设置防止地面水流入基坑的设施，基坑顶有动荷载时，坑顶边与动荷载间应留有不小于1m宽的护道，如动荷载过大宜增宽护道。如工程地质和水文地质不良，应采取加固措施。

基坑坑壁坡度不易稳定并有地下水影响，或放坡开挖场地受到限制，或放坡开挖工程量大，应根据设计要求进行支护。设计无要求时，施工单位应结合实际情况选择适宜的支护方案。

2）不支护加固基坑坑壁的施工要求

基坑尺寸应满足施工要求。当基坑为渗水的土质基底，坑底尺寸应根据排水要求和基础模板设计所需基坑大小而定。

基坑坑壁坡度应按地质条件、基坑深度、施工方法等情况确定。

（2）围堰

1）一般要求

围堰高度应高出施工期间可能出现的最高水位（包括浪高）0.5~0.7m。

围堰外形应考虑河流断面被压缩后，流速增大引起水流对围堰、河床的集中冲刷及影响通航、导流等因素，并应满足堰身强度和稳定的要求。

堰内平面尺寸应满足基础施工的需要。

围堰要求防水严密，减少渗漏。

（3）土围堰

水深1.5m以内、水流流速0.5m/s以内，河床土质渗水较小时，可筑土围堰。

堰顶宽度可为1~2m。当采用机械挖基时，应视机械的种类确定，但不宜小于3m。堰外边坡迎水流冲刷的一侧，边坡坡度宜为1:2~1:3，背水冲刷的一侧的边坡坡度可在1:2之内，堰内边坡宜为1:1~1:1.5，内坡脚与基坑的距离根据河床土质及基坑开挖深度而定，但不得小于1m。

筑堰材料宜用黏性土或砂夹黏土。填出水面之后应进行夯实。填土应自上游开始至下游合拢。

（4）挖基和排水

1）一般要求

挖基施工宜安排在枯水或少雨季节进行，开工前应做好计划和施工准备工作，开挖后应连续快速施工。

基础的轴线、边线位置及基底标高应精确测定，检查无误后方可施工。

在附近有其他结构物时，应有可靠的防护措施。

2）挖基

应避免超挖。如超挖，应将松动部分清除，其处理方案应报监理、设计单位批准。

挖至标高的土质基坑不得长期暴露、扰动或浸泡，并应及时检查基坑尺寸、高程、基底承载力，符合要求后，应立即进行基础施工。

排水困难或具有水下开挖基坑设备，可用水下挖基方法，但应保持基坑中的原有水位高程。

（5）集水坑排水

基坑开挖中，在坑底基础范围之外设置集水坑并沿坑底周围开挖排水沟，使水流入集水坑内，排出坑外。集水坑宜设在上游，尺寸视渗水的情况而定。排水设备的能力宜大于总渗水量的1.5~2.0倍。

（6）桥面系及附属工程施工

1）防撞墙、防撞护栏底座施工

模板采用钢模，振捣器采用插入式振捣器，伸缩缝处设置4cm厚的木板隔断，并预埋伸缩缝钢板。泄水管与底座一并施工，预埋防撞墙墙身钢筋及防撞护栏钢管孔。

2）桥面铺装

清扫主梁顶面，洒水，绑扎钢筋，钢筋网与主梁顶面间垫$\Phi 25$的小钢筋头，横纵间隔1m，浇注时设专人看筋，防止错位。

3）搭板施工

搭板栓钉预埋在背墙上。施工前将台背填土平整、清除杂物，振动式压路机重新压实，边角用蛙式打夯机压实，搭板与台背间垫四层油毛毡，套螺旋筋，支立木模板。

4、质量保障措施

桥涵施工前，要精确测量各墩、台、涵洞位置，发现问题及时与设计单位沟通。

加强原材料的检测工作，水泥、钢材等厂供材料必须有出厂合格证并控制其质量规格符合施工要求。对砂、石料等地材要进行强度试验，严格控制其粒径及含泥量不超过规范及设计要求。

为保证工程质量内实外美的要求，采用大块组合钢模，并在设计和配置时充分考虑模板强度，并严格把好混凝土拌和料的材质关、混凝土配合比及混凝土拌和运输、浇灌、捣固、养生等工序关。

制定专项施工技术措施和工艺流程，选派有施工经验的工程技术人员及工人参加施工，确保基础工程质量。

涵洞浆砌片石采用挤浆法施工，确保浆砌圬工灰浆饱满，组砌规范。伸缩缝顺直，涵身防水层封闭完整无渗漏。

桥涵工程必须文明施工，安全生产，严格遵守安全操作规程，加强安全生产教育，建立和健全安全生产管理制度。安全工作要有组织、有计划，防止发生意外事故。设备安装完毕，必须进行综合试运转。试运转时，要有厂方代理人、工程技术人员、安装人员、联合参加，并办理验收手续，方准正式使用。

第二节　桥梁墩台的施工

一、桥梁墩台

1、含义

清初，于各省边境扼要处设立墩台营房，有警则守军举烟为号。有寇至则挂席鸣炮以报讯。现今许多地方仍然以××台为地名。如沈阳附近有：胡台、门台、虎石台、三台子等，营口地区有：田庄台等皆由清初墩台制度演变而来。

2、墩台简介

明黄瑜《双槐岁钞·车战器械》："车骑连云炮震雷，边墙如月接墩台。"《明史·杨博传》："又以暇修筑肃州榆树泉及甘州平川境外大芦泉诸处墩台，凿龙首诸渠。"

《满文老档》载：天命六年十一月二十五日，汗降书谕曰："明人之法，既敌人进入，头台之人，疏而不觉，不发炮，不燃号烟，则他台之人，难知敌进，亦不发炮，不燃号烟。"此处台指墩台也。

3、烽燧墩台

烽燧墩台是古代长城防御工程体系的一个重要组成部分。在长城沿线和关的附近，城堡周围，均根据需要修筑。有的修筑在高山险要之处，有的建在平地较高的地段，有的修在交通要道，有的建在长城墙上。据戚继光《练兵实纪》谓："堆烽解：自古守边不过远斥堠，谨烽火。"根据《太白阴经》卷五烽燧台篇第四十六记载："经曰：明烽燧于高山四望险绝处置，无山亦于平地高回处置。"

《史记·索隐》引《纂要》云："烽见敌则举，燧有难则焚；烽立昼，燧立夜。"又据《史记·正义》记载："昼日燃烽，以望火烟；夜举燧以望火光也。烽，土橹也；燧，炬火也，皆山上安之，有寇则举之。"每当遇到敌情时，夜间举火，白天放烟，及时通报敌情。

纵然在千里之外，边塞敌情仍然可以在较短的时间内传到上级指挥机关，直到京城。

嘉峪关附近墩台的布防很严密。早年已有隋朝以及更早的汉朝的墩台，隋代从武威修往玉门镇的墩台；在关上闸门附近有一座汉代修往玉门关的墩台，在张掖市花海农场有四座，东西走向。

明朝在此建关，修筑长城，在关内关外修筑了大量的墩台。

关外墩台，早年只有大草滩墩、石烟墩、黑山儿墩三座。嘉靖八年（1529年）又添筑了扇马城、上柏杨、下白杨、回回墓、仁泉墩五座。嘉靖十八年（1539年）巡抚杨情巡视时又增筑榆树泉、三条沟、火烧沟、古墩儿四座。这样，关外墩台基本上形成了一个防御网。

在距关十公里的断山一带，在嘉靖二十年（1541年），由肃州参将崔麒修筑了断山口墩。现查明，西起断山口，东到泥沟大队北面山上，沿山共有十二个墩台，是作为新城堡、野麻湾堡的外墩台，这一线的防御也是完整的。

距关百里外卯来到泉堡附近的山上，南北走向有十一个墩台，把住了这一带的山口。

关附近的黑山外围距关十公里左右的山头上，有头墩山、三墩山、五墩山，这些墩燧是了望通讯墩台，为关的耳目。

关两翼的明墙暗壁外侧，墩台林立。明墙东侧约半公里处有龟盖山，是天然屏障，山上有龟盖山墩，是这一带最高的墩台，为了望墩。明墙西侧，紧靠明墙到一公里半处的山头上，有三处烟墩，其中第二墩，距关五公里，为长城（野麻湾方向）的起墩。

由关向东到肃州亦有一路墩台，都在兰新公路附近，为关到肃州的通讯墩台。据说，原来也是十二个，可是多已不存。」家坝以西一段，只有市区到安远沟大队中间的"安远沟过路墩"保存完整。墩台紧靠兰新公路北侧，平面呈正方形，底宽约8米，上面小，下面大，高约6米。夯土筑成，夯层厚20厘米。外有方形堡子，宽约18米。

夯土围墙城高1~4米，南面开一小道，堡子内可容数十人居住。

明朝政府还制定了出现敌情时长城沿线墩台举烟放火同时鸣炮的制度。为便于防守和执行勤务，墩台内配备旗帜、鼓、弩、软梯、炮石、火药、火箭、狼粪、牛粪、柴草等。嘉峪关防区墩台内配备情况没有文字考证。甘肃师范大学内保存明代的"深沟儿墩"碑，一块可做参考，上面记载着：

深沟儿墩

墩军五台

丁口妻王氏

丁海妻刘氏

李良妻陶氏

刘通妻董氏

马名妻石氏

火器

钩头炮一箇

线枪一杆

火药火线全

器械

军每人弓一张、刀一把、箭三十支

黄旗一面

梆玲一付

软梯一架

柴堆伍座

烟皂（灶）伍座

擂石二十堆

家俱

锅五口、红五只、碗十个、箸十双

鸡犬狼粪全

万历十年二月一日立

此碑为 1538 年所立，长 0.6 米，宽 0.4 米，厚 0.15 米。

据传，当时筑长城用的黄土，在经过筛选后，放在青石板上，在烈日下焙干或用火烤干，使土中的草籽不再发芽，才能夯筑长城。工程结束后，要经过严格的验收。在距墙一定的距离，用箭射墙，箭头碰墙落地就说明坚固合格，如箭头射入夯土墙，就是不合适，要返工重筑。

由于当时修长城时，讲究质量，责任明确，才能达到"版筑甚坚，锄攫不能入"，才能保存至今，仍然挺立在戈壁山间，雄伟壮观。

4、墩台村

村名由来：该村有处遗迹，为辽金时期点将台，故名墩台村。

在该村西侧，有一处上窄下宽的土丘，高 3 米左右。土丘下立着两块石碑，一块石碑上写着"吉林省文化保护单位墩台遗址"，另一块写着"榆树市重点文化保护单位墩台遗址"字样。

碑文上记载，遗址位于新庄镇墩台村西侧，为一梯形土丘，底座直径四41米，高3.6米，顶部直径11米，在墩台附近曾发现石斧、石铲、夹砂褐陶陶片，属西团山文化类型，地表还有辽金时代布纹瓦、青砖分布，可知此遗址在青铜时代、辽金时代都曾使用。

5、桥梁墩台

桥墩和桥台的合称，是支撑桥梁上部结构的建筑物。桥台位于桥梁两端，并与路堤相接，兼有挡土作用；桥墩位于两桥台之间。桥梁墩台和桥梁基础统称为桥梁下部结构。中国周代以前，在河中堆集石块供涉水。秦代在咸阳渭水上架了一座用石柱作桥墩的横桥，"广六丈，南北三百八十步，六十八间，七百五十柱，百二十二梁"（《三辅黄图》）。唐代长安中桥"岁为洛水冲注，……李德昭创意积石为脚，锐其前以分水势，自是更无漂损"（《中国石桥》），这种类端桥墩形式沿用至今。近代，墩台由石砌向混凝土浇筑发展。同时，随着桥梁技术的发展，有些桥梁的桥墩桥台成为桥梁上部结构的组成部分。例如T型刚构桥、斜腿刚构桥的上部结构同桥梁墩台的上部是连为一体的；悬索桥锚索的锚固部分一般是同桥台结合在一起的；开启桥的衡重部分常设置在桥墩台体之内；斜拉桥的索塔架往往包括基础以上的墩身部分等。

在墩台工程方面，中国古代有创造性的成就，如汉代长安灞河桥采用了卯榫相连结构，并应用若干节叠置的石鼓做成具有柔性墩性质的石柱墩。宋代泉州洛阳桥用船上起吊工具悬吊大石块砌筑石墩，石块有重达10吨者，实为用水上浮吊进行墩台施工的最早实例。近代，各种类型混凝土墩台和预制装配式墩台逐步向机械化拼装施工方向发展。随着施工装备的改进和施工技术的提高，桥梁墩台深水施工，峡谷中高墩台建造，以及受复杂应力的空间结构的墩台建造，不断获得发展。国内外对中等跨径桥梁多采用施工便捷、圬工量省的排架桩柱式桥墩。美国路易斯安那州跨越庞恰特雷恩湖的大桥全长约39千米，有跨径为25.6米的基本桥孔1 526个，其中1 500余座双桩柱（直径为1.64米的桩节段用12根预应力钢丝束串联）桥墩在15个月内完成，全桥在26个月内完成，创世界最长桥快速施工的纪录。桥墩由帽盖（顶帽、墩帽）和墩身组成。帽盖是桥墩支承桥梁支座或拱脚的部分，其作用是把桥梁上部结构荷载传给墩身，并加强和保护墩身顶部。桩柱式墩的桩柱靠帽盖联结为整体。墩身是桥墩承重的主体结构，其作用是把桥梁上部结构荷载传给桥梁基础和地基。实体墩也称重力式墩，依靠自身重量保持稳定的桥墩。它的整体性和耐久性好。实体墩的墩身常用抗压强度高的石料砌筑或混凝土浇筑。当墩身较大时，可在混凝土中掺入不超过墩身体积25%的片石，以节省水泥。实体墩也可用预制的块件在工地砌筑，各块件用高强度钢丝束串联施加预应力。砌筑时，块件要错缝。用这种方法建造的实体墩又称为装配式桥墩。薄壁墩用钢筋混凝土制作的实体薄壁桥墩或空心薄壁桥墩。实体薄壁桥墩适用于中小跨径桥梁。空心薄壁桥墩多用于大跨径桥和高桥墩桥。柱式墩在基础上灌筑混凝土单柱或双柱、多柱所建成的墩。中国通常采用两根直径较大的钻孔桩作基础，在其上面建立柱做成双柱墩，并在两柱之间设横系梁以增加刚度。此外，也常用单桩单柱墩。

排架桩墩由单排桩或双排桩组成的桥墩。一排桩的桩数一般同上部结构的主梁数目相等。将各桩顶联系一起的盖梁可用混凝土制作。这种桥墩所用的桩尺寸较小，因此通常称这种桥墩为柔性桩墩。它按柔性结构设计可考虑水平力沿桥的纵轴线在各墩上的分配。构架式桥墩以两根或多根构架做成的桥墩，多用钢筋混凝土制作。构架式桥墩轻型美观，但不宜在有漂流物或流冰的河流中建造。桥台由帽盖（顶帽、台帽）和台身组成。台身有前墙和侧墙（冀墙）两部分。前墙是桥台的主体，它将上部结构荷载和土压力传达于基础。侧墙位于前墙的侧后方，主要支挡路堤土方并可增加前墙的稳定性。前墙和侧墙均可用石料或混凝土砌筑。当上部结构为拱式体系时，除在桥面系同前墙相会处需设置台帽之外，在台身支承拱脚之处需另设拱座。和台帽相连的胸墙同桥面系端部之间应留伸缩缝。重力式桥台依靠自重来保持桥台稳定的刚性实体，它适于用石料砌筑，要求地基土质良好。重力式桥台的平面形状有 U 形、T 形以及山形等。U 形的整体性好，施工方便，但是台背易积水，故在台后填土中应设盲沟排水，以免发生土的冻胀。在土质地基上，翼墙同前墙相会合处应设置隔缝，将两者分开砌筑，以避免两者沉降不均，产生破坏。埋置式桥台埋置于路堤锥体护坡中的桥台，它仅露出台帽以上的部分以支承桥梁上部结构。由于是埋置土中，所以这种桥台所受的土压力很小，稳定性好。但是锥体护坡往往伸入河道，侵占了泄水面积，并易受到水流冲刷，因此必须十分重视护坡的保护；在设计中应验算护坡万一被冲刷毁坏时的桥台稳定性和强度。薄壁桥台以 L 形薄壁墙做成的桥台。这种桥台有前墙和扶壁，前墙是主要承重部分，扶壁设于前墙背面，支撑于墙底板上。扶壁有若干道，其作用是增加前墙的刚度。台帽置于前墙顶部。底板上方的填土有助于保持桥台的稳定。木墩台主要用于木桥。仅在一些易于取材的林区采用这类墩台，其他形式桥梁在维修抢险时也用木墩台或木垛作为临时支承。

走近吐孜托尔烽火台烟墩墩台在新疆，就怕自己走的少了，看的少了，听的少了，这种感觉，在我以往去过的其他区域，从没遇到过。

走近吐孜托尔烽火台，就是出于这种感觉。

烽火台又称烽燧，俗称烽堠、烟墩、墩台。古时用于点燃烟火传递重要消息的高台，系古代重要军事防御设施，是为防止敌人入侵而建的，遇有敌情发生，则白天施烟，夜间点火，台台相连，传递消息。是最古老但行之有效的消息传递方式。

吐孜托尔烽火台位于新和县城西出口附近，距县城 30 千米。属于唐代遗址。

有关资料记载：现高约 11 米。其基部为夯筑，顶部用土坯垒砌。平面为方形，剖面呈梯形状。基部：东西长 15.2 米，南北长 11.8 米，面积约 179.4 平方米。距烽火台北部约 10 米处的地表上散布着许多夹砂红陶片、灰陶片，附近采集到龟兹五铢钱。

这里说到龟兹。所谓龟兹，是古代西域的一个国家。塔里木盆地北缘是古龟兹国所在地，汉唐两代先后在这里设都护府。龟兹在汉西域 50 余国中，为第三大国，人口 81 000 余，户 6 900 余。统辖包括今库车、轮台、沙雅、拜城、新和等地。国都延城，即今库车。龟兹地处西域中心地带，扼"丝绸之路"中段要冲。

新和县古代为龟兹的西南屏障，分布于县境 50 余处古代遗址中，经专家考证属于军事活动、屯田戍边的遗址就达 10 多处。

从新和县古迹示意图不难发现，这 10 多处军事活动、屯田戍边的遗址大多处于新和县的西南方向和西北方向，在这些遗址的包围下，有它乾城（东汉班超西域都护府所在地）、玉奇喀特古城（发掘了西域都护李崇的铜印和"汉归义羌长印"）和通古孜巴西古城（龟兹大城市）。

吐孜托尔烽火台就是这 10 多处遗址中的一处。

目测了一下，烽火台高不足 5 米，与相关资料记载的有很大出入，带我来的朋友告诉我，能看到现在这个模样，算是我的眼福了。她说，她每次来，每次看到的高度都不一样，一次比一次要矮很多。

围绕烽火台走了一圈，四周倒塌得很厉害，以至于底部是怎么样的结构已经无法看清楚，全被坍塌下来的土坯掩埋，而土坯已变成黄泥。在烽火台的中间部位靠北侧，有一个洞窟。洞窟的四周，一块块土坯清晰可见。

在底部的东侧，也有一个洞窟，洞口已被泥土埋住了二分之一，朝洞内察看，洞内有丢弃的矿泉水瓶、烟蒂等，看来，早些时候，这个洞窟还能让人进去歇息，但是，现在要想进入洞内，除非匍匐而行。

唐代杜佑在《通典·拒守法》中，对当时的烽火台作了详细的记载："烽台，于高山四顾险绝处置之，无山亦于孤迥平地置。下筑羊马城，高下任便，常以三五为准。台高五丈，下阔二丈，上阔一丈。形圆。上建圆屋覆之。屋迳阔一丈六尺，一面跳出三尺，以板为。上覆下栈。屋上置突灶三所，台下亦置三所，并以石灰饰其表里。复置柴笼三所、流火绳三条。在台侧近上下，用屈膝梯，上收下乘。屋四壁开觇贼孔，及安视火筒。置旗一口、鼓一面、弩两张、抛石、垒木、停水瓮、干粮、麻蕴、火钻、火箭、蒿艾、狼粪、牛粪。每晨及夜，平安举一火，闻警固举二火，见烟尘举三火。见贼烧柴笼，如每晨及夜平安火不来，即烽子为贼所捉。一烽六人：五人为烽子，递如更刻，观视动静，一人烽率，知文书、符牒、转牒。"

从这段文字中，我们多少了解到当时烽火台的模样和运作模式。

朋友约我爬上烽火台顶部，我犹豫了一下，还是违心地爬了上去。（之所以说违心，一方面是这样的古代遗迹，实属罕见，我们不该在它瘦弱的躯体上，再踩上一脚，另一方面又抵挡不住爬上烽火台"山高人为峰"和"一览众山小"的欲望，更何况没任何约束。）当然，爬上去的通道并不是过去的通道，而是当今到过此处的人踩下的痕迹。

爬山底部，极目四望，戈壁荒漠肆无忌惮地伸展开来，一眼望不到头。黑的是盐碱地，白的是沙，红柳或者是骆驼草稀稀拉拉点缀其间，营造出一点绿色，给大地一丝生命迹象。

我不知道，1 000 多年前驻守在烽火台上的士兵，是处于什么情形，或许很威严，或许很孤单，或许很恐惧，或许很饥饿，或许一夜之间被乱箭射死。我不敢作更多的设想。

离开吐孜托尔烽火台时，已接近黄昏。一整天阴天，到这个时候，太阳似乎被遮挡的不耐烦，凭着最后一点力气，去撕破云层，把落下地平线之前的最后一缕缕强光猛烈照射下来，云层也不甘示弱，没等太阳露出脸，又紧紧地将太阳裹住。

在这样的天幕映衬之下，回望矗立在戈壁荒漠之间的吐孜托尔烽火台，显得既威严又孤单。

盛桥烟墩墩台从庐江县盛桥镇出发，沿 316 省道往西，再折向南，便来到了七里村。在七里村的野外，当地居民口中提到的"烟墩"就矗立在此。虽然在当地传说中，烟墩曾是三国时曹军使用的烽火台，但却一直未受关注。直到 2011 年 6 月，一起轰动省内的盗墓案，才稍稍揭开了这一垄黄土之下掩藏着的数千年历史。

当地传说：是曹操的烽火台

烟墩并不雄伟，只是一个十几米高的土台，占地一亩许，顶部平整，上面已长满野草。它仿佛就是附近农家随意堆放的土堆，然而，当地却传说这里是三国古烽火台，便不可不登顶一览。沿旁边的小径登上顶部，极目远眺，蓝天白云之下，视野极好，周围的田野、村庄尽收眼底。

据当地居民说，三国时期，曹操率 83 万人马下江南时路过庐江，看上了白湖一带，认为适合屯兵，便指挥士兵施工，准备排干湖水后平整地面养马练兵。盛桥的烟墩据传便是当时所建。不过有一天，士兵们正在大兴土木之时，一只喜鹊却口衔"天意"而来。当时，士兵们以铜鼓为号，鼓响就收工开饭。这只喜鹊飞临铜鼓之时，口中衔着的树枝正好掉落下来，击响了铜鼓。士兵们听到鼓声，便纷纷从工地上离开。就在他们吃饭的时候，天空下起了滂沱大雨，刚刚排完水的地方又被涨满。见到此景，曹操认为是上天的启示，只得长叹一声"此处不宜屯兵"，将大军撤离。结果，这里没有成为曹操的练兵场、养马场，却留下了一段古烽火台的传说。

现在，烟墩周围已看不到水，烟墩顶部也被村民种上了庄稼。历史的真相被庄稼、野草和黄土层层掩盖，沉睡数千年。

盗墓大案：揭开千年古墓

沉睡千年之后，烟墩下掩埋的真相却被一群"不速之客"揭开。2011 年 6 月，一起震惊全省的盗墓案在这里发生。据盛桥镇文化站站长盛业升介绍，当时，一伙跨省流窜作案的盗墓团伙来到此地，以埋电线杆为名进行挖掘。这伙盗墓贼离成功仅差"半步之遥"，因为就在他们准备将挖出的文物交给买家时，却出现了"内讧"，一名成员愤而向警方举报。接到举报后，警方"一锅端"了这个团伙。

盗墓贼固然可恶，却揭开了烟墩下神秘古墓的面纱。盗墓贼们挖出的文物是玉佩和玉玦各一块。破案之后，当地文物部门曾进入盗洞对古墓进行了初步勘验，初步判断为战国或西汉时期的古墓。我国战国至汉代这段历史考证有许多"空白"，如果这座古墓确定为这一时期的墓葬，将具有非常重大的历史研究与考古价值。盛业升还介绍说，古墓内的棺木为楠木所制，他们在棺木内发现了丝绸等物品。而且，古墓内的棺椁为四层结构，棺椁外面还有封土层，初步判断墓主人的身份非同小可。

专家观点：最早应是"神墩"

烟墩原来是一处古墓？庐江县文史专家吴守春却认为烟墩的真相不止于此。他表示，根据多年考证，烟墩最初应该是先民们聚居的"神墩"。先民们为求平安，便垒土而居。

全村都住在用土堆起来的高台上，以抵御野兽、洪水的袭击。这种高台保留下来的，便被后人称为"神墩"。

吴守春认为，为方便村民进出，神墩大多依水而建。此外，由于世代居住，世代修缮，神墩的土层分层明显，堪称"文化堆积层"。他考察了庐江县境内已发现的200多处神墩，均有这两个特点。

按照这两个标准，他认为盛桥烟墩最初也是一处神墩。他说，烟墩周边现在虽然没有水流，但在历史上却是一处河道。此说法正与民间传说中曹操放水屯兵的说法相吻合。他也对烟墩的土层进行了分析研究，认为其完全符合"文化堆积层"的特点。

按照吴守春的观点，烟墩最初是神墩，后来才被人在里面修建了陵墓。他认为，古人修陵墓注重风水，神墩依水而建，形似山，非常符合风水的要求，达官贵人在此建造墓穴是完全有可能的。

其实，神墩、古墓也好，烽火台也罢，历史都已远去。如今，烟墩已成为盛桥镇的一处景致。目前，盛桥镇烟墩古墓发掘工作已获国家文物局批准，烟墩的真相、烟墩内的"遗产"，将在不久的将来重见天日。

6、桥梁墩台施工方法分类

（1）现场就地浇筑与砌筑：优点是工序简便，机具较少，技术操作难度较小；但是施工期限较长，需耗费较多的劳力与物力。

（2）拼装预制的混凝土砌块、钢筋混凝土或预应力混凝土构件：特点是依赖于施工机械（起重机械、混凝土泵送机械及运输机械）的进步，既可确保施工质量、减轻工人劳动强度，又可加快工程进度、提高工程效益。

二、混凝土墩台与石砌墩台施工

1、混凝土墩台的施工

就地浇筑的混凝土墩台施工有两个主要工序：一是制作与安装墩台模板；二是混凝土浇筑。

（1）墩台模板

根据相关规范的规定，模板的设计原则是：

宜优先使用胶合板和钢模板。

在计算荷载作用下，对模板结构按受力程序分别验算其强度、刚度及稳定性。

模板板面之间应平整，接缝严密，不漏浆，保证结构物外露面美观，线条流畅，可设倒角。

结构简单，制作、拆装方便。

（2）常用的模板类型

拼装式模板：系用各种尺寸的标准模板利用销钉连接，并与拉杆、加劲构件等组成墩台所需形状的模板。将墩台表面划分为若干小块，尽量使每部分板扇尺寸相同，以便于周转使用。

整体吊装模板：系将墩台模板水平分成若干段，每段模板组成一个整体，在地面拼装后吊装就位。分段高度可视起吊能力而定，一般可为2~4m。

组合型钢模板：系以各种长度、宽度及转角标准构件，用定型的连接件将钢模拼成结构用模板。

滑动钢模板：适用于各种类型的桥墩。

模板的设计可参照交通部标准《公路桥涵钢结构及木结构设计规范》（JTJ025—85）的有关规定，验算模板的刚度时，其变形值不得超过下列数值：结构表面外露的模板，挠度为模板构件跨度的1/400；结构表面隐蔽的模板，挠度为模板构件跨度的1/250；钢模板的面板变形为1.5mm，钢模板的钢棱、柱箍变形为3.0mm。

模板安装前应对模板尺寸进行检查；安装时要坚实牢固，以免振捣混凝土时引起跑模漏浆；安装位置要符合结构设计要求。

（3）混凝土浇筑施工要点

墩台身混凝土施工前，应将基础顶面冲洗干净，凿除表面浮浆，整修连接钢筋。

灌筑混凝土时，应经常检查模板、钢筋及预埋件的位置和保护层的尺寸，确保位置正确，不发生变形。

混凝土施工中，应切实保证混凝土的配合比、水灰比和坍落度等技术性能指标满足规范要求。

混凝土的运送：墩台混凝土的水平与垂直运输相互配合方式与适用条件的选用。

混凝土的灌筑速度：为保证灌筑质量，混凝土的配制、输送及灌筑的速度：

$$v \geqslant Sh/t$$

式中：v——混凝土配料、输送及灌筑的容许最小速度（m^3/h）；S——灌筑的面积（m^2）；h——灌筑层的厚度（m）；t——所用水泥的初凝时间（h）。

如混凝土的配制、输送及灌筑需时较长，则应采用下式计算：

$$v \geqslant Sh/(t-t_0)$$

式中：t_0——混凝土配制、输送及灌筑所消费的时间（h）。墩台是大体积圬工，为避免水化热过高，导致混凝土因内外温差引起裂缝，可采取如下措施：

用改善骨料级配、降低水灰比、掺加混合材料与外加剂、掺入片石等方法减少水泥用量；

采用C3A、C3S含量小、水化热低的水泥，如大坝水泥、矿渣水泥、粉煤灰水泥、低标号水泥等；

减小浇筑层厚度，加快混凝土散热速度；

混凝土用料应避免日光暴晒，以降低初始温度；

在混凝土内埋设冷却管通水冷却。

（4）混凝土浇筑

墩台身钢筋的绑扎应和混凝土的灌筑配合进行。

在配置第一层垂直钢筋时，应有不同的长度，同一断面的钢筋接头应符合施工规范的规定，水平钢筋的接头，也应内外、上下互相错开。

钢筋保护层的净厚度，应符合设计要求。如无设计要求时，则可取墩台身受力钢筋的净保护层不小于30mm，承台基础受力钢筋的净保护层不小于35mm。

墩台身混凝土宜一次连续灌筑，否则应按桥涵施工规范的要求，处理好连接缝。墩台身混凝土未达到终凝前，不得泡水。

2、石砌墩台施工

石砌墩台具有就地取材和经久耐用等优点，在石料丰富地区建造墩台时，在施工期限许可的条件下，为节约水泥，应优先考虑石砌墩台方案。

（1）石料、砂浆与脚手架

石砌墩台是用片石、块石及粗料石以水泥砂浆砌筑的，石料与砂浆的规格要符合有关规定。

浆砌片石一般适用于高度小于6m的墩台身、基础、镶面以及各式墩台身填腹；

浆砌粗料石则用于磨耗及冲击严重的分水体及破冰体的镶面工程以及有整齐美观要求的桥墩、台身等。

将石料吊运并安砌到正确位置是砌石工程中比较困难的工序：

当重量小或距地面不高时，可用简单的马凳跳板直接运送；

当重量较大或距地面较高时，可采用固定式动臂吊机或桅杆式吊机或井式吊机，将材料运到墩台上，然后在分运到安砌地点。

用于砌石的脚手架应环绕墩台搭设，用以堆放材料，并支持施工人员砌筑镶面定位行列及勾缝。脚手架一般常用固定式轻型脚手架（适用于6m以下的墩台）、简易活动脚手架（能用在25m以下的墩台）以及悬吊式脚手架（用于较高的墩台）。

（2）墩台砌筑施工要点

在砌筑前应按设计图放出实样，挂线砌筑。砌筑基础的第一层砌块时，如基底为土质，只在已砌石块的侧面铺上砂浆即可，不需坐浆；如基底为石质，应将其表面清洗、润湿后，先坐浆再砌石。

砌筑斜面墩台时，斜面应逐层放坡，以保证规定的坡度。砌块间用砂浆黏结并保持一定的缝厚，所有砌缝要求砂浆饱满。

形状比较复杂的工程，应先做出配料设计图，注明块石尺寸；形状比较简单的，也要根据砌体高度、尺寸、错缝等，先行放样配好料石再砌。

砌筑方法：同一层石料及水平灰缝的厚度要均匀一致，每层按水平砌筑，丁顺相间，砌石灰缝互相垂直。

砌石顺序为先角石，再镶面，后填腹，填腹石的分层厚度应与镶面相同。

圆端、尖端及转角形砌体的砌石顺序，应自顶点开始，按丁顺排列接砌镶面石。圆端形桥墩的圆端顶点不得有垂直灰缝，砌石应从顶端开始先砌石块，然后应丁顺相间排列，安砌四周镶面石；尖端桥墩的尖端及转角处不得有垂直灰缝，砌石应从两端开始，先砌石块再砌侧面转角，然后丁顺相间排列，安砌四周的镶面石。

砌体质量应符合以下规定：

砌体所有各项材料类别、规格及质量符合要求；

砌缝砂浆或小石子混凝土铺填饱满、强度符合要求；

砌缝宽度、错缝距离符合规定，勾缝坚固、整齐，深度和形式符合要求；

砌筑方法正确；

砌体位置、尺寸不超过允许偏差。

3、墩台顶帽施工

墩台顶帽是用来支承桥跨结构的，其位置、高程及垫石表面平整度等，均应符合设计要求，以避免桥跨结构安装困难，或使顶帽、垫石等出现破裂或裂缝，影响墩台的正常使用功能和耐久性。

墩台顶帽施工的主要工序为：

1）墩、台帽放样：

墩台混凝土（或砌石）灌筑至离墩、台帽底下约 30~50cm 高度时，即需测出墩台纵横中心线，并开始竖立墩、台帽模板，安装锚栓孔或安装顶埋支座垫板、绑扎钢筋等。台帽放样时，应注意不要以基础中心线作为台帽背墙线，浇筑前应反复核实，以确保墩、台帽中心、支座垫石等位置方向与水平标高等不出差错。

2）墩、台帽模板：

墩台帽系支撑上部结构的重要部分，其尺寸位置和水平标高的准确度要求较严，浇筑混凝土应从墩台帽下约 30~50cm 处至墩台帽顶面一次浇筑，以保证墩、台帽底有足够厚度的紧密混凝土。

墩帽模板下面的一根拉杆可利用墩帽下层的分布钢筋，以节省铁件。台帽背墙模板应特别注意纵向支撑或拉条的刚度，防止浇筑混凝土时发生鼓肚，侵占梁端空隙。

3）钢筋和支座垫板的安设：

墩、台帽钢筋绑扎应遵照相关技术规范的有关钢筋工程的规定。

墩、台帽上的支座垫板的安设一般采用预埋支座垫板和预留锚栓孔的方法。前者须在绑扎墩台帽和支座垫石钢筋时将焊有锚固钢筋的钢垫板安设在支座的准确位置上，即将锚固钢筋和墩、台帽骨架钢筋焊接固定，同时将钢垫板作一木架，固定在墩、台帽模板上。此法在施工时垫板位置不易准确，应经常校正。后者须在安装墩台帽模板时，安装好预留孔模板，在绑扎钢筋时注意将锚栓孔位置留出。此法安装支座施工方便，支座垫板位置准确。

三、装配式墩台施工

装配式墩台适用于山谷架桥或跨越平缓无漂流物的河沟、河滩等的桥梁，特别是在工地干扰多、施工场地狭窄，缺水与砂石供应困难地区，其效果更为显著。

装配式墩台的优点是：结构形式轻便，建桥速度快，圬工省，预制构件质量有保证等。目前经常采用的有砌块式、柱式和管节式或环圈式墩台等。

1、砌块式墩台施工

砌块式墩台的施工大体上与石砌墩台相同，只是预制砌块的形式因墩台形式不同有很多变化。

2、柱式墩施工

装配式柱式墩系将桥墩分解成若干轻型部件，在工厂或工地集中预制，再运送到现场装配桥梁。其形式有双柱式、排架式、板凳式和刚架式等。

施工工序为预制构件、安装连接与混凝土养护等。其中拼装接头是关键工序，既要牢固、安全，又要结构简单便于施工。常用的拼装接头有：

承插式接头；

钢筋锚固接头；

焊接接头；

扣环式接头；

法兰盘接头。

装配式柱式墩台应注意以下几个问题：

墩台柱构件与基础顶面预留环形基座应编号，并检查各个墩、台高度是否符合设计要求；基杯口四周与柱边的空隙不得小于 2cm。

墩台柱吊入基杯内就位时，应在纵横方向测量，使柱身垂直度或倾斜度以及平面位置均符合设计要求；对重大、细长的墩柱，需用风缆或撑木固定，方可摘除钓钩。

在墩台柱顶安装盖梁前，应先检查盖梁口预留槽眼位置是否符合设计要求，否则应先修凿。

柱身与盖梁（顶帽）安装完毕并检查符合要求后，可在基杯空隙与盖梁槽眼处灌筑稀砂浆，待其硬化后，撤除楔子，支撑或风缆，再在楔子孔中灌填砂浆。

3、后张法预应力混凝土装配墩施工

装配式预应力钢筋混凝土墩分为基础、实体墩身和装配墩身三大部分。

装配墩身由基本构件、隔板、顶板及顶帽四种不同形状的构件组成，用高强钢丝穿入预留的上下贯通的孔道内，张拉锚固而成。

实体墩身是装配墩身与基础的连接段，其作用是锚固预应力钢筋，调节装配墩身高度及抵御洪水时漂流物的冲击等施工工艺流分成施工准备、构件预制及墩身装配三方面。全过程贯穿着质量检查工作。

实体墩身灌注时要按装配构件孔道的相对位置，预留张拉孔道及工作孔。构件装配的水平拼装缝采用C5水泥砂浆，砂浆厚度为15mm，便于调整构件水平标高，不使误差积累。

安装构件要求确保：平、稳、准、实、通五个关键；

张拉预应力的钢丝束分两种：

一种是直径为5mm的高强度钢丝，用18Φ5锥形锚；

另一种用7Φ4mm钢绞线，用JM12—6型锚具，采用一次张拉工艺。张拉顺序如图18-18所示。张拉位置可以在顶帽上张拉，亦可在实体墩下张拉。

4、无承台大直径钻孔埋入空心桩墩施工

无承台大直径钻孔埋入空心桩墩系由预钻孔、预制大直径钢筋混凝土桩墩节、吊拼桩墩节并用预应力后张连接成整体、桩周填石压浆、桩底高压压浆、吊拼墩节、浇筑或组装盖梁等部分组成，它综合了预制桩质量的可靠性、钻孔成桩的工艺简单、成本低、适应性强等优越性；摒弃了管柱桩技术设备复杂、成本高、不易穿透沙砾层、桩易偏位及钻孔灌注桩桩身质量难以保证等缺陷，是集当今桩基先进施工技术之大成。

钻埋预应力空心桩墩的技术特点是：

其一，直径大，承载力高。桩径一般大于2.5m，钻埋空心桩已达Φ5.0m，沉挖空心桩已达Φ6.0m～8.0m。由于采用了桩周填石压浆、桩底高压压浆、桩节间通过预应力形成整体，故使桩基承受垂直荷载和水平荷载的能力成倍增大。

其二，无承台，空心截面，节省了围堰工程，减少了桩身混凝土体积，不仅简化了施工工序，而且可将大桥下部结构费用占全桥费用50%以上，降至30%～40%。

其三，施工快速，工期缩短，并由于采用大直径桩，桩数少，多数情况下可以单桩独柱，加之钻机设备的先进与完善，一个枯水季节可完成基础工程，预制桩节、墩节与钻孔平行作业，大大加速了工程进度。

其四，钻埋空心桩墩适用于土质地基，沉挖空心桩适用于松散的砂、砾、漂石和风化岩层，且环保效果好，施工少振动、低噪声，城镇区施工对居民干扰少。

其五，桩节、墩节预制，桩周、桩底压浆，节间用高强预应力筋连成整体，各项作业技术含量高，桩墩质量完全能得到保障。

切实解决钻孔机具设备、泥浆配制、桩节（墩节）段预制、桩节竖拼安装以及压浆（桩周压浆与桩底压浆）成桩等技术环节，是钻埋大直径空心桩墩成败的关键所在。

四、滑动模板施工

高桥墩的施工设备与一般桥墩所用设备大体相同，但其模板却另有特色。

一般有滑动模板、爬升模板、翻升模板等几种，这些模板都是依赖于灌筑的混凝土墩

壁上，随着墩身的逐步加高而向上升高。目前滑动模板的高度已达百米。

滑动模板施工的主要优点：

施工进度快，在一般气温下，每昼夜平均进度可达 5~6m；

混凝土质量好，采用干硬性混凝土，机械振捣，连续作业，可提高墩台质量；

节约木材和劳力，有资料统计表明，可节省劳动力 30%，节约木材 70%；

滑动模板可用于直坡墩身，也可用于斜坡墩身，安全可靠。

1、滑动模板构造

滑动模板系将模板悬挂在工作平台的围圈上，沿着所施工的混凝土结构截面的周界组拼装配，并随着混凝土的灌筑由千斤顶带动向上滑升。

滑动模板的构造，由于桥墩类型、提升工具的类型不同，模板构造也稍有差异，但其主要部件与功能则大致相同，一般主要由工作平台、内外模板、混凝土平台、工作吊篮和提升设备等组成。

2、滑模浇筑混凝土施工要点

（1）滑模组装

在墩位上就地进行组装时，安装步骤为：

在基础顶面搭枕木垛，定出桥墩中心线；

在枕木垛上先安装内钢环，并准确定位，再依次安装辐射梁、外钢环、立柱、千斤顶、模板等；

提升整个装置，撤去枕木垛，再将模板落下就位，随后安装余下的设施；内外吊架待模板滑升至一定高度，及时安装；模板在安装前，表面需涂润滑剂，以减少滑升时的摩阻力；组装完毕后，必须按设计要求及组装质量标准进行全面检查，并及时纠正偏差

（2）灌注混凝土

滑模宜灌注低流动度或半干硬性混凝土，灌注时应分层、分段对称地进行，分层厚度 20~30cm 为宜。混凝土入模时，要均匀分布，应采用插入式震动器捣固，振捣时应避免触及钢筋及模板，振动器插入下一层混凝土的深度不得超过 5cm；脱模时混凝土强度应为 0.2~0.5MPa，以防在其自重压力下坍塌变形。为此，可根据气温、水泥标号经试验后掺入一定量的早强剂，以加速提升；脱模后 8h 左右开始养生，用吊在下吊架上的环绕墩身的带小孔的水管来进行。

（3）提升与收坡

整个桥墩灌筑过程可分为初次滑升、正常滑升和最后滑升三个阶段。

从开始灌筑混凝土到模板首次试升为初次滑升阶段；初灌混凝土的高度一般为 60~70cm，分三次灌筑，在底层混凝土强度达到 0.2~0.4MPa 时即可试升。将所有千斤顶同时缓慢起升 5cm，以观察底层混凝土的凝固情况。现场鉴定可用手指按刚脱模的混凝土

表面，基本按不动，但留有指痕，砂浆不沾手，用指甲画过有痕，滑升时能耳闻"沙沙"的摩擦声，这些表明混凝土以具有 0.2~0.4MPa 的脱强度，可以开始再缓慢提升 20cm 左右。

初升后，经全面检查设备，即可进入正常滑升阶段。即每灌筑一层混凝土，滑模提升一次，使每次灌筑的厚度与每次提升的高度基本一致。在正常气温条件下，提升时间不宜超过 1h。

最后滑升阶段是混凝土已经灌筑到需要高度，不再继续灌筑，但模板尚需继续滑升的阶段。灌完最后一层混凝土后，每隔 1~2h 将模板提升 5~10cm，滑动 2~3 次后即可避免混凝土模板胶合。滑模提升时应做到垂直、均衡一致，顶架间高差不大于 20mm，顶架横梁水平高差不大于 5mm。并要求三班连续作业，不得随意停工。

（4）接长顶杆、绑扎钢筋

模板每提升至一定高度后，就需要穿插进行接长顶杆、绑扎钢筋等工作。为了不影响提升时间，钢筋接头均应事先配好，并注意将接头错开。对预埋件及预埋的接头钢筋，滑模抽离后，要及时清理，使之外露。

在整个施工过程中，由于工序的改变，或发生意外事故，使混凝土的灌注工作停止较长时间，即需要进行停工处理。例如，每隔半小时左右稍为提升模板一次，以免黏结；停工时在混凝土表面要插入短钢筋等，以加强新老混凝土的黏结；复工时还需将混凝土表面凿毛，并用水冲走残渣，湿润混凝土表面，灌筑一层厚度为 2~3cm 的 1:1 水泥砂浆，然后再灌筑原配合比的混凝土，继续滑模施工。

五、梁式桥的施工

以受弯为主的主梁作为主要承重构件的桥梁。主梁可以是实腹梁或者是桁架梁（空腹梁）。实腹梁外形简单，制作、安装、维修都较方便，因此广泛用于中、小跨径桥梁。但实腹梁在材料利用上不够经济。桁架梁中组成桁架的各杆件基本只承受轴向力，可以较好地利用杆件材料强度，但桁架梁的构造复杂、制造费工，多用于较大跨径桥梁。桁架梁一般用钢材制作，也可用预应力混凝土或钢筋混凝土制作，但用得较少。过去也曾用木材制作桁架梁，因耐久性差，现很少使用。实腹梁主要用钢筋混凝土、预应力混凝土制作，也可以用钢材做成钢板式梁或钢箱梁。实腹梁桥的最早形式是用原木做成的木梁桥和用石材做成的石板桥。由于天然材料本身的尺寸、性能、资源等原因，木桥现在已基本上不采用，石板桥也只用作小垮人行桥。

根据实腹梁的截面形式可分为板梁、箱形梁、T形梁等，按照主梁的静力图式，梁又可分为简支梁桥、连续梁桥和悬臂梁桥。

①简支梁桥：主梁简支在墩台上，各孔独立工作，不受墩台变位影响

实腹式主梁构造简单，设计简便，施工时可用自行式架桥机或联合架桥机将一片主梁一次架设成功。但简支梁桥各孔不相连续，车辆在通过断缝时将产生跳跃，影响车速的提高。因此，目前趋向于把主梁作成为简支，而把桥面作成为连续的形式。简支梁桥随着跨

径增大，主梁内力将急剧增大，用料便相应增多，因而大跨径桥一般不用简支梁。

②连续梁桥：主梁是连续支承在几个桥墩上

在荷载作用时，主梁的不同截面上有的有正弯矩，有的有负弯矩，而弯矩的绝对值均较同跨径桥的简支梁小。这样，可节省主梁材料用量。连续梁桥通常是将3~5孔做成一联，在一联内没有桥面接缝，行车较为顺适。连续梁桥施工时，可以先将主梁逐孔架设成简支梁然后互相连接成为连续梁。或者从墩台上逐段悬伸加长最后连接成为连续梁。近一二十年，在驾设预应力混凝土连续梁时，成功地采用了顶推法施工，即在桥梁一端（或两端）路堤上逐段连续制作梁体逐段顶向桥孔，使施工较为方便。连续梁桥主梁内有正弯矩和负弯矩，构造比较复杂。此外，连续梁桥的主梁是超静定结构，墩台的不均匀沉降会引起梁体各孔内力发生变化。因此，连续梁一般用于地基条件较好、跨径较大的桥梁上。1966年建成的美国亚斯托利亚桥，是目前跨径最大的钢桁架连续梁桥，它的跨径为376米。

③悬臂梁桥：又称伸臂梁桥

是将简支梁向一端或两端悬伸出短臂的桥梁。这种桥式有单悬臂梁桥或双悬臂梁桥。悬臂梁桥往往在短臂上搁置简支的挂梁，相互衔接构成多跨悬臂梁。有短臂和挂梁的桥孔称为悬臂孔或挂孔，支持短臂的桥孔称为锚固孔。悬臂梁桥的每个挂孔两端为桥面接缝，悬臂端的挠度也较大，行车条件并不比简支梁桥有所改善。悬臂梁—片主梁的长度较同跨简支梁为长，施工安装上相应要困难些。目前对预应力混凝土悬臂梁桥多采用悬臂拼装或悬臂浇筑的方法施工。为适应悬臂施工法的发展，保证主梁的内力状态和施工时一样，出现一种没有锚固孔，并把悬伸的短臂和墩身直接固结在立面上，形成预应力混凝土 T 形钢架桥，这种桥在 20 世纪 50 年代后发展起来。

第三节 拱桥的施工

一、概述

拱桥（arch bridge）指的是在竖直平面内以拱作为结构主要承重构件的桥梁。拱桥在容器内的粉料层中如果形成能承受上方粉料的压力而不将此压力传递给下方的面，此面即称为拱桥。拱桥是向上凸起的曲面，其最大主应力沿拱桥曲面作用，沿拱桥垂直方向的最小主应力为零。在重力作用下进行的粉料流出过程中可能反复出现拱桥的形成和崩解过程，此种拱桥称为动拱桥。最早出现的拱桥是石拱桥，借着类似梯形石头的小单位，将桥本身的重量和加诸其上的载重，水平传递到两端的桥墩。各个小单位互相推挤时，同时也增加了桥体本身的强度。近现代的拱桥则更多的使用混凝土或钢材建造。

1、简要介绍

（1）拱桥由来

中国的拱桥始建于东汉中后期，已有一千八百余年的历史。它是由伸臂木石梁桥、撑架桥等逐步发展而成的。在形成和发展过程的外形都是曲的，所以古时常称为曲桥。在古文献中，还用"囷""窬""窦""瓮"等字来表示拱。

拱桥。造型优美，曲线圆润，富有动态感。单拱的如北京颐和园玉带桥，拱券呈抛物线形，桥身用汉白玉，桥形如垂虹卧波。多孔拱桥适于跨度较大的宽广水面，常见的多为三、五、七孔，著名的颐和园十七孔桥，长约150米，宽约6.6米，连接南湖岛，丰富了昆明湖的层次，成为万寿山的对景。河北赵州桥的"敞肩拱"是中国首创，在园林中仿此形式的很多，如苏州东园中的一座。

（2）拱桥特点

我国建造拱桥的历史要比以造拱桥著称的古罗马晚好几百年，但我国的拱桥却独具一格。形式之多，造型之美，世界少有。有驼峰突起的陡拱，有宛如皎月的坦拱，有玉带浮水的平坦的纤道多孔拱桥，也有长虹卧波、形成自然纵坡的长拱桥。拱肩上有敞开的（如大拱上加小拱，现称空腹拱）和不敞开的（现称实腹拱）。拱形有半圆、多边形、圆弧、椭圆、抛物线、蛋形、马蹄形和尖拱形，可说应有尽有。

孔数上有单孔与多孔，多孔以奇数为多，偶数较少，多孔拱桥，如果当某孔主拱受荷时，能通过桥墩的变形或拱上结构的作用将荷载由近及远的传递到其他孔主拱上去，这样的拱桥称为连续拱桥，简称连拱；江浙水乡的三、五、七、九孔石拱桥，一般是中孔最大，两边孔径依次按比例递减，桥墩狭薄轻巧，具有划一格局，令人钦佩。由于桥孔搭配适宜，全桥协调匀称，自然落坡既便于行人上下，又利于各类船只的航运。杭州市城北的拱辰桥是三孔的一例，建于明崇祯四年（1631年）。有的桥孔多达数十孔，甚至超过百孔，如1979年发现的徐州景国桥，就有104孔，估计它是明清桥梁。多跨拱桥又有连续拱和固端拱，固端拱采用厚大桥墩，在华北、西南、华中、华东等地都可见到，连续拱只见于江南水乡。按建拱的材料分有石拱、木拱、砖拱、竹拱和砖石混合拱。

以承受轴向压力为主的拱圈或拱肋作为主要承重构件的桥梁，拱结构由拱圈（拱肋）及其支座组成。拱桥可用砖、石、混凝土等抗压性能良好的材料建造；大跨度拱桥则用钢筋混凝土或钢材建造，以承受发生的力矩。按拱圈的静力体系分为无铰拱、双铰拱、三铰拱。前二者为超静定结构，后者为静定结构。无铰拱的拱圈两端固结于桥台，结构最为刚劲，变形小，比有铰拱经济，结构简单，施工方便，是普遍采用的形式，但修建无铰拱桥要求有坚实的地基基础。双铰拱是在拱圈两端设置可转动的铰支承，结构虽不如无铰拱刚劲，但可减弱桥台位移等因素的不利影响，在地基条件较差和不宜修建无铰拱的地方，可采用双铰拱桥。三铰拱则是在双铰拱的拱顶再增设一铰，结构的刚度更差些，拱顶铰的构造和维护也较复杂，一般不宜作主拱圈。拱桥按结构形式可分为板拱、肋拱、双曲拱、箱形拱、桁架拱。拱桥为桥梁基本体系之一，一直是大跨径桥梁的主要形式。拱桥建筑历史悠久，20 世纪得到迅速发展，50 年代以前达到全盛时期。古今中外名桥（如赵州桥、卢沟桥、悉尼港桥、克尔克桥等）遍布各地，在桥梁建筑中占有重要地位，适用于大、中、小跨径的公路桥和铁路桥，更因其造型优美，常用于城市及风景区的桥梁建筑。

（3）拱桥式样

拱桥是我国最常用的一种桥梁型式，其式样之多，数量之大，为各种桥型之冠，特别是公路桥梁，据不完全统计，我国的公路桥中 7% 为拱桥。由于我国是一个多山的国家，石料资源丰富，因此拱桥以石料为主。建于公元 1990 年，跨径 120m 的湖南乌巢河大桥，是当今世界跨径第一的石拱桥。我国建造的钢筋混凝土拱桥的形式更是繁花似锦，式样之多当属世界之最，其中建造得比较多的是箱形拱、双曲拱、肋拱、桁架拱、刚架拱等，它们大多数是上承式桥梁，桥面宽敞，造价低廉。

箱形拱主要用于大跨径。重庆涪陵乌江大桥，跨径 200 米，是我国已建成的最大跨径的箱形拱，跨径 420 米的万县长江大桥正在设计中，它将是世界最大跨径的钢筋混凝土拱桥。双曲拱是我国首创并不断改进的一种新型钢筋混凝土拱桥，它发源于江苏无锡，遍布各地，最大跨径当推河南前河大桥，跨径 150 米；桁架拱是在软土地基上为了减轻自重、改善拱上建筑与主拱圈共同作用，藉桁架原理逐步发展起来的一种轻型钢筋混凝土拱桥，适用于中小跨径桥梁。当采用了预应力措施和悬臂拼装的方法，就形成一种悬臂组合桁架拱，正在建造的贵州江界河大桥，主跨 330 米，是国内最大跨径的在建拱桥。四川宜宾小南门大桥为跨径 240 米的中承式肋拱，是我国该种桥型的最大跨径。刚架拱桥是从简化拱上建筑着眼，利用斜撑将桥面最不利荷载位置的荷载传至拱脚，以改善主拱的受力，在江苏无锡建成了跨越大运河的三座跨径 100 米的钢筋混凝土刚架拱。在我国也建有一定数量的下承式钢筋混凝土肋拱，其中有的是系杆拱或刚拱钢梁组合拱，后者是跨径 100 米的中承式无铰拱；我国还修建了一些钢拱桥及斜腿刚架桥。

我国在建造钢筋混凝土拱桥的实践中进行了拱轴线优化，混凝土徐变对混凝土拱内力重分布影响、连拱计算、拱桥荷载横向分布、各种形式拱桥的设计计算理论的创立与完善、组合装配式混凝土拱桥的施工控制等研究。为了适应在软土地基上建造混凝土拱桥，提出了组合桥台形式与其计算理论。在拱桥施工方法上也有所创新：如中小跨径拱桥以预制拱肋为拱架，少支架施工为主，或采用悬砌方法；大跨径拱桥则采取纵向分条，横向分段，预制拱肋，无支架吊装，组合拼装与现浇相组合的施工方法；此外，在采用无支架转体施工方法建造拱桥方面也有不少成功的经验。

2、分类发展

（1）不同标准分类

①按拱圈（肋）结构的材料分：有石拱桥（见石桥）、钢拱桥、混凝土拱桥、钢筋混凝土拱桥。

②按拱圈（肋）的静力图式分：有无铰拱、双铰拱、三铰拱（见拱）。前二者属超静定结构，后者为静定结构。

无铰拱的拱圈两端固结于桥台（墩），结构最为刚劲，变形小，比有铰拱经济；但桥台位移、温度变化或混凝土收缩等因素对拱的受力会产生不利影响，因而修建无铰拱桥要求有坚实的地基基础。双铰拱是在拱圈两端设置可转动的铰支承，铰可允许拱圈在两端有少量转动的可能。结构虽不如无铰拱刚劲，但可减弱桥台位移等因素的不利影响。三铰拱则是在双铰拱顶再增设一铰，结构的刚度更差些，但可避免各种因素对拱圈受力的不利影响。

（2）发展历史

钢拱桥多数采用上承式或中承式双铰拱形式。无铰拱因必须有坚固的地基，使其应用范围受到限制。世界上跨度超过 300 米以上的 8 座钢拱桥中，只有一座是无铰箱形肋拱桥，即美国尼亚加拉瀑布上的刘易斯顿—昆斯顿桥，建于 1962 年，拱跨 304.8 米。三铰拱因拱顶有铰，变形时有转折点，对高速行车不利，且顶铰构造复杂，维修不便，故只用于较小跨度的钢拱桥。钢拱桥的拱肋一般可做成桁架形、箱形或板梁形，分别称桁拱、箱拱和板拱。

早在 1874 年美国建成第一座钢拱桥，即跨越密西西比河的圣路易斯桥（见桥梁工程发展史）。1931 年美国建成跨度 503.6 米的贝永桥，1932 年澳大利亚建成跨度 503 米的悉尼港桥，均为双铰桁架拱。

第二次世界大战后，栓焊结构（用高强度螺栓连接焊接构件的结构）逐步得到广泛应用，箱形截面的结构得到了发展。拱桥也不例外。如 1956 年在加纳建成的阿多米桥，为下承式新月形双铰桁拱桥，拱跨 245 米，拱的弦杆采用纵向高强度螺栓连接。捷克斯洛伐克在 1967 年建成的兹达科夫桥，为双铰钢箱拱桥，拱跨为 330 米，两片箱形拱肋支承在伸出 26 米的钢筋混凝土桥台上。

另一座较著名的拱桥为瑞典 1961 年建成的阿斯克勒峡湾（Askler fjord）桥。该桥的拱肋和拱上立柱均采用管形截面，拱肋为工厂焊接的直径 3.8 米圆管，在工地铆接而成，拱上立柱为 0.32~0.75 米的无缝钢管。因桥址处于海湾口，风速高达 150 千米/时，采用管状结构可减少风荷载。桥宽仅 9 米，为保证结构的横向稳定，曾进行了风洞模型试验以确定合理的风荷载。两端的引桥桥墩均采用钢筋混凝土管柱结构，以求全桥协调统一，颇为美观。可惜该桥已于 1980 年 1 月 18 日凌晨在雾中被货轮撞毁。世界上最大跨度的钢拱桥是美国的新河峡谷桥，1977 年建成，拱跨为 518.2 米，全长 921 米，桥面离峡谷底 267 米，桥面为公路 4 车道，是上承式双铰钢桁拱桥。

混凝土拱桥是用混凝土代替石料修筑拱圈，其构造形式和石拱桥类同。钢筋混凝土拱桥因铰的构造不易处理，多采用无铰拱，只在小跨度中使用双铰或三铰拱，以上承式或中承式居多。由于混凝土材料的可塑性，它比钢拱桥更易造型装饰，可建成各种造型的拱桥，如多跨的高架峡谷拱桥，不同曲线形（圆弧、椭圆、抛物线、悬链线等）的拱桥，以及脱离石拱桥传统形式的片拱、桁架拱等。

20世纪上半叶，钢筋混凝土拱桥的施工方法从费用昂贵的落地支架现浇拱肋改成较为经济的木制，或钢制的拱形支架现浇拱肋，既节省了施工费用，又为跨越宽阔的深河峡谷开拓了应用范围，使跨度纪录达264米。50~70年代由于成功地采用了悬臂拼装和悬臂灌筑的施工方法，大跨度钢筋混凝土拱桥得到进一步发展。如1964年建成拱跨304.8米的澳大利亚悉尼港的格莱兹维尔桥，4个箱形拱肋和拱上结构（立柱、横梁、桥道纵梁）全部用预制构件拼装；1966年南斯拉夫用悬臂灌筑法建成拱跨246.3米的希贝尼克桥。世界上最大跨度的钢筋混凝土拱桥是1980年建成的拱跨390米的南斯拉夫克尔克桥，为上承式无铰拱公路、管道两用桥，拱肋为单箱三室截面，桥面下敷设了17条输油管、输水管和工业管道，采用预制构件，悬臂拼装施工。

（3）中国拱桥

中国拱桥建筑历史悠久。在古代桥梁中，以石拱桥为主要桥型。无论在山谷、丘陵、平原和水网地区，至今仍存在各种风采的石拱桥。

20世纪50年代以来，中国工业迅猛发展，采用不同材料、不同体系的拱桥也得到迅速发展。在铁路拱桥建设中，1956年建成包（头）兰（州）线东岗镇黄河单线上承式钢筋混凝土肋拱桥，拱跨为3孔53米。1959年建成詹（店）东（观）线丹河上承式钢筋混凝土拱桥，拱跨增至88米，两者均为两片工字形截面拱肋。中国目前最大跨度的钢筋混凝土铁路拱桥为1966年建成的丰（台）沙（城）线永定河7号桥，为单线中承式，拱跨150米，拱肋为箱形截面，采用钢拱架拼装施工。在公路、城市桥梁建设中，如1959年建成湘潭市湘潭桥，为8孔60米上承式拱桥，横向布置6片高1.6米的工字形拱肋，桥宽21米。70年代后拱桥向更大跨度发展，主要采用预制拼装的钢筋混凝土拱桥，如四川省的拱跨150米的宜宾马鸣溪桥，即采用无支架缆索吊装施工。中国公路上最大跨度的钢筋混凝土箱形拱桥为建于1982年，拱跨170米的四川渡口宝鼎桥，最大跨度的公路钢箱形拱桥为建于1966年的四川渡口市区金沙江桥，跨度180米。1969年建成的渡口密地栓焊桁架拱桥，跨度也是180米。

在60年代，为适应广大农村地区发展农业的要求，曾创建一种采用简易机具施工的双曲拱桥。该桥型的主要特点是：拱圈结构化整为零，采用分段拼装式波形拱肋截面，因其结构简单，制造容易，安装方便，形式轻巧，在公路和城市桥梁中曾一度得到广泛使用。如建于1972年的湖南长沙湘江桥，为8孔76米的钢筋混凝土双曲拱桥。随着建桥技术的进步，施工机具的改进，起重能力的提高，为求得拼装构件更好的整体性，必然会向较大的拼装单元发展。因此70年代后期至今，中国在大跨拱桥中，钢筋混凝土箱形拱占优势，而在中、小垮拱桥中，桁架拱桥颇有发展。桁架拱桥是将拱上结构和拱肋组成桁式结构，常用跨度为20~50米。钢筋混凝土桁架拱桥已达60米，如苏州市郊觅渡桥。但预应力混凝土桁架拱桥最大跨度已达150米，如1985年建成的贵州剑河公路桥，系带悬臂的预应力混凝土桁架拱桥。

3、著名拱桥

（1）赵州桥

中国现存最早，并且保存良好的是隋代赵州安济桥，又称赵州桥。桥为敞间圆弧石拱，拱圈并列 28 道，净跨 37.02 米，矢高 7.23 米，上狭下宽总宽 9 米。主拱券等厚 1.03 米，主拱券上有护拱石。在主拱券上两侧，各开两个净跨分别为 3.8 米和 2.85 米的小拱，以宣泄拱水，减轻自重。桥面呈弧形，栏槛望柱，雕刻着龙兽，神采飞扬。桥史建于隋·开皇十五年（公元 595 年），完工于隋·大业元年（公元 605 年），距今已有 1 406 年。安济桥制作精良，结构独创，造型匀称美丽，雕刻细致生动，列代都予重视和保护。

中国石拱因南北河道性质及陆上运输工具不同，所以改造不同。北方大多为平桥（或平坡桥），实腹厚墩厚拱。南方水网地区则为驼峰式薄墩薄拱。

（2）卢沟桥

北京宛平卢沟桥在北京广安门外 30 里，跨永定河。桥始建于金·大定二十八年（公元 1188 年），完工于金·明昌三年（公元 1192 年）。桥全长 212.2 米，共 11 孔，净跨不等，自 11.4 米至 13.45 米，桥宽 9.3 米。墩宽自 6.5 米至 7.9 米。拱券接近半圆形。桥墩迎水面有尖端镶有三角铁柱的分水尖，背水面为削角方形。桥面上石栏杆共 269 间，各望柱头上，雕刻有石狮。金代原物简单统一，自后历朝改换，制作精良，石狮形态各异，且有诸多小狮，怀抱背负，足抚口嚼，趣味横生。桥上及华表柱上等的石狮子，已成为鉴赏重点，亦是统一变化的美学原则的具体应用。卢沟桥早已列为全国文物保护单位。

（3）拱宸桥

南方江浙一带水网地区，以周行为主。潮汐河流，软土地基，因此即使是石拱桥亦尽量减轻重量建造为薄墩薄拱。

薄墩之薄，相邻两拱券拱石相接，特别是三拱薄墩桥，中孔大、边孔小，两岸以踏步上桥。桥成驼峰形，造型美观。如浙江杭州拱宸桥，创建于明·崇祯四年（公元 1631 年），清·光绪十一年（公元 1885 年）重建。中孔净跨 15.8 米，两边孔各为 11.9 米。拱券石厚 30 厘米，为拱跨的 1/52.7 和 1/39.7。中墩厚约 1 米，合大孔的 1/15.8。

薄拱的拱厚最小仅拱跨的 1/66.7，而一般拱厚则为 1/20 左右。唐·张继《枫桥夜泊》名诗中的现存枫桥（清代建）也是薄拱。

（4）宝带桥

江苏苏州宝带桥是现存最长的多孔薄拱薄墩连拱，始建于唐，历代多次重修，现存桥共计 53 孔，全长 316.8 米，中间有 3 孔隆起以通船只，桥宽 4.1 米。桥头建有石狮、石亭、石塔。

（5）五亭桥

中国古典园林中亦常见石拱桥，既起交通引路作用，更与园林景色有机结合，或是主

景，或是衬景。如扬州瘦西湖中的，就是佳作。此桥也是我国现存唯一的"五亭桥"。

（6）虹桥

中国的木拱桥肇始自宋。宋代·张择端的《清明上河图》，在画面高峰处有都城汴京（现河南开封）跨汴水的一座木拱桥，名为虹桥。为了漕运，水中无桥墩，桥采用了宋·明道年间（公元1032~1033年）有一守卒子发明的"贯木"架桥，即大木穿插叠架为木拱。虹桥桥跨约18.5米，拱矢约4.2米，桥面总宽9.6米。桥毁于金元之际，几百年来一直认为已是绝唱。近十多年来调查研究发现，随着北宋南迁，在今浙江、福建山区中有数十座古木拱桥，结构与虹桥相类似且有所改进，桥跨增加到35米左右。如浙江云和梅崇桥，桥建于清·嘉庆七年（公元1802年）。又如浙江泰顺县的泗溪溪东桥。桥长41.7米，跨径25.7米，矢高5.85米，桥宽4.86米。桥上建有美丽的廊屋，为了保护木料，两侧钉有蓑衣式木板。桥始建于明·隆庆四年（公元1570年）。泰顺县的叶树阳桥竟存世511年。

虹桥等木拱结构为中国所独创，尚有其他别致的结构形式的竹木拱桥，亦与世界同类桥梁有异。

（7）十七孔桥

十七孔桥在颐和园中，这桥有十七个拱。此桥为仿制"卢沟桥"所建。

（8）朝天门长江大桥

2009年4月29日，世界第一大跨径拱桥——重庆朝天门长江大桥通车。它超越了上海卢浦大桥（主跨550米）。重庆朝天门长江大桥位于长江与嘉陵江交汇处，分为主桥、南北引桥、江北桥头立交、弹子石立交和黄桷湾立交以及引道等几大部分。大桥全长4.88公里，主桥跨径552米，为双层公轨两用桥，上层为双向6车道，下层是双向轻轨轨道。

4、分类介绍

按照拱上建筑的形式可以分为：实腹式拱桥及空腹式拱桥、组合体系式拱桥实腹式拱桥：是指拱上建筑做成实体结构，拱圈和主梁之间用石料或砌块填充的拱桥形式。优点是刚度比较大，构造简单，施工方便；缺点是随着桥梁跨径的增大，拱桥的自重迅速加大，无法做成较大跨径的拱桥。一般用在跨径较小的拱桥中，常用跨径为20~30m。空腹式拱桥：是指拱圈和主梁之间用立柱支撑。其优点是较实腹式拱桥轻巧，节省材料，外形美观，还有助于泄洪；缺点是施工比较麻烦，受力较复杂。一般用在大跨径的桥梁中。组合体系式拱桥：由拱和梁组成主要承重结构的拱桥。通常用钢筋混凝土或钢结构建造。兼有实腹式拱桥和空腹式拱桥的优点，跨越能力较大。一般用在大、中跨度的桥梁中。

按照拱轴线的形式可分为：圆弧拱桥、抛物线拱桥、悬链线拱桥。

（1）圆弧拱桥

拱圈轴线按部分圆弧线设置的拱桥，优点构造简单，石料规格最少，备料，放样，施工都很简便，缺点是受荷时拱内压力线偏离拱轴线较大，受力不均匀，一般适用于跨度小于20m的石拱桥。

（2）抛物线拱桥

拱圈轴线按抛物线设置的拱桥，是悬链线拱桥的一种特例，优点是弯矩，小，材料省，跨越能力较大；缺点是构造较复杂，如果是石拱桥则料石的规格较多，施工较不方便。

（3）悬链线拱桥

拱圈轴线按悬链线设置的拱桥，优点是受力均匀，弯矩不大，节省材料，多适用于实腹拱桥，大跨度的空腹拱桥中也常常采用这种线形布置。

按照有无水平推力可分为：无推力拱桥、有推力拱桥。

（1）无推力拱桥

在竖向荷载作用下拱脚对墩台无水平推力作用的拱桥，其推力由刚性梁或柔性，杆件承受属于内部超静定，外部静定的组合体系拱桥，适用于地质不良的桥位处，墩台与，梁式桥，基本相似，体积较大，只能做成下承式桥，建筑高度很小，桥面，标高，可设计的很低，降低纵坡，减小引桥长度，因此可以节约材料，但是，结构的施工比较复杂。

（2）有推力拱桥

在竖向荷载作用下拱脚对墩台有水平推力作用的拱桥，水平推力可减小跨中弯矩，能建成大跨度的桥梁，造型美观，城市桥梁一般优先选用，可做成上承式、中承式桥，缺点是，对地质要求很高，为防止墩台移动或转动，墩台须设计很大，施工较麻烦。

按照建筑材料的不同可分为，石拱桥，混凝土拱桥，钢拱桥。

（1）石拱桥

用石料建造的拱桥，外形美观，养护简便，并可以就地取材，以减低造价，缺点是自重大，跨越能力有限，石料的开采，加工河砌筑均需要较多的劳动力，且工期较长，一般用于小跨径桥梁。

（2）混凝土拱桥

用混凝土建造的拱桥，包括素混凝土和钢筋混凝土两类，其优点是加工和制造较石拱桥方便，工期短，缺点是由于混凝土抗拉强度很低，故其跨越能力小，且混凝土耗费量大，一般用于小跨径桥梁。

（3）钢拱桥

上部结构用钢材建造的拱桥类型，其优点是跨越能力大，且自重是三种拱桥中最轻的，缺点是结构复杂，由于三铰拱钢拱桥一般不用，所以对地基要求高，造价高，且维护费用高，适用于大跨度桥梁中。

按照铰的多少可分为，三铰拱，两铰拱，无铰拱。

（1）三铰拱

在拱冠与拱端处均设铰的拱桥，属于静定结构，优点是对混凝土收缩，徐变，温度变化，以及墩台位移不受影响，适用于地质条件差而要求修建大跨度桥的场合；缺点是结构复杂，施工麻烦，维护费用高，整体刚度差，由因三处设置铰，故对应的桥面处亦需设置构造缝，拱圈挠曲在铰处急剧变化，因而对行车不利，所以，我国仅在一些较小跨径的桥上采用。

（2）两铰拱

拱圈中间无铰而两端设铰与墩台铰接的拱桥，属于外部一次超静定结构，其优点是拱脚处不承受弯矩，较无铰拱桥可减小混凝土收缩，徐变，温度变化，以及墩台位移的影响；缺点是构造较复杂，对应的桥面处应设置构造缝，施工亦较麻烦，对地基要求比较高，但较无铰拱对地基要求略低。

（3）无铰拱

又称固，端拱，桥，拱圈两端嵌固在，桥墩，上面中间无铰的拱桥，属于外部三次超静定结构，优点是较有铰拱桥桥内的弯矩分布合理，材料用量较省，结构刚度大，结构简单，施工方便，维护费用少，还可以将拱脚设计在，洪水位，以下，有利于降低桥面的设计标高，具有较好的经济与使用效益；缺点是对混凝土收缩，徐变，温度变化，以及墩台位移最敏感，会产生附加应力，应建设在可靠的地基上。

二、拱桥施工工序

1、拱架的结构类型

采用钢桁架拱架，拱架的结构类型选用常备拼装式桁架型拱架。拱架系用标准节、拱顶节、拱脚节及联结杆等以钢销连接组成，再以纵横向联结系将几片拱架连成一体，这就可以作为浇筑拱圈或拱肋的支架。拱轴曲线的曲度采用变换联结杆长度的方法得到。拼成的桁架高为 3m，上弦节间长度为 1.45m。

2、拱架安装

（1）拱架吊运安装

安装前拱架需先按框架形式组成安装单元，其长度可包括 2~3 节拱架，一个框架最大吊重为 200kN。安装时由拱脚至拱顶，两岸对称进行，拱架共计 8 片，先安装中间 4 片，封拱卸吊后再安装上下游各两片。拱架用门式索塔安装。

中间四片拱架可采用直接抬用法吊运就位。拱架运输轨道固定在塔门中间时，两侧拱架可采用交换抬吊法吊运就位。交换抬吊法吊装程序如下：

①框架运至塔下悬臂工作台上后，即挂好前后跑马滑车组。其中 2 号、3 号滑车组为安装轴线滑车组，1 号、3 号滑车组的运输索须进行交换，1 号、2 号滑车组的运输索须交叉拴挂。

②启动 1 号、2 号滑车组，升起框架，3 号滑车组跟随收紧（但不受力），框架提升到能脱离悬台的应有高度，并运出悬台为止。

③作高空交换，由 2 号、3 号滑车组直接抬吊并运至安装位置。

④安装就位，打入钢销和安装下弦。

⑤调整轴线标高，安装风钩，设置风缆并收紧斜拉索。

（2）封拱及卸吊

悬臂安装法安装拱架时，以采用低温封拱、高温卸吊的成拱方法较为适宜。卸吊应由拱顶向拱脚分次对称循环进行。一次放松不能过多，斜拉索花篮螺栓一次放松不得超过5cm。

（3）吊装和封拱及卸吊注意事项

①吊装前应做好各项准备工作，并应进行试拼。

②封拱前必须调整好拱轴线及各节点标高，收紧所有侧向风缆。

②封拱合拢后在卸吊前，将全部风钩螺栓拧紧一次。

第四节　斜拉桥的施工

一、概述

斜拉桥的施工，一般可分为基础、墩塔、梁、索等四部分，其中基础施工与其他类型的桥梁没有什么两样，墩塔和梁的施工也可在本书其他各章找到适当的方法。只有索的施工，包括索的制造、架设和张拉具有其特殊性。

但是斜拉桥作为一个整体，它的塔、梁、索的施工必须互相配合，服从工程设计意图。因此本章的讲述只将基础施工除外，对于塔和梁的施工不能不有所涉及，而以梁、索和各种具有代表性的斜拉桥上部结构的施工为本章叙述的主线。

近代第一座斜拉桥当属1955年的瑞典斯特姆松特桥（Strem-sund bridge），它是一座稀索辐射式的斜拉桥，中孔跨度185.5752m，边孔74.676m。钢塔由梁上吊机安装，边跨钢梁在脚手架上拼装，中跨采用悬臂拼装法。斜拉索也是利用梁上吊机安装，随着钢梁的逐节悬臂前进，先联结下端，然后吊机退回至桥塔处安装上端，用千斤顶张拉。

从1955~1957年世界上约有60座斜拉桥建成或正在设计中，几乎都是钢斜拉桥。直至1962年才有第一座砼斜拉桥建成，它就是委内瑞拉的马拉开波湖桥。我国自1975年建成第一座四川云阳的汤溪河桥后，斜拉桥总数据不完全统计，至今已达50座以上，大部分是砼斜拉桥。

1、塔的施工

索塔的材料可用金属、钢筋砼或预应力砼。索塔的构造远比一般桥墩复杂，塔柱可以是倾斜的，塔柱之间可能有横梁，塔内须设置前后交叉的管道以备斜拉索穿过锚固，塔顶有塔冠必须设置航空标志灯及避雷器，沿塔壁须设置检修攀登步梯，塔内还可能建设观光电梯。因此塔的施工必须根据设计、构造要求统筹兼顾。

索塔承受相当大的轴向力，还可能有弯矩，因此对索塔的尺寸和轴线位置的准确性应有一定的要求。

允许偏差值应考虑以下两个原则：①偏差值对结构物受力的影响甚微；②施工中经过努力可以达到的精度。参考国外资料，沿塔高每米高度允许偏差 0.5mm，即倾角正切值 tga=1/2 000。我国斜拉桥塔施工精度现在尚无统一规定，上海柳港桥允许倾斜度为1/200。

钢索塔施工一般为预制吊装，砼索塔施工大体上可分为搭架现浇、预制吊装、滑升模板浇筑等几种方法，分述于下：

（1）搭架现浇

此法工艺成熟，无须专用的施工设备，能适应较复杂的断面形式，对锚固区的预留孔道和预埋件的处理也较方便，但是比较费工、费料、速度慢。跨度 200m 左右的斜拉桥，一般塔高（指桥面以上部分）在 40m 上下，搭架现浇比较适合。广西红水河桥、上海柳港桥、济南黄河桥的桥塔都是采用此法。跨度更大的斜拉桥，塔柱可以分为几段，各段的尺寸、倾角都不相同，往往各段采用的方法也不同。下段比较适合于搭架现浇，例如上海南浦大桥、杨浦大桥、徐浦大桥、武汉长江二桥，跨度都在 400m 以上，塔高在 150m 以上，下塔柱都采用传统的脚手架翻模工艺，缺点是施工周期较长。

（2）预制吊装

此法要求有较强的比重能力和专用的起重设备，当桥塔不是太高时，可以加快施工进度，减轻高空作业的难度和劳动强度。东营黄河桥塔高 69.7m，桥面以上 56.4m，采用钢箱与砼结合结构，预制吊装。

国外的钢斜拉桥桥塔基本上都是采用预制吊装方法施工。

我国砼斜拉桥用预制吊装方法的不多，只有 1981 年建成的四川省金川县曾达桥，塔高 24.5m。是卧地预制而成，从地面上用绞车和滑轮组板起，由锚于对岸山壁上的钢丝绳和滑轮提供吊装力。

（3）滑模施工

此法的最大优点是施工进度快，适用于高塔的施工。塔杆无论是竖直的或是倾斜的都可以用这个方法，但对斜拉索锚固区预留孔道和预埋件的处理要困难些。在各个工程中有称为爬模，或称为提模，其构造大同小异。所谓滑模是指模板沿着所浇筑的砼由千斤顶（螺旋式或液压式）带动而向上滑升，它要求所浇筑的砼强度必须达到模板滑升所必需的强度。提模则是拆模后把模板挂在支架上，模板随着支架的提升而上升。支架的提升是在塔的四周设置若干组滑车组，其上端与塔柱内预埋件连接，下端与支架的底框连接，支架随拉动手拉葫芦而徐徐上升。

辽宁长兴岛斜拉桥塔高 43m，为适应高塔施工，专门制作了一种提升支架，不但可用于液压千斤顶提升的滑模，亦可用于分段浇筑的提模。索塔下节 117m 的斜腿段采用一般的搭架模板浇筑，竖直的上节塔柱。采用滑模或提模。先施工的 2 号索塔采用滑模法，由于冬季寒冷不宜滑模使用，中止了施工。后施工的 1 号索塔采用提模法，砼蒸汽养生，解决了 -20℃ 的冬季施工问题，因而后来将 2 号索塔也改成提模施工。

两塔柱间的横梁利用支架的下层操作平台就地浇筑，下层操作平台的下边则用工字钢顶撑在已浇筑的横梁上。

上海南浦大桥塔高 150m，下塔柱斜率 1：5271842，净高 29m，采用传统的脚手架翻模工艺，施工周期较长，平均每天 0.56m。中塔柱斜率 1：85，高 55.0m，试制成功国内首创的斜爬模，这种斜爬模的原理与提模相同，施工速度提高到每天 1.14m。上塔柱同样采用爬模施工。

2、主梁施工

一般地说来，砼梁式桥施工中的任一种合适的方法，如支架上拼装或现浇，悬臂拼装或浇筑，顶推法和干转法等，都有可能在砼斜拉桥上部结构的施工中采用。

由于斜拉桥梁体尺寸较小，各节间有拉索，还可以利用索塔来架设辅助钢索，因此更为有利于采用各种无支架施工法。其中悬臂施工法是砼斜拉桥施工中普遍采用的方法。不论主梁为 T 构、连续梁或悬臂梁皆可采用。究竟采用哪种方法，这是设计者首先要研究决定的问题。决定时所要考虑的问题主要有所跨越的障碍的情况，斜拉桥本身的结构与构造等，分述于下：

（1）在支架上施工

当所跨越的河流通航要求不高或岸垮无通航要求，且容许设置临时支墩时，可以直接在脚手架上拼装或浇筑，也可以在临时支墩上设置便梁，在便梁上拼装或浇筑。如果有条件的话，此法总是最便宜、最简单的。

例如贝尔格莱德萨瓦河双线铁路桥，是一座钢斜拉桥，1977 年建成，中跨 254m，桥宽 16.5m，由于萨瓦河无通航要求，故整个桥跨都是在施工脚手架上安装，因此主梁、塔柱和斜拉索的安装都能分开进行。主梁和塔柱安装完毕后，用设在支架上的千斤顶将梁顶升，然后安装斜拉索，安装就位的斜拉索借助于放松千斤顶使主梁下降而拉紧，这样斜拉索的安装就不需要大吨位千斤顶。

我国天津永和桥也是在临时支架上安装的一个典型。永和桥是预应力砼斜拉桥，中跨 260m，1987 年建成。由于主梁较弱，为避免超应力，不在已架设挂索的主梁上运送预制梁段，预制梁段经由河中满铺的便桥运送至安装部位。运送到位的预制梁块下设四个临时支点，并立即穿进纵向预应力钢筋、胶拼、挂斜拉索。安装顺序是以塔柱为中心，对称地两侧同时进行。每一节段包括四块长 5.8m 的预制梁段，八根斜拉索，时间约需 7~15 天。

（2）顶推法

当桥下不允许设置过多临时支架，如跨越道路、铁路的高架锈，可以考虑采用顶推法。

钢斜拉桥首次采用顶推法架设的是前联邦德国杜塞尔多夫市区内的一座公路高架桥，称为尤利西大街桥。此桥 1963 年建成，中跨 98.7m。

在西桥台后先拼装东半跨，临时支点 I 至 VI。顶推过程中，斜拉桥的自重通过钢箱中的横隔梁传递至纵向箱梁，因此拉索只是部分受拉。在塔顶鞍座上设有顶升机械来消除顶推节段最外绕的悬臂挠度。当桥梁最外缘顶推至永久墩 VIII 时，用千斤顶将支座顶起约 10cm，使永久墩 VIII 上的支承压力消除。桥梁更向前推进时，墩 VIII 上的支承压力将增加；当最外缘超过临时墩 IV 约 7.3m 时，这个支承压力达到允许值。这时，将墩 VIII 的支座回复到原来位置，继续顶推至达到其最终位置，拆除临时墩 IV、X。

苏联 1976 年建成的第聂伯河钢斜拉桥是独塔体系，河跨 300m，曾经比较过各种架设方法，结果发现还是顶推纵移法最有利。在 300m 跨径内设置了三个滑动支座，其间距为 75m，主梁拼装及滑移全部工作在 13 个月内完成。

我国 1993 年建成的无锡石城河斜拉管桥系将 41.8m 的水管在临时墩上拖拉就位。此外重庆石门桥（1989 年建成）的引桥 5×50m 预应力砼连续梁和南海九江桥长达 690m 的连续箱桥（1988 年建成）也是用顶推法架设。

（3）转体施工

转体施工在斜拉桥施工中采用不多，比利时 1988 年建成的跨越默兹河的邦纳安桥，独塔，其左岸 3×42m 和右岸 168m 主跨共 294m 的梁体均在平行于河流的岸边制造，在安装和调整后，将整个桥塔—缆索—梁体以塔轴为中心转体 700 就位，并与右岸就地浇筑的一孔 42m 桥跨相接。

四川金川县留达桥是我国第一座转体施工斜拉桥，1981 年建成。该桥为独塔，孔跨布置为 41m+70m，桥面宽 5.5m，墩、塔、梁固结。主梁为钢筋砼三室箱梁。桥址附近河滩干涸且墩身较矮，适合于平转法施工。先在河滩上搭设低支架浇筑梁身，索塔则卧地预制。将索塔挂起，与梁固结并安装斜拉索后，平衡转体施工就位。转体装置为砼球铰和钢滚轮，短跨内配有平衡重。

1997 年建成的汤河大里管铁路斜拉桥位于秦皇岛站疏解线上，下跨京秦线，斜交，是一座槽形主梁、刚性索的斜拉桥，油塔，主跨 50m，边跨 42m。施工时，先沿所跨越的线路方向在支架上建造斜拉桥，包括塔、梁和刚性索，待砼达到设计强度后，张拉梁内和索内的预应力筋，然后整个斜拉桥绕转盘转动。转动时边孔的后端沿圆形轨道移动，主孔的前端悬空，为防止最前线悬空引起外主索悬吊点主梁上缘有过大拉应力，在转体时增加临时震吊住前墙。待转体就位后，卸除临时索，转盘用砼封实，再铺设道砟线路和人行道。

（4）悬臂拼装

国外早期建造的钢斜拉桥，大多数是用悬臂拼装而成。我国东营黄河桥是我国目前唯一的一座钢斜拉桥，中跨 288m，1987 年建成，岸侧跨度 136.5m，在支架上拼装，河侧悬臂拼装，栓焊结构。上海南浦大桥、杨浦大桥、徐浦大桥主跨都是钢与钢筋混凝土板结合梁桥，它们也全都是悬臂拼装。

砼斜拉桥的悬臂拼装施工是将主梁在预制场分段预制，由于主梁预制砼龄期较长，收缩、徐变变形小，且梁段的断面尺寸和砼质量容易得到保证，我国上海柳港桥（1982）、安康汉水桥（1979）、郧阳汉江桥（1994）等都是采用悬臂拼装法。

美国帕斯克和肯尼维克两地之间，1978年建成的跨越哥伦比亚河的砼斜拉桥（简称P—K桥），其正桥部分的分垮为123.9m+299m+123.9m，桥面宽24.30m，梁采用半封闭式箱形截面。其主梁施工方法采用预制节段的双悬臂法。主梁高2.13m，分段长度为8.10m，由于是全截面整体制作，因此最重节段达到254t。主梁节段在预制后，存放六个月后再张拉横向预应力筋，浮运至桥孔处安装，以保证砼的强度相减小收缩、徐变变形。

桥的部分主要安装程序，其步骤是：

先在斜撑式支架上现浇20m长的梁段，然后用特制的移动式吊架起吊梁段，逐节进行悬臂拼装。梁段间用环氧树脂黏结，并由拉索的水平分力施以预加力。梁内另布置有预应力粗钢筋。为了保证在安装过程中不致出现过大的塔顶水平位移，在塔顶与另一桥墩之间设有辅助拉索，它与边跨的背索一起来约束塔顶位移。该桥每安装一个节段的周期仅需四天，全桥拼装工作在不到一年时间完成。因此，如运输、起吊设备条件可以解决，以整体截面预制为好。

（5）悬臂浇筑

斜拉桥特别适合于悬臂浇筑。我国在20世纪七八十年代悬臂浇筑的大部分斜拉桥还是沿用一般连续梁常用的挂篮。无论是桁梁式挂篮还是斜拉式挂篮均系后支点形式，这种形式的挂篮为单悬臂受力，承受负弯矩较大，浇筑节段长度受到了很大的限制，挂篮自重与所浇筑梁段重力之比在0.7以上，甚至可能达到1~2。例如1981年建成的广西红水河铁路斜拉桥，跨径48m+96m+48m，中跨悬臂浇筑，采用桥梁式挂篮，挂篮自重与梁段重力之比为0.77。80年代后期，我国桥梁工作者根据斜拉桥的特点，开始研制前支点的牵索式挂篮。利用施工节段前端最外侧两根斜拉索，将挂篮前端大部分施工荷载传至桥塔，变悬臂负弯矩受力为简支正弯矩受力。这样，随着受力条件的变化，节段悬臂长度及承受能力均大大提高，例如1995年建成的吉林临江门斜拉桥、浙江上虞人民大桥、铜陵长江公路大桥及武汉长江二桥等。我们特在第二节着重介绍牵索式挂篮的工艺特点。

二、牵索式挂篮工艺

1988年建成的美国佛罗里达州杰克逊成尔的达姆斯角桥（简称D—P桥）首先采用牵索式挂篮。1991年建成的挪威海尔格兰桥也是采用牵索式挂篮施工，挂篮长28.8m，重115t。为了准确地确定梁上斜拉索锚固装置的位置和方向，将带法兰盘的钢管在工厂预埋在一个短的砼构件中，施工时将预制件挂接在挂篮的模板上，以便在浇筑砼前装入最终斜拉索并施加部分预拉力，使挂篮支承在其端部。为了承受斜拉索的水平分（压力），在预制件和已浇筑的砼梁之间设有一个预制抗压支柱，每次浇筑长度为12.90m，砼数量约110m³。

我国 1995 年建成的广东三水大桥采用带斜向工具索的挂篮悬浇，挂篮与节段梁重之比为 0.53。由于挂篮较轻，为斜拉索一次张拉到位创造了条件。吉林临江门大桥、铜陵长江大桥、武汉长江二桥也都先后研制了不同构造的牵索式挂篮，兹分述于下；

1、吉林临江门斜拉桥牵索式挂篮

临江门斜拉桥是吉林市跨越松花江的一座大桥，全长 685.17m。主桥采用独塔斜拉桥，塔高 61.8m，跨度 2×132.5m，桥面宽 27.5m，索距 715m，为塔、墩、梁固结体系。主梁截面采用倒梯形双室开口预应力砼箱梁，梁高 2m 在标准梁段每一索区梁体砼重 300t。

牵索式挂篮主要由主桁承重系统、模板系统、牵索系统、锚固系统、调高系统及走行系统六大部分组成。

（1）主桁承重系统

主桁纵向由四榀万能杆件桁梁组成，横向由三榀万能杆件桁梁连接，桁梁高均为 2m。纵向四榀桁梁长度：外侧两相为 20m，中间两相为 18m。横向三榀桁梁长度为 24m，分别连于纵梁的前端、中间和尾端。在外侧桁梁前端 4m 范围内设置了与牵索系统连接的锚固滑槽，在中间桁梁处设置了走行牛腿。整个挂篮通过牵索系统和锚固系统，特全部施工时的荷载传于主塔及已成梁段上。挂篮通过走行牛腿及尾端横梁上的走行轮完成转移。

（2）模板系统

模板系统由底模、外侧模、开箱内模及闭箱内模组成。底模通过纵、横分配梁直接连在主桁梁上，施工及转移时始终随桁梁一起工作。模板采用型钢及钢板组焊成整体结构模板。模板系统主要承受灌注砼时的各种压力，并按设计梁形成型。在模板系统中设置了锁定及调整部件，主要是锁定、调整模板到设计位置。

（3）牵索系统

该系统由异形接头、牵引杆、吊耳、水平调整螺杆、扁担梁、元宝梁及千斤顶组成。吊耳位于主桁的锚固滑槽内，元宝梁与吊耳之间采用转轴联结。异形接头一端与缆索冷铸锚联结，另一端与牵引杆连接。牵引杆通过元宝梁和扁担梁进行锚固，在元宝梁与扁担梁之间安置于厅顶。牵索系统主要作用是将挂篮前端的垂直荷载直接传至斜拉桥主塔，以减小挂篮作用在斜拉桥主梁上的垂直荷载。牵索系统的另一作用是完成体系转换，即施工时缆索锚固在挂篮上，施工后缆索锚固在斜拉桥主梁上。

（4）锚固系统

该系统由侧描、中锚和后锚组成。

侧锚由垫梁、垂直吊杆、斜向拉杆、锚梁、分配梁、扁担梁及千斤顶组成。垫梁捆放在已成主梁的顶板上，前端连在主梁的砼上，垫梁与主梁间垫橡胶垫以增加水平连接力。垂直吊杆与斜向拉杆一端锚固在主桁处的锚梁上，另一端锚固在垫梁上，并与扁担梁连接。在望梁与扁担梁间设有千斤顶，用以安装和拆除锚固系统。该系统主要承受主桁两侧的垂直反力及由牵索系统传来的水平反力，并将这些力传至斜拉桥主梁上。在挂篮转移时，垂直吊杆通过千斤顶将挂篮主桁落在走行滑槽内。

中锚由上锚梁、下铺梁、分配梁、垂直吊杆、斜向拉杆、扁担梁及千斤顶组成。上锚梁安放在主梁顶面，分配梁及下铺梁安装在主桁梁上。垂直吊杆及斜向拉杆一端锚固在下锚梁上，另一端锚固在上锚梁上，并与扁担梁连接。千斤顶安放在上锚梁与扁扭梁之间，用来安装及拆除锚固系统。该系统主要是将桁梁中部垂直荷载传至斜拉桥主梁上，水平力自身平衡。

后锚由小锚梁和拉杆等组成，它位于挂篮的尾部。小锚梁安放在主梁面上，拉杆上埔锚固在小锚梁上，下端锚固在桁梁上。该系统的作用是将挂篮的尾部与斜拉桥主梁进行锚固连接。

（5）调高系统

该系统由两种类型的楔块组成。一种位于挂篮主桁的尾端横梁上，另一种位于挂篮的中间横梁上。它们主要由楔座、楔块及对拉螺栓组成。上楔座与斜拉桥主梁底面接触，下楔座与桁梁连接，在上下楔座间安装楔块和对拉螺栓。其作用是调整挂篮标高到设计位置，而且尾部调高模块在走行时又可作走行轮安装架。

（6）走行系统

该系统由滑靴、滑道、走行轮、牵拉精轧螺纹钢筋及穿心式千斤顶等组成。滑靴安装在桁架的走行牛腿上，滑道前端设顶座，铺放在斜拉桥主梁顶面。走行轮安装在尾端调高楔块上，走行时，精轧螺纹钢筋一端与走行牛腿连接，另一端与安放在滑道顶座上的穿心式千斤顶连接，形成走行系统。该系统的主要作用是当挂篮施工完一段后，将其转移到下一段。

（7）挂篮转移

斜拉桥缆索张拉到设计吨位锚固后，解除锚固系统的斜向拉杆。

铺好走行滑道，两侧滑道高差小于3mm。

用锚固系统的垂直吊杆将挂篮桁架与底模及外侧模等慢慢落在走行滑道上。

解除锚固系统的垂直吊杆。

在桁梁的尾部横梁上，对称安装两台500kN千斤顶，用这两台千斤顶，将调高楔块顶离斜拉桥主梁底面，装入走行轮并进行固定。

将穿心式千斤顶平放在滑道前端的顶座上，并将长8m、直径Φ32mm的精轧螺纹钢筋一线连接其上，另一消与挂篮的走行牛腿相连，千斤顶同时反复顶拉，使挂篮前移。反向设倒链以保安全。

同时将主梁上的锚固系统部件移至下一段安装位置。

挂篮走行就位后，借助千斤顶拆除走行轮，用锚固系统吊升，安装挂篮到设计位置。

2、铜陵长江大桥牵索式挂篮

铜陵长江大桥牵索式挂篮全名称为"大节距全断面整体浇筑自行式前支点挂篮"有关参数如下：挂篮长 18.50m，宽 26.60m；主纵梁高 1.80m，宽 1.70m。单只挂篮重力 900kN，模板重力 350kN，其他施工荷载 100kN，总重力 1 350kN。设计要求施工荷载总控制 1 500kN。

挂篮主要由主体骨架（二根纵梁与三根横梁，全部采用 A3 钢板矩形箱梁拼焊组成）、悬挂系统（单悬臂悬挂钢梁，液压顶升调节）、前支点部位（斜拉索刚性连接液压装置及定位架组成）、后锚点定位（反支点梁下滚轮行走装置与后锚固点液压顶升装置）、行走系统（1 200kN 连续式千斤顶液压自调同步牵引滑行装置）等五大部分组成。

挂篮工作原理如下：

（1）挂篮悬挂脱空，此时后反力点作用力向下，挂梁作用力向上，挂篮主纵梁承受负弯矩；

（2）挂篮前移，挂篮仍承受负弯矩，呈单悬臂状态；

（3）挂篮挂梁顶升，后锚固点锚固，使挂篮就位，后反力点使标高大致调平，设预抬高量；

（4）拉索与挂篮联结，进行第一次索力张拉。此时挂篮前支点受力，纵梁受正弯矩，呈简支状态；

（5）浇至 1/2 梁段时进行第二次索力张拉；

（6）浇完全断面梁段砼后，挂篮端部弹性下挠度小于 6mm；

（7）检测梁段标高，待强张拉预应力束；

（8）挂篮脱空待前移。

本挂篮一次全断面悬浇梁段 8m，自重与浇注砼重力之比仅为 0.4，同时具有很大刚度，全部受力变位系统均为液压机械工作。

3、武汉长江二桥的牵索式挂篮

我国 1995 年建成的武汉长江二桥节段浇筑长 8m，研制出长度仅 12m 的"短平台复合型牵索挂篮"，简介如下。

（1）挂篮构造

短平台复合型牵索挂篮由挂篮平台、伺服系统（牵索系统、悬吊系统、走行系统、锚固系统、水平支承系统、微调定位系统）和三脚架三大部分构成。

挂篮平台是牵索式挂篮的主体，它由前横梁、后横梁、牵索纵梁、吊杆纵梁、普通纵梁、安全尾梁、水平衡架和纵梁平面连接组成。前、后横梁为箱形截面的刚性主梁用平弦式加劲桁架加劲后的组合结构。

三脚架的结构体系是刚性的下弦梁用三角式桁梁加劲后的组合结构。

牵索系统是将施工中作为牵索使用的永久性斜拉索与挂篮连接起来，构成牵索传力系统。

（2）设计构思

短平台复合型牵索式挂篮的设计构思，突破了目前国内外常用的长平台牵索式挂篮的结构形式和施工工艺。

长平台型牵索式挂篮，一般仅在砼主梁下设置挂篮平台，且已成梁段下的挂篮平台长度一般略长于待浇梁段下的挂篮平台长度，因此挂篮平台总长度是很长的，如一次悬浇8m 的挂篮平台长可达 23m。这样做的目的，其一是为了挂篮的走行，其二是增加挂篮在顺桥向的刚度，以保证主梁的线形。由于挂篮长，自重加大（桥面宽者更甚），使得挂篮的前移必然采用类似"杠杆"传力的走行方式去完成，而这种走行方式造成挂篮前端走行挂钩直接作用于主梁上的反力过大，对某些梁断面而言，将导致仅为挂篮走行而需改变主梁截面设计，从而增加工程数量和工程费用，这是长平台牵索式挂篮的缺点。

为了克服这个缺点，在已成主梁上设置三角桁架，采用与普通挂篮走行方式相同的挂篮移动方式，使挂篮平台的后挂钩直接作用于已成主梁上的反力减小到不足长平台反力的一半。依靠三脚架，解决了挂篮的走行问题，因此，挂篮平台的长度可缩减到能满足 8m 节段主梁悬浇施工即可，从而大大减轻了挂篮自重（其总重小于长平台的总重）。

然而，置于已成主梁下的短挂篮平台的长度甚短，故该平台与已成主梁间的"连接"沿顺桥向的刚度几乎是零，在挂篮和模板等自重下的牵索刚度也不大（此时索的变形模且较小），因此，随着节段砼量的增加，悬浇节段相对于已成梁的转角亦随之加大，使主梁线形失去了有效的控制。为此，于挂篮平台前端，除设有牵索外，同时还设有上端挂于三脚架的吊杆，并限定前吊杆在施工中始终保持一定拉力，利用三脚架较大的刚度，确保砼主梁的线形匀顺并符合设计要求。总之，采用短平台，以减轻其自重；安装三脚架，以解决挂篮平台的走行；设置前吊杆和牵索，两者共同受力，以控制主梁的线形和应力。这是本牵索式挂篮独特新颖的设计构思。

另外，本牵索式挂篮分两次走行，牵索与挂篮平台间采用弧面承压钻座的连接，模板整体脱模和前移；采用双层挂篮平台结构及一篮多用等的设计构思，都有鲜明的待色。

本牵索式挂篮的施工荷载传递途径设计为：通过挂篮平台前、后用杆，将部分荷载传给三脚架，再由设于三脚架立柱下的前支承座和三脚架后端的锚板，直接传给已成主梁的不同模梁上；荷载的另一部分，则由牵索直接传给塔墩；牵索下端的水平力，由牵索纵梁前端传至挂篮平台底层的水平衡杆，再通过抗剪柱传给已成主梁。整个传力途径简洁清楚。直接作用于砼主梁上的强大集中力，均布置在抗弯能力大的横梁上，避免了该力落于主梁顶板上而带来的麻烦。

（3）主梁节段主要施工步骤及工艺要点

主梁节段施工中，在挂篮前吊杆和牵索共同作用条件下，必须保证前吊杆受效力拉力值必须是在设计所规定的范围内变动。为此装置了前吊杆杆力的测力计和显示器设计要求指导牵索索力的调整。这是主梁节段施工的最主要的工艺要求。

三、斜拉索的制造与安装

1、索的组成与防护

斜拉索由两端的锚具、中间的拉索传力件及防护材料三部分组成，称为拉索组装件的材料有钢丝绳、粗钢筋、高强钢丝、钢绞线等。

拉索技术研究围绕三个方面的目标展开，

其一，如何使拉索与锚具的组装件能在斜拉桥整个使用年限内经受得起高幅度的应力变化，亦即锚具应具备优良的抗疲劳性能。

其二，如何保证拉索组装件具备绝对可靠的、永久性的防护。

其三，在保证拉桥组装件可靠、耐久的前提下，力争施工方便，造价低廉。

兹按拉索技术的发展阶段分述于下：

（1）钢丝绳

早期的斜拉桥曾采用钢丝绳做斜拉索，两端用铅锌合金的热铸锚具。钢丝绳弹性模量小，且热铸锚具的疲劳性能较差，合金熔液温度达 400℃以上，使锚具附近的钢丝退火，整条索的强度不能充分利用，所以后期的斜拉桥已很少采用。我国仅 1975 年建成的四川云阳汤溪河桥（35m+76m+35m）使用过钢丝绳作为斜拉索，外面涂漆防护。但是作为人行桥或管道桥的斜拉索还是可以使用钢丝绳。

（2）粗钢筋

冷拉粗钢筋或热处理钢筋作为斜拉索材料原则上也是可以的。

它具有较高的弹性模量和稍低于高强钢丝的强度；表面积较小，所以防锈较易解决；张拉也很方便，可以单根张拉，也可以组成强大的拉索一次张拉。较小直径的粗钢筋可以使用镦头锚具；而直径较大的粗钢筋则可使用轧丝锚具，或直接将高强粗钢筋加工成精轧螺纹钢，并配上相应的螺帽作为锚头。小直径粗钢筋的供货形式通常是盘圆，使用时只需在工地调直与镦头；当直径较大时，则必须用连接套筒来接长。国内生产的大直径粗钢筋长度有限，需用套筒很多，以致未能广泛采用。

我国 1975 年建成的上海新五桥，斜拉索采用 $\Phi12$ 圆钢筋，镦头锚，预制钢丝网水泥砂浆索套，套内填以水泥砂浆，不久索套开裂，防锈能力降低。1988 年建成的美国达姆斯娜（Dames-Point）桥采用 $\Phi32$ 精轧螺纹钢筋做索材，用套筒接长，逐根穿在钢套管中，配以相应锚具，管中注入水泥浆。但限于当前的钢铁工艺，粗钢筋强度仅达到高强钢丝的 50% 左右，故此种斜拉索材料用且多，成本较高。

（3）平行钢丝索（PWS）

通常采用的高强钢丝直径为 5mm 或 7mm。这种钢丝的优点是强度高（1 570~1 860MPa），弹性模量高（2.0×10^5 MPa），可以做成较长的索而无须中间接头，吨位可大可小，配用冷铸锚可以有较好的耐疲劳性能；缺点是对防锈的要求较高。我国近二十年来制作平行钢丝束的工艺不断改进、发展,在斜拉桥中较广泛采用。

20 世纪 70 年代末我国首批超过 200m 跨度的上海泖港桥（1982 年建成,中孔 200m）和济南黄河桥（1982 年建成,中孔 220m）都采用了平行钢丝索。前者用 45mm 钢丝机械除锈后,外涂快干的氯化橡胶防锈漆;组索时,钢丝间隙填满防锈油脂。拉索张拉后,高空缠包环氧树脂玻璃钢。后者采用镀锌 45mm 高强钢丝,拉索张拉后,外部安装钢管并注入水泥浆,两年后,钢管换成镀锌铁皮管。二者均用冷铸锚具。

80 年代后期建成的广东西樵大桥（1981 年,125m+110m）、天津永和桥（1987 年,中孔 260m）、上海恒丰路桥（1987 年,76.65m+22.8m）和广东海印桥（1988 年,中孔 175m）都采用带 PE 套管的平行钢丝索,管内压注水泥浆。若使拉索全长所有空隙都能充满水泥浆,并与 PE 管内壁粘着紧密,则此种拉索的防护效果是令人满意的。但若水泥浆配合比控制不严,压浆不慎,管顶浆体未满,又长期处在高应力、高温、潮湿状态下,则无须几年,钢丝会逐渐锈蚀,直至断裂,国内已有此例。且这种钢丝束以半成品运至工地,在工地上的制索用有巨大的制索场和整套专用设备,难度较大。

90 年代初,我国结合冷铸锚、电缆制造技术以及以往斜拉桥施工经验研制成新一代的平行钢丝索,即"成品索"。这种索的技术名称为"挤包护层扭纹型拉索",采用 45mm 或 67mm 低松弛镀锌高强钢丝作为索材,两端用冷铸锚具,定长下料。索体由若干根高强度钢丝并拢较大节距扭绞,缠包高强复合带,然后挤包单护层或双护层而形成。单护层为黑色高密度聚乙烯,简称 PE;双层内为黑色高密度聚乙烯,外为聚氨酯,简称 PK+PU。其工艺流程大致为:

下料→排丝→扭织成束（左旋）→缠包高强复合带（右旋）→挤塑护套→精下料→冷铸锚制作→超张拉→上盘→进库。

这种索经工厂化生产,质量可靠,在运输方面比上述半成品平行钢丝索方便得多,运到工地后不再有工地制作要求,因此能愈来愈多地取代套管压浆的平行钢丝索。上海南浦大桥、杨浦大桥、徐浦大桥、武汉长江二桥、重庆二桥、铜陵大桥等十来座大桥都采购或自制这种"成品索"。它的缺点是 PE 护套硬度较低,在放索及安装过程中被刮坏划破的事屡见不鲜,轻者 1~2mm,重者可见钢丝,故挂索后还需用小缆车校查、修补,若有遗漏,则是一大隐患。

（4）平行钢绞线

尽管工厂化生产的平行钢丝热挤 PE 索套防护的拉索,其可靠性、耐久性都得到了充分的保证,但随着斜拉桥建造跨度和索力的不断增大,挂索越来越长 PE 重越来越大（如杨浦大桥的已长达 324m,重 33t,钱江三桥则因索力已逾千吨,索重大增）,新的矛盾又相继发生,如绕盘盘径已超陆上运输允许的界限,拉索的转场、起吊、安装、牵引、张拉都需要大型设备。施工风险、技术难度随之增大。拉索造价则因厂房的扩建、预张拉台座的增长、大型设备的投入和施工难度的增大而大幅度提高。这些问题有待人们继续努力去寻求更好的解决办法。

钢绞线拉索的成功使用，解决了上述困难。

绞线拉索是几乎与上述热挤 PE 平行钢丝拉索同时期开展研究的，是 80 年代拉索技术发展的另一途径，其技术基础是夹片群锚技术的完全成熟。

拉索的基本技术描述如下：钢绞线逐根穿挂、逐根张拉，以夹片固锁，组合成束后再整体小行程张拉、调整索力，以螺帽锚固。

夹片的锚固性能必须是优良的，并能在上限为 0.45 倍绞线破断力、应力变化幅度 200MPa 条件下经受 200 万次循环试验。为使拉索组装件的抗疲劳性能得到更可靠的保证，在夹片群锚后端再连接一段适量长度的钢套管，张拉锚固后，在钢旁管内压注砂浆或环氧砂浆，使锚具得到可靠防护，并借用砂浆与绞线的黏结力减轻夹片直接承受高幅度应力变化的作用。

出于对夹片锚固性能的绝对信任，近年来新建的斜拉桥也有在锚具后端接以较短的钢套管，在其内灌注石蜡的，石蜡只封闭绞线端头剥除 PE 套部分，起防护作用，全部动荷载仍直接由夹片承受，其施工更为方便。

拉索的防护有两个方案：其一是在单报绞线上逐根外包 PE 护套，然后挂线、张拉，成索后或再外包环氧织物，或不再外包都有成例；其二是 PE 管压注水泥浆。

采用防护方案 1 时，绒线应涂防锈或其他防锈涂层，挤包 PE 可用小型挤塑机在现场进行，工艺简单。采用防护方案 2 时，增加了压浆工序，但绞线内涂层则不再需要，造价相差无几。

这种拉索的优点，是拉索制作、穿索、牵引、张拉全过程均"化整为零"，取消了拉索工厂制造的全部繁杂工艺，避免了大型成品索的起重、运输、吊装、穿挂、牵引方面的困难，无须大型施工设备，施工便捷，大幅度降低了拉索造价。

由于优点明显，在欧美各大公司绞线群锚技术成熟以后，各国都竞相研究并付诸实施。国际上著名的瑞士 Losenger 公司（VSL）、德国 Dycker Windmann 公司。

法国多家公司均已研制成功采用各种群锚夹片、各具特征的钢绞线拉索体系，最大单索重力已超千吨，建成了许多著名的斜拉桥，如瑞士的利勃罗地桥（1978）、意大利第偏河桥（1979 年）、沙特阿拉偏的摩拉桥（1983 年）、日本颖明馆桥（1984 年）、西班牙卢那桥（1984 年）、美国的阳光大道桥（1986 年）、民赛桥（1988 年）、德国奥林匹克桥、比利时的胜德尔桥、邦纳安桥、澳门的新澳函桥等。

我国用这种拉索技术建成的斜拉桥已有二、四座。第一个采用这种技术的是广西柳江四桥，其主桥为 2×125m，独塔双索面预应力砼斜拉桥，宽 32m，桥面为梁板结构。26 对拉索呈扇形布置，全桥拉索共 104 根，用我国自行研制的 OVM200 型平行钢铰缆索，每根拉索由 19~37 根 415mm-1 860MPa 低松弛钢绞线构成。采用单根穿索张拉锚固工艺，每根拉索挤包了两层 PE 护套。索距长 442m，用挂篮悬浇，每一节段施工周期为九天，施工进展顺利。

1997 年建成的金华金委路斜拉桥，跨度 100m+125m+35m，独塔单索面，桥宽 24.7m。9 对斜拉索呈竖琴式布置，全桥拉索共 18 根，每索用 109 根 745 钢绞线。单根钢绞线用50kN卷扬机牵引安装就位，用160kN手提便携式千斤顶张拉。109根钢绞线先各自单根张拉到设计吨位的约80%，锚固在一起，然后用4×2 500kN千斤顶补拉到100%。

索与塔、梁连接结构的功能是将斜拉索力可靠地传递给桥塔及主梁。其结构形式根据斜拉索布置、根数、桥塔及主梁的结构等情况确定。

拉索在桥塔上的联结有两种方式，一是直接锚固，另一是通过塔顶索鞍而延伸到桥塔另一侧主梁上锚固。

鞍座设在每一对索的连接处，为了阻止由于中孔和边孔的索力不相等而产生的滑动，使用螺栓对盖在其上的压板施加夹紧力，使索在鞍座上无法滑动，达到锚固的目的。

上海徐浦大桥斜拉索与塔的连接兼取以上两种方式。徐浦大桥的斜拉索共30对，双索面，240根。下面的10对是直接锚在砼桥塔上，为此，塔壁需有相当大的厚度（100cm），且需设置横向预应力。上面的20对是锚固在鞍座上而不是连续通过鞍座。这种联结方式兼有直接锚固和通过鞍座的优点：索塔主要承受压力，塔壁不受侧向力；中孔与边孔的索分别架设，分别张拉，便于保养、检查及更换。

拉索的钢梁上的锚固大多数是通过锚箱来实现。在箱形截面上弦杆腹板之间设置一对锚梁，锚梁下部有支撑板，锚头即顶在支承板上。由于箱形截面上弦杆内工作面狭窄，这种构造的斜拉索张拉一般都在塔内。

加拿大安纳西斯桥主梁是钢与钢筋砼板的结合梁，拉索联结在钢梁的上翼缘。这种构造容易使钢筋砼板产生裂经，上海南浦大桥有鉴于此，也改用锚箱联结。

拉索在砼梁上的锚固可以通过预埋套管穿过梁身锚于梁底或特制的锚块上，也可以通过套筒锚借锚固螺栓锚在箱梁内部。锚固螺栓则借助于横向锚梁及垫板预设在箱梁内，液压千斤顶通过托座顶在拉索套筒锚上，张拉到位后旋紧螺母，将拉力传给锚固螺栓。

斜拉索安装大致分为两步业和张拉作业。

斜拉索的引架作业是将斜拉索引架到桥塔锚固点和主梁锚固点之间的位置上，其作业方法一般有如下四种：

1）在工作索道上引架

此法是先在斜拉索的位置下安装一条工作索道，斜拉索沿着工作索道引架就位。国外早期的斜拉桥较多采用此法，如1959年建成的前联邦德国科隆塞弗林桥，1962年建成的委内瑞拉马拉开波湖桥，1969年建成的前联邦德国来图河上克尼桥等。时至今日，这个方法已很少采用。

2）由临时钢索及滑轮吊索引架

此法是在待引架的斜拉索之上先安装一根临时钢索，称为导向索，斜拉索拉在沿导向索滑动并与牵引索相连接的滑动吊钩上，用绞车引架就位，如1978年建成的美国帕斯科一肯尼威克桥就是采用这个方法。

3）利用吊装天线引梁

例如我国1981年建成的广西红水河铁路斜拉桥就是采用这种方法。主索是 $\Phi22mm$ 的钢丝绳，用 $\Phi13mm$ 钢丝绳做拉索，通过单门滑车和吊环与主索系在一起，每个单门滑

车上穿入一根 ϕ19mm 的白棕绳，白棕绳的作用是捆绑并提升斜拉索。全桥共设两旁天线，位于主梁两侧，大致与斜拉索中心线在同一竖直平面。

4）利用卷扬机或吊机直接引架

这个方法最为简捷，也特别适合于密索体系悬臂施工，前面提到的斯特姆松特桥就是用桥上吊机引架斜拉索。当索塔很高时，吊机没有那么高，则可以在浇筑桥塔时，先在塔顶预埋扣件，挂上滑轮组，利用桥面上的卷扬机和牵引绳通过转向滑轮和塔顶滑轮将斜拉索起吊，一端塞进箱梁，一端塞进桥塔。此法在吊装过程中可能损伤索外防护材料，但只要小心施工，这个问题不难克服。我国80年代以后建造的斜拉桥大都采用这个方法。1997年建成的徐浦大桥斜拉索为双护层的"成品索"，出厂前缠绕在特制的索盘上，水运至工地后，由地面水平和垂直运输设备将其运到桥面，再由桥面吊机将索盘搁在特制的放索架上。施工时由安装在桥面上的 80~200kN 卷扬机通过塔顶上家具及滑轮组将斜拉索缓缓抽出，然后用桥面吊机将锚固端锚具在钢主梁中安装就位。此时，塔顶上的滑轮组继续牵引斜拉索，当张拉端锚头（锚头前端还装有"探杆"）接近塔柱上的索孔时，将其和张拉千斤顶上伸出的钢绞线连接，开动塔内张拉力 6 000kN 千斤顶将索牵引至所需位置；套上固定螺栓。如此安装就位后即可按施工控制要求张拉。

5）单根钢绞线安装

1995年建成的澳大利亚悉尼格莱贝岛桥跨度 140m+345m+140m，按照弗雷西奈专利的预应力法即所谓"等拉力法"，用轻型的张拉设备每次提升一根钢绞线（7ϕ5），其承载力 225kN。一根斜拉索中有 25~74 根这样的钢绞线，这样一根根地提升、张拉、锚固，直至一根斜拉索中的全部钢绞线安装完成。前面（本节第一段之4款）介绍的"平行钢绞线"就适用于这种安装方法。

斜拉索的张拉作业大致有以下三种：

1）用千斤顶将塔顶鞍座顶起

每一对索都支承在各自的鞍座上，鞍座先就位在低于其最终的位置，当斜拉索引架就位后，将鞍座顶到其预定的高程，使斜拉索张拉达到其承载力。前面提到的前联邦德国莱图河上的克尼桥和麦克萨来图河桥都是采用这个方法。

2）在支架上将主梁前端向上顶起。

斜拉索引架时处于不受力状态，比受力状态时要短，为此，于主梁与斜拉索的连接点上将梁顶起。例如前面提到的塞弗林桥　对索的连接点要顶起40cm。斜拉索引架完成后放下千斤顶使斜拉索受力。

3）千斤顶直接张拉

这是最常用也是最方便的方法。

四、斜拉桥施工实例

徐浦大桥为主跨 590m 一跨过江的双索面混合结构斜拉桥，岸跨为 5 孔 202m 的砼连续梁，河跨为结合梁。过渡孔为跨度 40m 的预应力砼简支梁。过渡孔以外则为 4×40m 的主引桥。大桥主桥宽为 35.95m，其中检修道、防撞墙两边各为 2.25m，实际车道宽 31.45m，设来去 8 车道，为目前黄浦江上最宽的桥梁。

徐浦大桥于 1994 年 5 月开工，1996 年 8 月 11 日采用自然合拢法使钢箱梁合拢，8 月 18 日结构合拢，1997 年 6 月 24 日正式全线通车。兹将徐浦大桥主桥安装施工要点介绍于下。

主桥安装的工作范围包括以下几项：

（1）岸跨预应力砼工字梁吊装，浦东、浦西各五孔，每孔 18 片，共 2.5 号墩上锚固端横梁的立模、扎筋、浇筑、张拉、压浆。

（2）0 号段的施工，包括临时固结、横向限位装置、球铰支座的安装、0 号段与 1 号孔的连接等。

（3）岸跨各孔 18 片工字梁经过补缺、填芯、张拉、压浆等工序，首先构成单箱多室的简支梁。

（4）1 号、2 号、3 号、4 号墩上中间横梁的施工，岸跨各孔由简支梁体系转化。

（5）河跨钢结构 67 节段的吊装，高强螺栓连接。

（6）河跨、岸跨斜拉索各 60 对的吊装及张拉。

（7）河跨钢筋砼板的吊装及后续缝的浇筑。

（8）浦东、浦西主桥过渡孔各一孔，主引桥各四孔 T 梁的吊装及横向连接。

（9）桥面施工，包括砼铺装层、防撞墙及其外侧石、防撞栏杆、伸缩缝及其他零量设施不包括沥青铺装层）。

以下主要介绍比较关键的几项工作。

1、0 号段的施工

0 号段是河跨结合梁和岸跨砼结构的结合部，本身为砼结构。整个 0 号段顺桥向 7.5m，横桥向 35.95m，高度为 3m，砼约 810m³。其中横向贯通预应力束 80 根，纵向贯通预应力束 124 根，钢箱梁 z0A 的端部伸加。号段内的锚杆有 25 根，锚杆上面还有倒刺，0 号段下面有四个球铰支座，它的支承垫板必须在 0 号段模板尚未立筋以前安放平整，其平整度要求每块边缘高差不超过 1mm。

在整个主梁安装期间，0 号段必须予以临时固结，包括纵向、横向限位以及抗倾覆稳定。由于 0 号段是巨大的砼实体结构，施工时 0 号段是支撑在下横梁上的，岸跨侧与已联成整体的预应力砼梁固接，因此抗倾覆稳定是不成问题的。只需在 0 号段上、下游与塔柱内侧之间设置纵、横向限位的卡块即可。待全桥合拢后，必须及时迅速地解除纵向限位装置，将横向限位的功能转移到永久性的横向限位装置（每塔上、下游各两个）上去。

2、钢梁、斜拉索及桥面板的安装

徐浦大桥主桥河跨钢箱梁共分 67 节，134 根，其中 0a 号、0b 号、0c 号节长度分别为 5.082m、9.0m、4.5m；1 号到 30 号为标准段，度 9.0m；31 号节为合拢段，其长度约 5.0m，需根据合拢时温度实 11d 确定。再加上横梁、纵梁等，共有各种规格的钢梁 1 135 根，计 7 300t。斜拉索编号从 1 号到 30 号，共 240 根，重 1 650t。M30、M22 高强螺栓共21.5 万套，各种规格的桥面板 520 块，计 12 250t。桥面板接缝用现浇微膨胀高标号砼，计 3 500m³。由于徐浦大桥岸跨是预应力砼连续梁，因此河跨只需单悬臂拼装，而且二者可以平行施工，岸跨稍稍超前。

（1）主桥桥面标准段施工程序如下：

主梁—横梁、小纵梁—斜拉索—桥面板—张拉—接线砼—张拉。

斜拉索施工主要由以下几步组成：放索、安装锚固端、牵引安装张拉端、张拉及调索。兹分述于下：

由于斜拉索为盘装成品索，施工安装时需将索从盘中放出。索盘有两种规格，一种为盘径 $\Phi 4\,000\text{mm}$、轴孔径 $\Phi 200\text{mm}$、盘宽 b = 2 560mm 的小盘，盘重 5.6t，适用于短小索 5 另一种为盘径 $\Phi 4\,600\text{mm}$、轴孔径 $\Phi 250\text{mm}$、盘宽 b = 2 700mm 的大盘，盘重 6.5t，适用于长重索。连盘带索最重的达 40t。斜拉索外层 2mm 的聚胺腹防护管虽具有很好的抗拉性能，但抗撕裂性能较差，再加上厚度太薄，故放索过程中与桥面摩擦很容易受到损伤，必须采取适当的措施加以防护。一般可铺设地毯、设置滚轮、走管或安置滚动托架解决。考虑到操作的便利和放索的连续性，采用了设置走管的方法。

每根索两端均有一只冷铸锚，最重的一只达 0.4t。放索时，当把索的一端锚头拉出后，另一只锚头就产生了约 10kN·m 的不平衡力矩作用在转动的索盘上。这样，当力矩作用方向与索盘转动方向一致时，索盘的转速就会发生突变而导致散盘。索散开后碰到硬吻合损伤索护套，故放索时采用卷扬机留缆法限制索盘转速，保护索外护套。

（2）安装锚固端及张拉端

本桥斜拉索锚固端设在钢主箱梁内，锚箱内高强螺栓固定在主箱梁的服板上用钢支承垫块锚固形式。

先用吊机把索钢护套管穿在索上并用绳索捆在央索吊点上，然后由布置在乡机与桥面吊机配合将索锚固端穿人箱梁锚箱内，装上钢支承垫块，拧紧定位螺栓端安装即完成。

牵引安装张拉端分两步，分别由 200kN 卷扬机及 YQL600 型千斤顶完成。先穿好牵引钢绞线，就位在所安装索塔的内锚板孔上。

先启动 200kN 卷扬机将已安装好锚固端斜拉索的张拉端向上提升牵引，直至所挂索塔外孔口处停止。利用高吊和由 80kN 卷扬机组成的辅助吊点调整角度，操作人员在塔外提升平台上将钢绞线连接螺母拧进已与张拉端锚头连接的螺纹套筒内，接下来用千斤顶牵引。因斜拉索张拉端锚头与塔柱预留索孔钢管间间隙仅 9~13mm，而有全外螺牙的锚头最长达 720mm，加上锚头前接了 2.4~3.75m 的刚性探杆，所以牵引过程中要特别注意斜拉索的进孔角度并进行调整。当钢绞线牵引完开始由探杆锚固牵引时，由于此时索力较大（已近 1 000kN），所以边牵引、边旋紧固定螺母，以确保挂索安全。当张拉端锚头牵引出塔内索孔锚板面、拧平永久螺母后斜拉索安装完成。

由于整个牵引系统中连接环节较多，所以除了要保证所有机械设备正常运转外，还需注意各连接、固定构件的可靠性，如螺牙的安全旋合长度和防松措施及在牵引过程中密切注意探杆、锚头的进孔角度，注意油索压力表值，如遇压力突升就应及时关机，查明原因并解决后再继续车引。

（3）张拉

在每个标准段施工过程中，每根斜拉索一般密由 YQL500 型千斤顶张拉二或三次。第 i 号索安装到位后需对其进行第一次张拉；在 j 段接缝砼施工后，进行第二次张拉；当 i+1 导索第一次张拉及桥面吊机前移后，对 i 号索进行第三次张拉（放松）。二期荷载完成后还需进行调索。

斜拉索张拉程序主要是依据设计单位发来的《徐浦大桥中跨主梁安装施工控制文件》进行的。自 1995 年 12 月 7 日至 1996 年 8 月 16 日，一共发下此类控制文件 23 次；结构合拢后，又发下《徐浦大桥主桥二期荷载施工控制文件》13 次。

第五节　涵洞施工

一、涵洞施工

1、含义

涵洞，是指在公路工程建设中，为了使公路顺利通过水渠不妨碍交通，设于路基下修筑于路面以下的排水孔道（过水通道），通过这种结构可以让水从公路的下面流过。用于跨越天然沟谷洼地排泄洪水，或横跨大小道路作为人、畜和车辆的立交通道，或农田灌溉作为水渠。涵洞主要由洞身、基础、端和冀墙等，是根据连通器的原理，常用砖、石、混凝土和钢筋混凝土等材料筑成。一般孔径较小，形状有管形、箱形及拱形等，桥与涵洞技术上是以跨径为划分标准的。一般 5 米（不含）以上称桥，以下就称涵洞。但圆管涵和箱涵不论孔径、跨径多少都称涵洞。但实际上，涵洞与桥梁的主要区别是在于，一般涵洞上有填土，而桥上就直接铺轨道。从侧面看，涵洞就像在路基上挖的孔，而路基在桥梁处就断开了。

2、原理

在水渠通过公路的地方，为了不妨碍交通，修筑于路面下的过路涵洞，让水从公路的下面流过再翻到地面上来，形状有管形、箱形及拱形等。它是根据连通器的原理，常用砖、石、混凝土和钢筋混凝土等材料筑成。它是路堤通过洼地或跨越水沟，或为把路基上方的水流宣泄到下方时，而设置的横穿路基的小型地面排水结构物。其单跨计算跨径 L 等于 5m，多孔跨径总长（即 L1）未严格说明。涵洞上覆土体采用邓肯双曲线模型、地基采用弹性模型，通过力的平衡和变形协调条件，提出涵洞土压力计算方法，并对上埋式钢筋混凝土涵洞顶部垂直土压力进行计算，由此分析了涵洞土压力的主要影响因素。结果表明：涵洞土压力系数随地基弹性模量、涵洞高宽比和填土内摩擦角的增大而增大，随填土压缩性的增大而减小，随填土高度增大呈先增后减的变化规律；填土厚度等于初始等沉面高度时，土压力系数有最大值。

桥与涵洞技术上是以跨径为划分标准的。一般 5 米（不含）以上称桥，以下就称涵洞。但圆管涵和箱涵不论孔径、跨径多少都称涵洞。

但实际上，涵洞与桥梁的主要区别是在于，一般涵洞上有填土，而桥上就直接铺轨道（但仍有道砟）。从侧面看，涵洞就像在路基上挖的孔，而路基在桥梁处就断开了。

根据以上说明，可以看出按是否填土来区分，只是通常的、非正式的一种区分方式。从技术上来说，应该按长度来确定。

3、结构

涵洞是设于路基下的排水孔道，通常有洞身、洞口建筑两大部分组成。洞身由若干管节组成，是涵洞的主体。它埋在路基中，具有一定的纵向坡度，以便排水；端墙和翼墙位于入口和出口及两侧，起挡土和导流作用，同时还可以保护路堤边坡不受水流冲刷。涵洞组成，涵洞一般横穿路堤下部，多数洞顶有填土，采用单孔或双孔，孔径 0.75~6m。

（1）洞身

洞身形成过水孔道的主体，它应具有保证设计流量通过的必要孔径，同时又要求本身坚固而稳定。洞身的作用是一方面保证水流通过，另一方面也直接承受荷载压力和填土压力，并将其传递给地基。洞身通常由承重结构（如拱圈、盖板等）、涵台、基础以及防水层、伸缩缝等部组成。钢筋混凝土箱涵及圆管涵为封闭结构，涵台、盖板、基础联成整体，其涵身断面由箱节或管节组成，为了便于排水，涵洞涵身还应有适当的纵坡，其最小坡度为 0.3%。

（2）洞口建筑

洞口是洞身、路基、河道三者的连接构造物。洞口建筑由进水口、出水口和沟床加固三部分组成。洞口的作用是：一方面使涵洞与河道顺接，使水流进出顺畅；另一方面确保路基边坡稳定，使之免受水流冲刷。沟床加固包括进出口调治构造物，减冲防冲设施等。

4、特点

由于涵洞是处于大自然环境（风、霜、雨、雪、冰冻、高温、水流冲击）和行车荷载的作用下，因此要求涵洞必须具备如下特点：

（1）满足排泄洪水能力，保证在 50 年一遇洪水的情况下，顺利快捷地排泄洪水。

（2）具有足够的整体强度和稳定性，保证在设计荷载的作用下，构件不产生位移和变形。

（3）具有较高的可靠性和耐久性，保证在自然环境中，长期完好，不发生破损。

5、分类

涵洞根据不同的标准，可以分为很多种。按建筑材料可分为砖涵、石涵、混凝土涵、钢筋混凝土涵；按照构造形式，涵洞可分为圆管涵、拱涵、盖板涵、箱涵。按照填土情况不同分类，涵洞可以分为明涵和暗涵。明涵是指洞顶无填土，适用于低路堤及浅沟渠处。暗涵洞顶有填土，且最小的填土厚度应大于50cm，适用于高路堤及深沟渠处。按水利性能分类，涵洞可分为无压力式涵洞、半压力式涵洞、压力式涵洞。无压力涵洞指的是入口处水流的水位低于洞口上缘，洞身全长范围内水面不接触洞顶的涵洞。半压力式涵洞指的是入口处水流的水位高于洞口上缘，部分洞顶承受水头压力的涵洞。压力式涵洞进出口被水淹没，涵洞全长范围内以全部断面泄水。

6、构造

（1）洞身构造

1）圆管涵

圆管涵由洞身及洞口两部分组成。洞身是过水孔道的主体，主要由管身、基础、接缝组成。洞口是洞身、路基和水流三者的连接部位，主要有八字墙和一字墙两种洞口形式。

圆管涵的管身通常由钢筋混凝土构成，管径一般有0.75米、1米、1.25米1.5米和2米等五种，管径的大小根据排水要求选择，多采用预制安装，预制长度通常为2米。当采用0.5米或0.75米管径时用单层钢筋，而孔径在1米及1米以上时采用双层钢筋。0.5米管径时其管壁厚度不小于6厘米，0.75米管径时管壁厚度不小于8厘米，1米管径时管壁厚度不小于10厘米，1.25米及1.5米管径时管壁厚度不小于12厘米。

2）拱涵

拱涵是指洞身顶部呈拱形的涵洞，一般超载潜力较大，砌筑技术容易掌握，便于群众修建，是一种普遍的涵洞形式。

拱涵的构造由洞身、出入口端墙、翼墙和出入口的铺砌组成。洞身又分为拱圈、边墙（双孔的还有中墩）及基础三部分。拱圈一般采用最小厚度为40cm的等截面圆弧，边墙及中墩用以支承拱圈，边墙内侧为竖直面，外侧为适应拱脚较大水平力而设有斜坡；基础根据孔径大小一般采用整体式或分离式；洞身全长一般不做成整体，而是用沉降缝将洞身分割为若干涵节，以适应不同基底应力导致不均匀下沉产生的不规则断裂。拱涵的出入口均设有端墙和翼墙，作用是保证水流顺畅流入洞内，防冲、防渗及维护路堤的稳定。此外，为防止对出入口基础及路堤的冲刷，在其一定范围内的沟床还应进行铺砌加固。

3）盖板涵

盖板涵是涵洞的一种形式，它受力明确，构造简单，施工方便。盖板涵主要由盖板、涵台及基础等部分组成。盖板涵与单跨简支板梁桥的结构形式基本相同，只是盖板涵的跨径较小。

钢筋混凝土盖板箱涵，洞身由钢筋混凝土圆管构成，管节形状均较简单，基础工程亦简易，又可在成品厂集中预制。在既有铁路增建涵洞时，用圆涵可便于采用顶进法施工，对铁路运营影响小。但其过水面积远较拱涵、箱涵为小，泄洪能力差，更不适用洪水夹石块的河沟，也不宜用作立交涵或人工灌溉渠道。另外，圆涵涵顶填土愈高，孔径愈大，不仅运输安装不便，而且工程量增大，因此常用的圆涵孔径一般小于 2.5m，填土高度不大于 15m，所以圆涵适用于孔径小，且沙石料缺乏之地区。

4）箱涵

箱涵以盖板取代拱圈，洞身截面变成了箱形，称为盖板箱涵，常采用的跨度在 0.75~3.00m 间。盖板为梁式结构，其边墙尺寸较拱涵小，工程量节省；盖板箱涵内过水面积比同孔径的拱涵大，排水能力较拱涵为强；高路堤采用盖板涵时，其盖板跨中弯矩要增大，不如拱涵经济，故盖板涵一般只适用于低路堤。

5）倒虹吸管涵

倒虹吸管涵主要由进口段、水平段和出口段组成。进口段由进水河沟、沉淀池、进水井等组成。水平段是倒虹吸的主体，由基础、管身、接缝等组成。出口段由出水井、出水河沟等组成。

管身宜为钢筋混凝土圆管，管身基础由级配砂石垫层和混凝土基础构成。管身接缝宜为钢丝网抹带接口或环带接口。

进出水井宜由混凝土构成，也可由水泥砂浆砌片石构成。竖井上应设置活动的钢筋混凝土顶盖。沉淀池宜由浆砌块、片石构成。基础由混凝土和沙砾垫层构成。进出口河沟一定范围内应做铺砌加固。

6）钢波纹管涵

管身由薄钢板压成波纹后，卷制成管节构成。整体式波纹管采用法兰连接；分片拼装式波纹管采用钢板搭接，并用高强螺栓连接。

钢波纹管涵地基或基础应均匀坚固，其地基或基础的最小厚度应符合相关规定。

钢波纹管管节内外面和紧固连接螺栓或铆钉，应进行热镀锌防腐处理。

管身楔形部分应采用砾类土、砂类土回填。管顶填土应在管两侧保持对称均匀、分层摊铺、逐层压实，层厚宜为 150~250mm，其压实度不应小于 96%。

此外，还广泛采用钢筋混凝土刚架式箱涵、钢筋混凝土卵式拱涵及拼装式箱涵等。其优点为泄洪能力强，圬工量小，结构轻巧，便于预制拼装，缺点是钢材用量较多。这些涵洞多用于砂石材料供应困难，施工条件较差的地区。而在某些特殊情况下除桥涵排水方案外，还应考虑其他工程措施，如选用倒虹吸管、渡槽或泄水隧道等。

（2）洞口构造

1）八字式洞口

正八字式洞口由敞开斜置八字墙构成，敞开角宜采用 30°，且左右翼墙对称；适用于河沟平坦顺直，无明显沟槽，且沟底与涵底高差变化不大的情况。当八字墙与路中线垂直时，称直墙式洞口；适用于涵洞跨径与沟宽基本一致，无须集纳和扩散水流或仅为疏通两侧农田灌溉时的情况。八字墙墙身宜由块（片）石砌筑，有条件时可做料石或混凝土预制块镶面。

当地形和水流条件要求涵洞与路线斜交时，应做斜八字式洞口，分斜交斜做或斜交正做，洞口建筑应作特殊设计。

2）一字墙式（端墙式）洞口

一字墙式正洞口采用涵台两侧垂直涵洞轴线部分挡住路堤边坡的矮墙（端墙），墙外侧可用砌石椭圆锥坡、天然土坡、砌石护坡或挡土墙与天然沟槽、渠道和路基相连接，构成多种形式的一字墙式洞口；适用于沟床稳定、土质坚实的河沟以及流速较小的人工渠道或不易受冲刷的岩石河沟。

当涵洞与路线斜交时，锥坡洞口宜采用斜交正做洞口，其端墙可做成斜坡式或台阶式。

3）扭坡式洞口

扭坡式洞口与渠道之间由一段变化坡度的过渡段构成，适用于盖板涵、箱涵、拱涵洞身与人工灌溉渠道的连接。

进口收缩过渡段长度宜为渠道水深的4~6倍，出口扩散段还应适当增长。

4）平头式洞口

平头式洞口常用于钢筋混凝土圆管涵和钢波纹管涵，需制作特殊的洞口管节；适用于水流通过涵洞挤束不大和流速较小的情况。

5）走廊式洞口

走廊式洞口由两道平行翼墙在前端展开成八字形或圆曲线形构成，可使涵前的壅水水位在洞口部分提前收缩跌落，降低无压力式涵洞的计算高度或提高涵内计算水深，增大涵洞的宣泄能力；适用于高路堤的情况。

6）流线型洞口

流线型洞口由进水口端节在立面上升高形成流线型构成，平面也可做成流线型，使涵长方向涵洞净空符合水流进洞收缩的实际情况。流线型洞口应用于压力式涵洞时，可使洞内满流；应用于无压力式涵洞时，可增大涵前水深，提高涵洞的宣泄能力。其适用于高路堤或路幅较宽、涵身较长的涵洞。

7）跌水井式洞口

跌水井式洞口主要有边沟跌水井与一字墙式跌水井洞口两种。边沟跌水井用于内侧有挖方边沟涵洞的洞口，一字墙式跌水井用于陡坡沟槽跌水。跌水井式洞口适用于河沟纵坡大于50%或路基不能满足涵洞建筑高度要求、涵洞进口开挖大以及天然沟槽与洞口高差大时，以解决路基边沟或天然沟槽与涵洞进口的连接。

7、施工工艺

高速公路工程建设中用到的涵洞，以箱涵最多。箱涵不是盖板明渠，箱涵的盖板及涵身、基础是用钢筋砼浇筑起来的一个整体，可用来排水、过人及车辆通过。箱涵适用于软土地基，但造价比较高。现以大广高速京衡段 LQ7 标的 K64+491.3 箱涵为例，具体介绍这种涵洞的施工工艺。该箱涵的参数为，与路线夹角 70°、孔径 6m、高 3.5m，其具体的施工工艺如下。

（1）施工准备

根据招投标文件、施工合同，设计文件及公路桥涵施工技术规范，编制施工组织设计。做好测量资料的复核及导线点、水准点位的复测，将施工组织设计、测量资料的复核及砼的施工配合比设计报监理工程师审批。审批通过后，架设全站仪精确放出箱涵基础的四个角，测出原地面的标高。

（2）施工方法

第一步，基坑开挖

基坑开挖采用人工配合挖掘机作业，当挖至高于设计 0.3~0.4m 时，用人工配合继续开挖修整成型。基底的平面尺寸要比基础的平面尺寸宽出 1m 多，基坑挖的不深且土质良好，基坑坑壁不用支护加固。考虑到春天的雨水稀少，基坑口周堆土堆防止地表水的流入，为缩短基坑暴露时间，预计好基坑成型的时间且提前通知监理工程师，在基坑达到设计要求后立即进行检查。基底经监理工程师检验地基承载力符合设计要求并签订隐蔽检查证书后，且按照图纸设计回填 20cm 沙砾垫层并夯实检测后，才能进行基础砼浇筑。

第二步，浇筑基础砼

砼用料采用符合设计要求的砂、卵石和水泥，卵石粒径不得超过结构物最小尺寸的 1/4 和钢筋最小净距的 3/4。水泥采用普通硅酸盐水泥 32.5R，砼采用 SF60 型水泥砼拌和楼出料，以确保砼的标号和质量。每隔 4m 在板接缝处设一道沉降缝，缝宽 1~2cm，沉降缝平行路中线布设，在浇筑时用符合设计要求的泡沫材料填塞。基础砼一次浇筑，不留施工缝。

第三步，箱底浇筑

箱底采用 60cm 厚的 C30 的钢筋砼。在基础上清刷干净后绑扎钢筋，支立定型钢模板，自检合格后报监理工程师，检验合格签字确认后浇筑砼。图纸设计整个涵洞分两次浇筑，先浇筑地板及腹板内壁以上 30cm。为了保证两次浇筑有良好的接触面，第一次浇筑完成后应刷毛处理。

第四步，涵身浇筑

涵洞墙身砼用料和第一次浇筑板底的砼相同。涵洞墙身采用搭支架、支立定型钢模板现浇施工。支架的立柱应保持稳定，并用斜撑拉杆固定；安装侧模板时，应防止模板位移和凸出。模板安装完毕后，必须严格检查其各个平面位置尺寸的准确性和垂直度、顶面标高、节点联系及纵横向稳定性。经自检无误后，报监理工程师验收签字确认后，方可浇筑砼。每隔 4m 在板接缝处设一道沉降缝，缝宽 2cm，沉降缝平行路中线布设，在每浇筑一次之后用符合设计要求的泡沫材料填塞。砼浇筑时按顺序和方向分层、分班浇筑，每层不超过 30cm，上下两班同时浇筑，上层和下层的前后浇筑距离要大于 1.5 以上。使用插入式振动器，振捣时振动棒移动间距不能超过振动棒作业半径的 1.5 倍；与侧模要保持 50~100mm 的距离；插入下层砼 50~100mm；对每一振动部位，必须振动到该部位砼停止下沉，不再有气泡冒出，表面呈现平坦、泛浆为止，但也不可过振。每一处振动完毕后，要边振动边徐徐提出振动棒，避免振动棒碰撞模板、钢筋及其他锚栓等预埋件。拆模时要避免大的震动，遵循先支后拆、后支先拆的顺序，拆时严禁乱抛乱扔。养护采用土工布覆盖洒水养生，并常保持砼表面湿润。

第五步，盖板现浇

支立满堂式钢管支架并保证其稳定性、强度及刚度。在支架上铺设底模，模板应保持其表面平整，接缝密实不漏浆，测量模板面标高并保证与设计标高一致。在模板上绑扎钢筋，钢筋应用铁丝绑扎结实，间距匀称，接头布置在内力较小处并错开布置。钢筋与底模间设置垫块，垫块要与钢筋绑扎结实。侧模板安装要设立支撑固定、拉杆，力求牢稳。经自检合格后报监理工程师，验收签字确认后方可浇筑砼。养护同样采用土工布覆盖洒水养生，并常保持砼表面湿润。

第六步，涵背两侧的填筑

在涵洞防水层作好且顶板砼强度达到 100% 后，方可安排涵洞台背回填，涵洞两侧应对称均匀分层同步进行填筑施工。在涵洞两侧不少于 2 倍孔径范围内对称进行，涵台背后 1m 范围内采用轻型夯实机械施工，当顶部填筑厚度大于 1m 后允许使用重型施工机械。涵洞台背回填必须分层填筑压实，并检测每一层压实度，符合规范要求则报监理，确认后再进行下一层填筑，分层填筑厚度为 20cm。

8、发展前景

随着国家在交通基础设施、重要建筑原材料等方面投入力度加大，公路事业得到健康飞速发展。公路工程在公路事业中起着极其重要的作用，而涵洞在公路工程中占有较大比例，是公路工程的重要组成部分，这主要表现在工程数量和工程造价两个方面。据有关资料统计，涵洞工程数量约占桥涵总数的 60%~70%，平原地区平均每公里 1~3 座，山岭重丘区平均每公里 4~6 座；涵洞工程造价约占到桥涵总额的 40% 左右。涵洞的施工工艺对于涵洞建设又起着决定性的作用，加大对涵洞施工工艺的研究和改进必将促进公路建设事业的发展。

随着在交通基础设施的投入力度加大，我国的公路建设事业发展迅速、业绩斐然。但是，国内公路建设市场还远未成熟，同发达的欧美国家相比，无论市场规模、产品档次、品种规格、消费水平等方面都还有相当大的差距。随着市场经济的发展，公路建设技术水平、产品质量正在提高，应用领域的不断扩展，我国的公路建设将会有巨大的市场需求和发展空间，特别高速公路工程建设必将得以迅速发展。作为公路建设中的支柱，公路桥梁和涵洞建设在公路特别是高速公路建设中必将发挥更加突出的作用。因此，在涵洞的建设方面应继续投入更多的技术关注，尤其注重涵洞的施工工艺，以利于涵洞质量保证和环境保护，以适应公路建设的需要。

9、主要危害

涵洞病害产生的原因分析：

（1）涵洞设计原因

涵洞的形式，如压力涵和无压力涵的断面型式选择不当；涵洞设计时混凝土强度、钢筋配置不合理；涵节与涵节之间的平直对接形式，中间缝隙用沥青麻袋填塞，其侧向抗剪力相对来说很小，当涵两侧路基土在填筑或夯实不均匀时在行车荷载的作用下，使某些涵节与涵节之间发生侧向位移而产生错台；洞口铺砌面短，特别是出水洞口，一般都没有超过翼墙尾端，而且隔水墙外也没对沟渠底进行有效加固，造成涵洞的底部冲刷由此处发生；翼墙、端墙厚度偏小，墙背面坡比小，墙体自重轻，抗倾覆能力低，在墙外填土压力作用下，特别是当涵洞偏短，路基边坡较陡，路面上有车辆行驶时，致使墙体向外倾斜，直至倒塌；墙体基础埋深浅，对最大冲刷和最大冻深考虑不周，从而造成墙体的破坏。

（2）材料原因

涵洞防水材料通常有防水混凝土、沥青、油毡等，这些防水材料不能满足要求，导致防水能力下降，最终导致渗漏的发生；所采用的砌石或混凝土强度达不到设计要求。

（3）施工原因

不按施工规范和设计文件的要求施工。突出表现在：没有采用渗透性材料回填；回填时未采取洞身两侧对称均衡分层填筑压实，并未达到设计要求的压实度；盲目赶进度而过早通车或单向单侧通车；施工时偷工减料，使水泥砂浆和混凝土标号低于设计要求，基础埋深未达到设计要求的深度等；对护坡、洞口铺砌及隔水墙等附属结构施工不重视，施工质量差；施工时不重视对混凝土的后期养护，造成混凝土的收缩徐变过大最终导致混凝土开裂；对基础开挖后的地基承载力未进行检测，造成地基承载力不能满足设计要求；为节省费用加快工程进度，施工单位对已破损的涵管不予更换，对涵洞安全使用留下隐患。

（4）养护与运营原因

管养单位和人员忽视规范的日常检查工作，不能及时发现病害和隐患，以致产生不良后果。在运营中汽车的超速、超载造成并加剧病害发展、恶化。

（5）环境影响

由于涵洞都处在恶劣的自然环境（雨、雪、风、霜、冰冻、高温、地震、水流冲击）下，难免受到不同程度的影响。尤其在遭遇地震时，由于地形地貌产生剧烈变化（如地裂、断层等），致使涵洞结构难以抵抗巨大的压力而导致破坏；地基失效致使基础急剧下沉或不均匀下沉也是引起涵洞结构破坏的主要原因。

二、涵洞施工

1、一般要求

（1）人员进入工地必须戴好安全帽、穿防滑鞋、衣着灵便。

（2）严禁酒后作业，疲劳作业、带病作业。

（3）进入施工现场必须遵守施工现场安全管理制度，严禁违章指挥，违章作业；做到四不伤害：不伤害自己、不伤害他人、不被他人伤害、保护他人不受伤害。

（4）上班要做到"一想""二查""三严"，即：想一想当天的生产与工作中，有哪些安全问题，可能会发生什么事故，怎样预防。检查工作场所和所使用的机械、设备、工具、材料是否符合安全要求，上个工班和上道工序有无安全隐患，如何排除；检查本身操作是否会影响周围建筑物和人身安全，如何防范。严格按照安全要求、工艺规程进行操作，按要求佩带防护用品；严守劳动纪律；严格执行安全规定。

（5）夜间施工应有足够的照明。

（6）在作业中如发现有安全隐患时，必须及时解决，危及人身安全时，必须停止作业。

（7）传递工具和物料时不得抛掷。

2、基坑开挖

挖机和人不许同时在基坑内作业，必须同时作业时，人机之间必须保持 10 米以上的安全距离。

基坑开挖时，应预留一个方便基底作业人员上下的安全通道。

基底弃土、弃废桩头禁止随意放置，必须离边坡 1 米以上距离。

严格按照施工设计的比例进行放坡。

深基坑四周设防护栏杆，人员上下要有专用爬梯，爬梯至少要两副，安放于相隔较远的位置，便于逃生。

开挖中，当基坑沿顶面有裂缝、坑壁松塌或遇有涌水、涌砂影响基坑边坡稳定时，应立即加固防护。

基坑需机械抽排水开挖时，须配备足够的抽排水设备，抽水机及管路等要安放牢靠。作业人员必须维护好现场的安全设施。

3、基底处理，碎石垫层施工

机械作业必须遵守安全操作规程。

各种材料严禁放在坡顶边缘，防止造成坍塌事故。

基底处理应考虑排水系统，防止雨季造成的积水。

4、模板工程

平模存放时应根据场地环境保证模板平整，两块大模板应采取板面对板面的存放方式。

没有支撑或自稳程度不足的大模板，要存放到专用的堆放架上，或者水平堆放，不得靠在其他模板或物件上，严防滑移倾倒。

支立模板要按工序操作。当一块或几块模板单独竖立和竖立较大模板时，应设立临时支撑，上下必须顶牢。整体模板合拢后，应及时用拉杆固定牢固。穿模板拉杆应内外呼应。模板安装时，应先内后外对号就位。模板就位后未固定不得摘钩。

装拆模板时，作业的人员站立在安全地点进行操作，防止上下在同一垂直面工作；操作人员要主动避让吊物，增强自我保护和相互保护的安全意识。

拆模必须一次性拆清，不得留下无撑模板。拆下的模板要及时清理，堆放整齐。

在钢模板及机件垂直输送时，吊点必须符合起重要求，以防坠落伤人。模板顶撑排列必须符合施工荷载要求。

模板起吊前，应检查吊装用绳索、卡具及每块模块上的吊环是否完整有效，并应先拆除一切临时支撑，经检查无误后方可吊起。模块起吊前，应将吊车的位置调整适当，做到稳起稳落，就位准确，禁止用人力搬动模板，严防模板大幅度摆动或碰撞其他模板。不允许用钢筋棒、扒钉等作为吊具的插销。

在模板组装或拆除时，指挥、拆除和挂钩人员，必须站在安全可靠的地方，严禁人员随大模板起吊。

拆模起吊前，应复查销杆螺丝是否拆完，在确认无遗漏且模板与实体完全脱离后方可吊起。吊钩应垂直模板，不得斜吊，以防止碰撞相邻模板和实体。摘钩时手不离钩，待钩吊起超过头部方可松手，超过障碍物以上的允许高度，才能行车或转臂。模板就位和拆除时，必须设置缆绳，以利模板吊装过程中的稳定性。在大风情况下，根据安全规定，不得作高空运输，以免在拆除过程中发生模板间或与其他障碍物之间的碰撞。

5、钢筋工程

搬运钢筋要注意附近有无障碍物、架空电线和其他历史电器设备，防止钢筋在回转时碰撞线路而发生触电事故。防止碰人撞物。

钢筋除锈时，要带好口罩、风镜、手套等防护用品，切断钢筋时，要注意不要被机具等弄伤。

采用机械进行除锈、调直、断料和弯曲等加工时，机械传动装置要设防护罩。

三、涵洞施工常见病害的处理对策

1、结构设计方面

依据水文资料计算，使涵洞具有足够的宣泄能力，保证洪水的排泄，在无可靠水文资料的情况下，进行实地调查洪水痕迹，按经验选择孔径及形式；对于管涵将管节间的平口对接改为企口较接，在纵向联结构造的保证下，不产生错口和沉陷；洞口铺砌和隔水墙，用钢筋混凝土板代替浆砌块（片）石，并保证与端墙、翼墙连接牢固，缝隙紧密；端墙、翼墙的厚度尺寸与墙背面坡度应以保证墙体具有足够的抗倾覆力矩，基础抗滑动力为控制数据；墙体基础埋置深度要按最大冲刷深度和当地标准冻深双因素确定；在隔水墙以外且抗冲刷能力弱的条件下，可采取简易、有效、可靠的铺砌或防护类型加以防护，防止水毁的发生；沉降缝位置是最薄弱、最易渗水的位置，在可能的情况下，尽量少设沉降缝。

2、新材料、新工艺方面

使用耐腐、抗压橡胶（或塑胶）填塞管节接口的缝隙，可保证缝隙的密实，不使用或少使用沥青麻絮填塞工艺；使用涂玻璃纤维布防水层及钢纤维混凝土保护层等新材料、新工艺，其具有良好的延伸性、防水性能强、耐老化、耐腐蚀、耐热、抗冻、不污染环境等优点；隔水墙以外的防护铺砌，可应用土工布或土工格栅（2~3层），埋设在原地表面下10~20cm深处，提高其整体抗冲刷能力。

3、施工方面

施工时若地质条件与设计文件不符，及时反馈设计人员进行修改，消除先天性隐患；改进施工方法，加强结构重要部位的施工及前后施工顺序的合理衔接；所用施工材料要严格按照设计要求选用，严把质量关，杜绝偷工减料和使用不合格材料；涵洞施工抓住：承载力要均匀、沉降缝要竖直、涵背填土要对称、出入口要及时铺砌疏通、碾压要均衡等环节。

4、日常养护方面

在涵洞的运营过程中，要加强管理和维护。及时清除洞口及洞内的淤积物，以保持洞内排水畅通。经常检查附属设施与涵洞结合的整体性，发现裂缝要及时观察观测，确定裂缝是否稳定或发展，发现问题及早处理，做到防患于未然。涵洞作为公路的一个重要组成部分，不管是在外业勘测还是在内业设计上都要引起足够的重视。作为桥涵设计人员应不断学习相关专业知识、技术规范等，勤于总结经验，这样才能使涵洞设计成果更加合理。

5、维护方法

（1）进出水口沟床加固及防护

在涵洞上、下游河沟和路基边坡一定范围内，宜采取冲刷防护措施。当沟底纵坡小于或等于15%时，可铺砌到上、下游翼墙端部，并应在上、下游铺砌端部设置截水墙。其埋置深度不小于台身或翼墙基础深度。

（2）进水口沟床加固及防护

当河沟纵坡小于10%，河沟顺直，且土质和流速许可时，可对进口采用干砌片石铺砌加固。

当河沟纵坡为10%~50%时，除岩石沟槽外，沟底和沟槽侧向边坡以及路基边沟均须采取人工铺砌加固。加固类型由水流流速确定。

当采用缓坡涵进口时，涵前沟底纵坡较陡，涵身纵坡较缓，应在进口段设置缓坡段，其长度为 1~2 倍的涵洞孔径。

当采用陡坡涵进口时，涵身纵坡较大，水流呈急流状态，涵底坡度与涵前沟底纵坡基本平顺衔接，可不设缓坡段，只做人工铺砌加固。

当河沟纵坡大于 50% 时，流速很大，进口处宜设置跌水井，可采用急流槽与天然河沟连接。急流槽底每隔 1.5~2.0m 宜设一防滑墙。为减缓槽内流速，可在槽底增设人工加糙设施。

为便于检查、养护、清淤，涵洞可设置养护阶梯。

（3）出水洞口沟床加固及防护

在河沟纵坡小于 3% 的缓坡涵洞中。当出水流速小于土壤的允许冲刷流速时，下游洞口河床可不作处理；当出水口流速大于或等于土壤的允许冲刷流速时，下游洞口沟床应铺砌片石进行加固或设置挑坎防护。

在河沟纵坡小于或等于 15% 的缓坡涵洞中，出水口流速较小时，可对下游河床进行一般的铺砌加固，并在铺砌末端设置截水墙。其埋置深度不小于洞身或翼墙基础深度。截水墙外做干砌片石加固。出口流速较大时，采用延长铺砌石块或混凝土块，同时设深埋的截水墙。其深度应大于铺砌末端冲刷深度 0.1~0.25m。

在河沟纵坡大于 15% 的陡坡涵洞中，其洞口末端应视河沟的地质、地形和水力条件，采用出口阶梯、急流槽、导流槽、跌水、消力池、消力槛、人工加糙等特殊加固消能设施。

涵洞作为山区公路的主要结构物之一，对交通运输、排洪灌溉起到十分重要的作用，涵洞的损坏将对公路的正常、安全运营造成严重威胁。

（4）涵洞施工准备

涵洞施工准备工作：现场核对、绘制施工详图、施工放样；

管涵分为有垛工基础和无垛工基础两类。

（5）管涵施工的注意事项

管头接头采用顶头接缝，缝宽不得大于 10mm；

较长有沉降缝的管涵，管身沉降缝应与垛工基础的沉降缝位置一致（要贯通）。缝宽为 20~30mm，应采用沥青麻絮或其他具有弹性的不透水材料填塞。

各管节设预拱度后，管内底面应成平顺圆滑曲线，不得有逆坡。相邻管节如因管壁厚度不一致产生台阶时，应凿平后用水泥环氧砂浆抹平。

涵洞完成后，当涵洞砌体砂浆或混凝土强度达到设计强度的 75% 时，方可回填。

填土路堤在涵洞每侧不小于 2 倍孔径的宽度及高出洞顶 1m 范围内，应用非膨胀的土由两侧对称分层仔细夯实。每层厚度 100~200mm。

用机械填筑涵洞缺口时，须待涵洞垛工达到容许强度后，涵身两侧与涵顶 1m 内人工对称填，不得从单侧偏推、偏填，使涵洞承受偏压。

当新辟道路必须从铁路、道路路基下通过时，对原有路线采取必要的加固措施后，可采取顶入法施工通道箱涵。

第六节　隧道工程施工公路隧道结构构造

一、概述

1、衬砌材料与构造

公路隧道结构构造由主体构造物和附属构造物组成。主体构造物是为了保持岩体稳定和行车安全而修建的人工永久建筑物，一般指洞身和洞门构造物。附属构造物是为了运营管理、维修养护、给水排水、供电、通风、照明、通讯、安全等而修建的构造物。

（1）衬砌材料

隧道是埋藏在地层深处的构筑物，其衬砌一般要承受较大的围岩压力、地下水压力，有时还要受到化学物质的侵蚀，处于高寒地区的隧道往往还要受到冻害等。所用的材料应具有足够的强度、耐久性、抗渗性、耐腐蚀性和抗冻性等衬砌材料应价格便宜、就地取材、便于机械化施工的要求。

1）混凝土

优点：整体性好，既可以现场浇注，也可以在加工厂预制，而且可以机械化施工，其本身密实性较好，具有一定的密实性。根据需要可以选择合适的水泥：比如选择具有快硬，早强的快硬硅酸盐水泥、硅酸盐膨胀水泥和石膏矾土膨胀水泥；抗渗防水的大坝水泥和防水水泥；抗硫酸盐侵蚀的抗硫酸盐硅酸盐水泥，以及塑化水泥，加气水泥。根据需要可以添加添加剂：减水剂、低温早强剂、常温早强剂、速凝剂、缓凝剂、塑化剂，以及引气剂。抗冻混凝土，寒冷地区强度不能低于42.5MPa，严寒地区不能低于52.5MPa。缺点：灌注后不能立即承受荷载，需要养生，达到一定强度才能拆模，占用模板和拱架多。工艺流程：立模→灌筑→养生→拆模。

2）钢筋混凝土

隧道施工时，暗挖部分就地绑扎钢筋比较困难，通常不得已时才采用钢筋混凝土，通常情况下采用格栅钢架并连接钢筋和钢筋网等做临时支护，完成临时支护则沿用为永久支护，明挖阶段可采用现场绑扎。

3）喷射混凝土

喷射混凝土是将混凝土干拌和料、速凝剂和水用混凝土喷射机高速喷射到洁净的岩石表面上凝结而成，其密实性强，能快速封闭围岩裂隙。密贴与岩石表面，早期强度高，能起到封闭岩面和支护作用，是一种较为理想的柔性支护。

4）锚杆与锚喷支护

锚杆是机械加固围岩的一种材料。通常分机械型锚杆、黏结性锚杆以及预应力锚杆。

当围岩不稳定时，还可以张挂金属网。设置锚杆再加喷射混凝土时，即为锚喷支护。

锚杆支护；喷射混凝土支护；锚杆喷射混凝土支护；钢筋网喷射混凝土支护；锚杆钢筋网喷射混凝土；以上类型加设型钢支撑（或格栅）而成的联合支护。

锚喷支护是指锚杆支护、喷射混凝土支护以及它

2、衬砌

衬砌指的是为防止围岩变形或坍塌，沿隧道洞身周边用钢筋混凝土等材料修建的永久性支护结构。衬砌技术通常是应用于隧道工程、水利渠道中。衬砌简单说来就是内衬，常见的就是用砌块衬砌，可以是预应力高压灌浆素混凝土衬砌。

（1）介绍

衬砌指的是为防止围岩变形或坍塌，沿隧道洞身周边用钢筋混凝土等材料修建的永久性支护结构。

衬砌技术通常是应用于隧道工程、水利渠道中。

衬砌简单说来就是内衬，常见的就是用砌块衬砌，可以是预应力高压灌浆素混凝土衬砌。

二次衬砌和初期支护相对而言，指在隧道已经进行初期支护的条件下，用混凝土等材料修建的内层衬砌，以达到加固支护、优化路线防排水系统、美化外观、方便设置通讯、照明、监测等设施的作用，以适应现代化高速道路隧道建设的要求。

（2）分类和比较

模筑衬砌包括砖石衬砌、片石混凝土衬砌、钢筋混凝土和整体灌筑的混凝土衬砌。

砖石或混凝土预制块衬砌它与就地灌筑的整体混凝土衬砌比较，在砌筑后能立即承受围岩压力，并易于就地取材；但操作多半依靠手工，进度难于提高，且砌缝容易漏水，防水性能较差。各国早期及中国在50年代初期修筑的隧道，均曾大量采用石料衬砌，目前已很少采用。

片石混凝土衬砌只有在地质条件较好、围岩压力较小、砂子采集困难、运输不便、又无适当定型石料可用的条件下，才考虑采用；但其劳动生产率低，进度较慢，一般不宜推荐。

钢筋混凝土衬砌只在地质条件复杂、围岩压力很大，并出现不对称压力或动荷载作用时应用；在八度及八度以上的地震区，隧道洞口也可采用。对有特殊设计要求，或跨度较大的地下建筑物，宜采用钢筋混凝土衬砌。在围岩压力较大、地质条件较差时，将用作支撑的钢拱架作为骨架留存在混凝土衬砌中比较有利。

整体灌筑混凝土衬砌为目前模筑衬砌中的一种主要施工方式，在铁路隧道、道路隧道、水工隧洞及其他各类地下建筑工程中均广泛应用。这种模筑衬砌便于机械化施工，其整体性和抗渗性均较好；在全断面开挖时，有利于采用金属模板台车灌筑混凝土。缺点是工序多，施工进度慢，灌筑混凝土后不能立即承受荷载，化学稳定性也较差。

混凝土衬砌施工包括准备工作、混凝土制备和运送、灌筑作业、养护、拱圈背部回填

和拆模等主要工序，必要时还需向衬砌背后压浆。

（3）混凝土衬砌施工

1）准备工作

衬砌开始前，要进行测量，检查开挖断面是否符合设计要求，然后架设模板支架或拱架。拱架有钢拱架、木拱架、钢木混合拱架三种。钢拱架运输架设方便，能承受较大荷重（包括围岩压力、衬砌自重等），拱架下空间大，干扰少，工作方便，一般由工厂预制成套供应。对曲线断面，可利用直线断面拱架，外加梳形木予以调整。拱架架设在边墙模板支架的立柱上，或直接支承在围岩上，架设时要预留沉落量。为弥补测量时发生的误差，以及灌筑混凝土时拱脚内挤的影响，可将拱架的半径适当放大，以保证隧道净空。拱架的间距应根据衬砌地段的围岩情况、拱圈跨度和衬砌厚度，并结合模板长度和厚度确定。拱圈和边墙模板可用干燥无变形的木板制作，但目前已多采用钢模板。

2）混凝土制备和运送

尽可能采用机械拌和，并应严格按照重量配合比供料，系统地检查其坍落度。混凝土运距较短时，拌和可在洞外进行，用搅拌车送入；隧道较长时，搅拌机可设在洞内。

3）混凝土灌筑

应分段进行，每段长度应根据地质条件、施工方法、衬砌类型和施工进度确定。拱圈混凝土灌筑时，应从两侧拱脚开始向上分层对称进行，须每层进行捣固。混凝土拱圈封顶有活封口和死封口两种。活封口是在逐段从两侧对称灌筑混凝土到拱顶时的合拢封口，每次封口时可改为由纵向将混凝土送入剩下的槽口。死封口则仅在两端相向灌筑拱圈，当混凝土从四面围拢时，最后在拱顶出现缺口，此时须采用特制的封口盒子，盛装混凝土向上顶送把缺口灌满。

在地质条件较差的隧道（或地段）中，灌筑拱圈混凝土时，须根据支撑受力情况，逐步拆除阻碍灌筑作业的支撑。必要时可将拱部受力的木立柱换成支顶在拱架上的混凝土短柱，以顶替受力。后者可灌在拱圈内。顶部无法取出的横梁、纵梁等临时支撑，可留在衬砌背后。混凝土衬砌须按规定时间进行养护。拱圈和边墙背后的空隙必须及时用片石回填密实。当围岩压力较大时，一般须达到设计强度后，才能拆除拱架和模板。

4）衬砌背后压浆

于已修筑好衬砌的地质条件较差的成洞地段，向衬砌背后压注水泥砂浆，能使衬砌与岩层结合密实，以防止围岩进一步变形，并相应地加固衬砌和使其均匀受力；同时堵塞了回填层中的空隙和围岩中的裂隙，能起良好的防水作用。压浆作业宜在衬砌拆模后及时进行。

在全断面开挖隧道灌筑整体混凝土衬砌时，可实行综合机械化，如采用全断面的金属模板台车、风动混凝土输送器和混凝土泵，以及管道输送灌筑混凝土等。

（4）相关

衬砌技术通常是应用于隧道工程、水利渠道中。

衬砌简单说来就是内衬，常见的就是用砌块衬砌，可以是预应力高压灌浆素混凝土衬砌。

二次衬砌就是指一次衬砌不能达到使用要求时，就在一次衬砌内侧再一次衬砌。

（5）网架式衬砌台车

网架式衬砌台车在结构上与传统衬砌台车相比作了较大改动。传统衬砌台车在施工中台车门架是受力件，它受的侧压力较大，随门架的刚度大小产生不等变形，且不宜在有较大横坡和纵坡的隧道内直接工作，对工作环境要求较高，否则将造成台车整体变形和损坏。而网架式衬砌台车门架在施工中为不受力件，其模板的支撑件为边模拱脚的顶地丝杆千斤，门架只在脱立模、行走过程中才受力，且所受之力垂直向下，没有侧压力，只需按台车自重设计门架足够的刚度就不会变形。在有坡道的隧道中施工或行走时，不论是横坡还是纵坡，都可以通过门架下部的顶升油缸进行高度调节，使台车整体处于水平状态，台车整体不存在前倾力和侧倾力，保证了台车的整体平稳性。因台车完全取消了支撑用的丝杆千斤，台车定位简单，能非常快地调整到衬砌几何位置，节约了大量的人力物力，提高了工效，缩短了工作循环周期，相应地节约了工程成本。

为保证顶拱模板的刚度和强度，上部台架设计成网架式杆件结构，使之受力最好，模板不会在衬砌过程中变形移位。在整个台车中最薄弱的环节是下模板和下模支撑斜杆，因此在设计下模板时应充分计算下模的受力大小，尽可能加宽弧板宽度和厚度，支撑斜杆必须通过压杆稳定计算，保证斜杆有足够的刚度和强度，不至于在使用中发生变形弯曲，导致跑模。在计算过程中应充分考虑砼的衬砌厚度、坍落度、灌注速度、骨料大小以及是否为钢筋砼等因素的影响。下模拱脚顶地丝杆千斤是主要受力件，整个模板在衬砌圆心中线以下时，完全靠它支撑，因此在设计时应考虑其结构形式和刚度大小。在使用中，该千斤必须牢牢顶紧于地面，不允许有松动现象，如有必要，可用其他件进行加固，作为辅助支撑，防止跑模和台车向下移位。应注意的是，作为台车纵向定位的卡轨器和基础丝杆千斤必须拧紧、卡牢和顶牢钢轨，特别是在坡道上衬砌时更应注意。该类衬砌台车主要用于大跨度隧道和地下洞室施工。如果采用传统式全液压衬砌台车，则门架设计难以满足使用要求，造成门架变形损坏，首先是门架横梁扭曲变形，最终导致跑模。如果加高横梁，加大立柱、下纵梁、端面斜支撑截面，则造成不必要的浪费，而采用网架式衬砌台车可克服以上困难。由于该类衬砌台车为大跨度施工，设计时应考虑其可操作性，其工作梯和工作走道应能方便到达每一个工作位置。

二、公路隧道施工准备和施工测量

1、公路隧道施工质量检测与控制

我国 70% 的国土为山岭和丘陵地区，以往山区公路建设中较多采用的是大填大挖和盘山绕行的方案，近年来，随着公路交通事业的发展，隧道的应用越来越广泛，建设规模越来越大。采用隧道方案能够较大地提高路线线形标准，缩短行车里程，还可避开山区公路滑坡、崩塌、碎落等常见病害，改善行车条件，并且可以避免大面积开挖扰动山体，减少对植被的破坏，避免产生大量弃方土石填充山谷河滩，能够有效地保护生态环境。

我国 70% 的国土为山岭和丘陵地区，以往山区公路建设中较多采用的是大填大挖和盘山绕行的方案，近年来，随着公路交通事业的发展，隧道的应用越来越广泛，建设规模越来越大。采用隧道方案能够较大地提高路线线形标准，缩短行车里程，还可避开山区公路滑坡、崩塌、碎落等常见病害，改善行车条件，并且可以避免大面积开挖扰动山体，减少对植被的破坏，避免产生大量弃方土石填充山谷河滩，能够有效地保护生态环境。今年来，国家对工程建设质量的要求也越来越严格。与铁路、水工隧道相比，公路隧道具有断面大，附属设施多，运营环境要求高等特点，因此对公路隧道建设的技术水平要求也相对较高。公路隧道工程施工质量管理水平的高低直接影响到工程的质量、使用性能与造价。

2、隧道施工质量检验评定

工程质量检验评定是施工质量控制的重要手段。隧道的质量检验评定工作要结合隧道施工的特点来进行。近年来，公路隧道的设计、施工在理论和技术上都有了较大的发展，目前广泛采用新奥法进行设计施工。其特点是在结构上以柔性的喷锚体系作为施工支护和初次衬砌，及时稳定围岩的变形，充分利用围岩的自承能力。隧道施工开挖断面大，多采用钻爆及大中型机械掘进。隧道二次衬砌采用刚性的模筑混凝土，并根据公路隧道安全运营和结构防水抗冻的要求加强防排水系统的设计。防水多采用夹在两次衬砌间的韧性好、不透水的聚氯乙烯等高分子防水卷材，接缝密封，形成防水层；排水系统是在隧道地下水发育部位沿隧道壁环向、纵向、横向设置遗水的排水盲管，作用类似于盲沟，埋于防水层以外，将渗水引排至纵向的排水管、边沟或中央排水管集中排除。在严寒地区防排水系统还有防冻要求。隧道内路面以防潮、抗冻、反光好的水泥混凝土路面为主。隧道工程项目的施工质量的检验和评定是建立在对项目进行单位、分部、分项工程划分基础之上的，以各分项工程作为质量检验控制的单元，逐级加权平均、汇总评定，为提交竣工质量验收评定提供依据。在施工准备阶段，应按照建设任务、施工管理的特点将隧道建设项目进行逐级划分。隧道项目逐级划分的合理与否直接影响到对隧道施工质量的控制力度。合理的划分可以明确隧道质量控制的层次、控制的重点，使质量控制工作有明确的目标和指导；而不合理的工程划分将使质量控制工作缺乏系统性，没有工作重点。因此，工程项目的划分要结合公路隧道设计理论和结构特点，切合施工工艺、技术要求进行，并且注意要符合运营、养护管理对施工质量的要求。特长隧道可按照标段的划分分为若干单位工程；长隧道每座可作为一个单位工程；同一标段的若干中、短隧道可合并为一个单位工程，然后加权平均进行汇总。隧道的分部工程按照结构部位、施工的特点及任务划分，一般包括隧道总体、洞身开挖、支护、防排水系统、二次衬砌、明洞、洞口、路基路面、以及通风、照明附属设施等。其中锚喷初次衬砌、模筑混凝一次衬砌的施工相对独立，工序不搭接，因此宜分开作为独立的分部工程。由于隧道透水对安全运营和隧道结构都具有较大的危害，隧道的防排水问题受到越来越多的关注，故为保证工程质量，宜单独列为分部工程进行质量检验控制。洞口以外的排水工程可列入洞口工程，也可以归入整个隧道的防排水系统中。高等级公路的长大隧道常设有通风、照明、供配电、监控报警系统等附属设施，应按照其安装施工及功能等特点划分为独立的分部工程，参照相关专业的技术规范制定质量检验控制标准，进行质量控制。洞口工程包括洞口的开挖、洞门翼墙的砌筑等分项工程，可按照路基土石方、挡土墙工程的标准进行质量控制。明洞现浇混凝土工程可按照桥梁工程中混凝土浇筑的标准进行质控。根据公路隧道的结构特点和运营、养护的要求，隧道的各分部工程中，洞身开挖、支护、防排水、衬砌宜列为主要工程，对其质量应严格控制，以确保隧道的运营安全与结构性能和使用寿命。在质量评定评分时，对这部分应赋予较高的权值。

3、隧道开挖质量控制

与水工、铁路隧道相比，公路隧道的断面较大，对围岩的扰动大，其轮廓对围岩块体的不利切割多；且为了满足公路建筑界限的要求，公路隧道多采用扁平的断面形式，使得拱顶围岩处于不利的应力状态。因此，公路隧道的开挖施工不利因素多，难度大，应加强质量控制。开挖施工的质量好坏直接影响着隧道的稳定和工程造价：如果开挖表面不平整将导致局部围岩应力集中，并且影响防水层和衬砌施工，形成存水的空洞；如发生较多的超挖，则会增加出渣量和回填工程数量；如发生欠挖，则会影响隧道净空或减小衬砌厚度造成隐患。对于隧道开挖质量的控制，一般包括开挖断面规整程度和断面尺寸及超欠挖控制两个方面。隧道开挖断面的尺寸要符合设计的要求，在围岩松软且地压力较大的情况下，围岩变形较大，应根据计算及实测施工数据留足预留变形量及支撑沉落量，防止出现净空不够的现象。根据围岩类型选择合适的断面开挖方法和施工工艺，一般常用的施工方法为钻爆法。对于硬岩宜采用光面爆破，软岩采用预裂爆破。采用半断面开挖方法时，下半断面开挖厚度及用药量要严格控制，减小扰动，防止拱部围岩失稳。对于开挖轮廓面的规整度采用目测方法进行检验：岩面上不应存在明显的爆破裂缝，周边炮眼痕迹分布均匀、保存率应满足：硬岩≥80%；中硬岩≥70%；软岩≥50%；两茬炮的衔接台阶形误差不大于15cm；爆破石渣的破碎程度与装渣机械相适应。超欠挖的控制通过实测施行，《公路工程质量检验评定标准》根据围岩的情况和部位确定了不同的规定值及允许偏差值。超欠挖的测定除用尺量外，还可通过比较实际出渣量与设计出渣量、实际衬砌混凝土量与设计衬砌量的方法测定。隧道激光断面仪可快速精确地测定隧道开挖的实际断面，并与设计断面放在同一极坐标下进行比较，从而得出隧道超欠挖的详细资料，及时指导施工。这一方法近年来已经在公路隧道施工中开始应用。此外，还可利用二次衬砌的模板为参照量测开挖断面，或用坐标法及三维近景摄影法进行量测，但操作计算复杂，实用性差。需要指出的是，隧道的开挖质量检测不是仅对某一断面进行检测评价，而是在一个长度段内连续测量若干等距的断面，对所有实测数据综合计算分析，最后得出该段的开挖质量检测结果。

4、隧道支护质量控制

按照新奥法理论，隧道开挖后要及时支护，限制围岩的变形，似减小荷载并发挥其自承能力。目前公路隧道施工多采用锚喷支护，在围岩较差的地段可采用钢支撑，包括钢格栅及型钢支撑。对于钢支撑的施工质量要检测其加工质量和安装质量。加工质量检测包括加工尺寸、钢支撑的强度和刚度以及焊接质量。钢筋格栅可按照钢筋骨架加工的标准进行检测。安装质量的检测包括安装尺寸，包括标高和间距；安装倾斜度，包括平面和纵面，平面检测可用直角尺，纵面检测可用坡度规；还有钢架的连接与固定质量检测，钢架应有牢固的基础，并与围岩密贴，与锚杆通过焊接有效连接，形成一个承载整体。对于锚喷支护，应检测锚杆的加工质量、安装质量及喷射混凝土的原材料质量和喷射施工质量。锚杆加工质量的检验包括锚杆材料质量检验，如抗拉强度和延展性与弹性等指标的检测；锚杆规格如直径的检验；以及各类锚杆车丝、热煅、焊接加工质量的检验。锚杆安装的检验有间距、排距、锚杆方向、锚杆长度、钻孔深度、直径、孔形的检测等项目，以及锚杆拉拔力测试、砂浆饱满程度测试等内容。其中，锚杆安装间排距、拉拔力测试及砂浆饱满程度测试应是锚杆施工质量控制的要点。锚杆拉拔力测试通过千斤顶加载测试，注浆饱满程度及杆长可通过超声波检测仪器测定，但目前应用还不广泛。喷射混凝土的质量检验包括水泥、砂等原材料的检验及喷射混凝土强度、厚度的检验，喷射混凝土与围岩黏结强度检验及施工粉尘、回弹率的检验。喷射混凝土强度检验试块的制取可用喷大板法，即将混凝土喷入模具，或用凿除方法，直接在支护上凿取混凝土块，加工成 10cm 见方的立方体试件，进行抗压试验。厚度检查可在围岩上预埋高于设计厚度的小钉，或凿孔检查。如凿孔后混凝土与围岩不好区分，可用酚酞试液测试，红色的为混凝土。喷射混凝土与围岩黏结强度检验可在模具内放置一定尺寸，粗糙度与围岩相当的石块，加工成试件进行劈裂法测试，或直接在围岩岩面预埋装有拉杆的加力板，进行拉拔试验。

5、隧道防排水系统质量控制

如前所述，公路隧道的防排水要求高，目前的公路隧道防排水系统多为采用夹在两层衬砌之间的高分子防水卷材防水层，和沿隧道壁环向、纵向、横向设置的排水盲管，将渗水引排至纵向排水管集中排除。防排水系统的质量检测评定尚无统一的行业标准规定。防水层的质量检验也应分材料检验与施工安装检验两部分进行。对于高分子防水卷材的质量要求主要是抵抗施工破坏能力强、耐老化、耐酸碱、低温柔性好、寿命长等。其材料检测的内容包括长度、宽度和厚度检测，并且还需按照规定的尺寸和形状裁出试件，进行拉伸强度、扯断伸长率、撕裂强度检测、耐老化检测、低温柔性实验等。防水层的安装应检查防水层的接头：质量与吊挂施工。接头宽度应满足要求，采用粘接或焊接，接头应牢固，强度不小于同质材料，不得有气泡、折皱及空隙。焊缝一般采用双焊缝，中间留空腔以便充气检查。防水板的吊挂固定点间距在拱部为 0.5~0.7m，在墙部为 1.0~1.2m。点间防水层不得绷紧，以使防水层在混凝土灌注后与喷射混凝土支护面密贴。检查时主要采用目测观察，用手托起防水层，看是否与喷射混凝土密贴，在拱顶，呈水平状或下垂的范围不得超过 $1m^2$，防水板应无划破现象。排水系统的质量检验首先保证排水管的材料质量与规格满足设计要求。环向排水管多采用弹簧软管，应检查其直径、规格、外部所包裹的滤布是否套紧、弹簧在横向压力下是否能够保持管径不变等。环向排水管的安装质量检查包括安装间距、排水管与围岩的密贴程度、排水管安装的顺直程度、以及与纵向排水管的衔接。纵向、横向排水管多采用硬质的 PVC 管，应检查其管径、透水孔等规格，并检查材料是否老化变脆。纵向水管的安装应检查安装的坡度、顺直度及防水卷材与管道的包裹衔接是否满足设计要求。各类排水管之间应顺直衔接。对于隧道的集中排水管，可按照管涵的施工质量标准对其管节预制、基础、管节安装进行检验。

6、隧道衬砌质量控制

隧道的初次衬砌即为锚喷支护层。二次模筑混凝土的质量检测除了包括混凝土强度检测、厚度检测、墙面平整度的检测，以及混凝土表面质量、轮廓线顺直程度等外观检测外，还应检测衬砌的基础，保证地基尺寸及承载力满足要求。以上检测与桥梁工程中相应的部分类似，不再详述。施工中由于围岩松动或其他原因会导致二次衬砌产生裂缝。对于裂缝的检查可采用塞尺或刻度放大镜观测其深度及宽度，并根据情况采取处理措施。另外，在施工中，还可能出现衬砌背后填塞不密实，或衬砌内部存在空洞、蜂窝等情况。对于此类情况，可采用超声波或雷达探测技术进行检测。用雷达进行检测时，高频波的穿透深度小，但分辨率高，低频时穿透力大，但分辨率低。根据检测的目的选择合适的频率，然后沿隧道断面布置测线。由于施工的原因，拱顶部位的空洞、衬砌厚度不足等问题较多，应加强检测。雷达探测还可以检测衬砌厚度、裂缝、钢拱架埋设等情况，但往往受仪器技术水平所限，精度稍差，需要实际钻孔验证。

我国公路隧道工程建设起步较晚，但是近年来，由于在工程实践中研究开发并引进了许多其他行业及国外的新技术与新设备，使公路隧道建设技术水平有了很大的提高，但在隧道的工程质量检验与控制方面仍较多地沿用旧标准及方法。目前，质量检测控制技术水平相对滞后于设计、施工技术的发展，而且对于隧道建设中一些广泛应用的新工艺、新材料缺少法定的质量检验控制标准。目前已经有不少单位在隧道质量检验与控制技术进行了探索和研究，取得了一定的经验，但我们仍需结合公路建设自身的特点，进一步总结、研究，提出一系列适应公路隧道要求的有效的质量检测方法和工程质量检验评价指标，形成套系统的公路隧道质量控制体系。

第三章 桥梁养护与加固技术

第一节 概 述

一、桥梁养护与加固

1、基本内容

为保证桥梁功能始终处于良好工作状态，所进行经常性的检查和维修养护工作。为此需建立有关的规制度，并收集整理桥梁历史技术资料，及历次检查、定（见桥梁检定）、检修记录等，建立档案备查。桥梁检查经常检查。对桥梁容易发生病害和行车有直接影响的部位，要经常检查（有必要就检查，每月至少一次），发现问题及时整治，以保安全。

2、桥梁加固

桥梁加固，就是通过一定的措施使构件乃至整个结构的承载能力及其使用性能得到提高，以满足新的要求。也就是要针对桥梁所发生的不能满足继续使用的状况进行处理。加固的原因有桥梁耐久性差和年久老化、设计失当或施工质量差等。通过桥梁加固后，可以延长桥梁的使用寿命，用少量的资金投入，使桥梁能满足交通量的需求，还可以缓和桥梁投资的集中性，预防和避免桥梁坍塌造成的人员和财产的损失。加固的方法主要分为上部结构加固、下部结构加固。

（1）加固原因

随着经济的发展，交通量增大，载重等级发生变化。

早年设计的指导思想注重于材料的节省，安全度低，一般来说造成断面单薄、安全储备低，其中最典型的是双拱桥。

桥梁耐久性差和年久老化，如砖拱桥。

近年修建的桥梁，因设计失当或施工质量差，也存在加固的问题。

（2）施工难度大

已通车的桥梁，有现实的交通需要，因为要在不中断交通的情况下加固，所以加固时有交通干扰。

结构形式的限制，加固的原则一般必须利用原有结构进行，所以受到局限。

新老结构的结合是个难题，包含新老结构体系的变化和过渡，还包括新老桥体的接合面。

风险大，凡是要加固的桥梁，多半是危桥，结构已处在不利状态，对旧桥有的缺乏原有的设计资料和施工记录，结构内部情况不详，现有受力情况不一样，很难确定其受力极限，给旧桥加固带来了风险。

（3）现状

据统计，截至 2006 年年底，我国公路总里程达 345.7 万公里，有公路桥 53.36 万座，203.99 万延米。

近 20 年来大量修建的预应力混凝土连续刚构桥，普遍出现在收缩徐变完成后，跨中仍然持续下挠，腹板底板开裂；近十多年发展起来的钢管混凝土拱桥，以其优异的施工性、经济性、造型美风靡全国，但实践的真实反映这一组合结构的计算方法并不成熟，管节点焊缝疲劳没能很好解决，吊杆寿命难于估计；近 30 年大量修建的钢筋混凝土箱型拱桥，桥道系病害多；诞生于 20 世纪 60 年代初的双曲拱桥，以其耗钢材少、造价低、施工方便的优点而风靡全国。到 1979 年全国建成双曲拱桥 4 085 座、总长达到 35 万延米，占全国当时大中型公路桥梁 25.7%，双曲拱桥施工中突出优点是化整为零，施工完成后聚零为整，这又是它的突出缺点，因为大量的接缝形成了结构中的薄弱环节，加上当时人们认识局限，钢材投资又严重不足，过分强调浅基薄面，建成的双曲拱桥，经短期通车，少数垮塌，部分弃而不用，部分已经加固，部分正在或等待加固，正常使用的甚少。

贵州省交通厅在 1979 年提出的桁式组合拱桥，悬拼施工设备极为简单，只是两台钢人字桅杆，经济指标好，短短时间在贵州等地修建了 40 座，跨径绝大多数在 100 米以上，最大跨径达 330 米，在中国甚至国际上都有影响，曾经两次获得国家科技进步二等奖。但最近据了解，随着时间的检验，多数桁式组合拱桥存在较严重的病害。

我国桥梁设计载重标准经历了从汽 -10、汽 -13、汽 -15、汽 -20、汽 - 超 20 的发展过程，其中载重标准在汽 -20 以下的桥梁占多数；验算荷载也由拖 -30、拖 -60、拖 -80 发展到挂 -100 和挂 -120；规范规定的车辆荷载安全系数为 1.40，低于美国的 1.75 和英国的 1.73；按交通部以往的桥涵设计规范，室外受雨淋（干湿交替环境）的混凝土构件，钢筋保护层最小设计厚度尚不到国际通用规范规定的一半；如此等等。原先设计规范标准过低，加上日益增加的交通量和车辆超限超载现象泛滥，相应的公路桥涵负荷日趋加重，一大批桥梁出现不同程度的病害，结构老化、破损、变形较大、开裂现象严重，桥梁的持荷能力明显下降，有相当一部分成为危桥我国的桥梁安全状况不容乐观。

（4）加固原则

首先根据桥梁的现有技术状况、存在病害、车辆通行的需要以及将来交通发展的趋势，对加固的必要性和可行性做出分析判断，然后对各种加固方案的技术经济效果进行比较，选择合理的加固方案。一般应符合下列要求：

比重建新桥节约 60%~70% 以上的费用才是可行的，有意义的。包括因加固桥梁中断交通造成的经济损失。

桥梁经加固后，其结构性能、承载力和耐久性方面都能达到使用上的要求，

桥梁下部结构具有足够的潜力，能满足加固后的桥梁对基础的要求。

对加固技术的先进性、经济性及耐久性等进行全面综合评价，力争采用各种指标较好的加固方案。

（5）加固的方法

从桥梁加固的部位来分，桥梁可分为上部结构加固、下部结构加固。桥梁上部结构加固有常用方法有：加大截面法、粘贴加固法、体外预应力加固法、增加辅助构件法和体系转换法等。桥梁下部结构加固常用方法有：扩大基础加固法、高压旋喷注浆加固法、钢筋混凝土套箍及外包钢板等。需要说明的是，这些加固方法的应用有的并不是单一的，必须根据实际情况来选择加固的方法或者相互结合使用，并且在这些方法的使用之前，必须先将桥梁的裂缝、麻面等病害处理完之后方才进行加固。

（6）常用混凝土桥梁加固方法

粘贴纤维织物（布）复合材加固法即用改性环氧树脂粘贴各种符合国标 GB50367—2006 规定的纤维单向碳纤维织物布复合材，S 型玻璃布，E 型玻璃纤维单向织物布及国标 GB/T221491—2008 规定的单向芳纶布，芳玻韧布复合材。

该方法具有粘贴钢板加固相似的优点外，还具有耐腐蚀、耐潮湿、几乎不增加结构自重、耐用、维护费用较低等优点，但需要专门的防火处理，适用于各种受力性质的混凝土结构构件和一般构筑物。

（7）材料要求

1）碳纤维应选用不大于 12k（1k=1 000）的小丝束聚丙烯腈基（PAN 基纤维），不得使用大丝束纤维。

2）玻璃纤维，应选用 S 型玻璃纤维或 E 型玻璃纤维，不得使用 A 型玻璃纤维或 C 型玻璃纤维。

3）碳纤维与玻璃纤维符合材料的主要力学性能，应符合规定：

纤维类别抗拉强度标准值弹性模量伸长率弯曲强度纤维复合材料与混凝土正黏结

碳纤维布材一级 ≥ 3 400 ≥ 240 000 ≥ 1.7 ≥ 700 ≥ 2.5 ≥ 45

二级 ≥ 3 000 ≥ 210 000 ≥ 1.5 ≥ 600 ≥ 2.5 ≥ 35

板材一级 ≥ 2 400 ≥ 160 000 ≥ 1.7—— ≥ 2.5 ≥ 50

二级 ≥ 2 000 ≥ 140 000 ≥ 1.5—— ≥ 2.5 ≥ 40

玻璃纤维 S 型（高强）≥ 2 200 ≥ 100 000 ≥ 2.5 ≥ 600 ≥ 40

E 型（无碱）≥ 1 500 ≥ 72 000 ≥ 2.0 ≥ 500 ≥ 35

注：纤维复合材料的抗拉强度标准值应根据置信水平 C=0.99、保证率为 95% 的要求确定。

4）芳纶纤维复合材料的力学指标参照《桥梁结构用芳纶纤维复合材料》（JT/T531—2004）执行。

5）纤维复合材料

a. 纤维复合材料用的纤维应为连续纤维，通常采用碳纤维、玻璃纤维及芳纶纤维，其品种和性能应满足要求。

b. 加固用纤维复合材料与胶黏剂应进行以下适配性检验，且验结果必须符合规定。

b1. 抗拉强度标准值；

b2. 纤维复合材料与混凝土正拉黏结强度；

b3. 层间剪切强度。

c. 在材料性能检验和桥梁加固设计中，纤维复合材料截面面积的计算应符合以下规定:

c1. 对纤维布材，应按纤维的净截面面积计算，即取纤维布材的计算厚度乘以宽度，纤维布材的计算厚度应按其单位面积质量除以纤维密度确定。

c2. 对单向纤维板材，应按不扣除树脂体积的板截面面积计算，即应按实测的板厚乘以宽度计算。

d. 纤维复合材料的单位面积纤维质量和纤维体积应符合下列规定：

d1. 单层碳纤维布材的单位面积纤维质量，不应低于 $200g/m^2$，不宜高于 $300g/m^2$。单向碳纤维板材的厚度不应小于 1.0mm，不宜大于 2.0mm；板的宽度不宜大于 150mm；碳纤维体积含量不应低于 60%。

d2. 单层芳纶纤维布材的单位面积纤维质量，不应低于 $280g/m^2$，不宜高于 $830g/m^2$。

d3. 玻璃纤维布材的单位纤维质量，不应低于 $300g/m^2$，不宜高于 $600g/m^2$。

6）胶黏剂

桥梁加固用胶黏剂，根据所加固结构的重要程度分为 A 级胶与 B 级胶；其中 A 级胶用于重要结构或构件的加固，B 级胶用于一般结构或构件的加固。

桥梁承重结构（构件）加固用浸渍、粘贴纤维复合材料的胶黏剂的安全性能指标必须符合相关规定，不得使用不饱和聚酯树脂、醇酸树脂等作为浸渍、粘贴胶黏剂。

浸渍、粘贴芳纶纤维符合材料用的胶黏剂，其安全性能指标不应低于 A 级胶的要求，采用的递交与修补也应与之相匹配。

（8）粘钢加固

1）基本概念：混凝土粘钢加固技术，是采用优质 JGN 建筑结构胶，把钢板与混凝土牢固地粘在一起，形成复合的整体结构，有效地传递应力形成整体联合协调工作，从而恢复或提高结构的承载能力与结构的强度和刚度。

2）特点

对构件进行有针对性的补强；

与砼构件具备较广泛的类似力学性能指标；

抗老化、抗疲劳性能好；

建筑结构胶要通过抗冲击剥离韧性检测。

（9）压力注浆加固

压力注浆主要解决基础不均匀沉降的问题。

（10）裂缝修补

混凝土结构裂缝修补加固。

①植钢筋补强

"植筋"技术又称钢筋生根技术，在原有混凝土结构上钻孔，注结构胶，把新的钢筋旋转插入孔洞中。此技术广泛用于设计变更，增加梁、柱、悬挑梁、板等加固和变更工程。

各种设备基础的锚固。

加大基础承台。

各种建筑结构的钢筋埋植与锚栓锚固。

悬挑梁、板等结构功能改变。

铁路、铁轨的锚固。

幕墙安装锚固及化工设备、管道、广告牌等的安装锚固。

水利设施、码头、公路、护坡、桥梁等工程的各种锚固。

②加大截面加固法

该法施工工艺简单、适应性强，并具有成熟的设计和施工经验；适用于梁、板、柱、墙和一般构造物的混凝土的加固；但现场施工的湿作业时间长，对生产和生活有一定的影响，且加固后的建筑物净空有一定的减小作用。

增大截面加固技术，也称为外包混凝土加固技术，它是增大构件的截面和配筋，用以提高构件的强度、刚度、稳定性和抗裂性，也可用来修补裂缝等，这种加固技术适用范围较广，可加固板、梁、柱、基础和屋架等。根据构件的受力特点和加固目的的要求、构件几何尺寸、施工方便等可设计为单侧、双侧或三侧的加固，四侧包套的加固。

根据不同的加固目的和要求，此技术又可分为加大截面为主的加固和加配筋为主的加固，或者两者兼备的加固。加大截面为主的加固，为了保证补加混凝土正常工作，亦需适当配置构造钢筋。加配筋为主的加固，为了保证配筋的正常工作，需按钢筋的间距和保护层等构造要求适当增大截面尺寸。加固中应将钢筋加以焊接，作好新旧混凝土的结合。

增大截面加固技术缺点是现场湿作业工作量大，养护期较长，对生产和生活有一定的影响，此技术增大截面尺寸，有时影响房屋的外观和净空。

（11）相关资讯

加固改造危旧桥梁。

分别建于 1993 年、1994 年的沈阳北陵高架桥、黄河大街立交桥，由于持续处于超荷载状态，其主体结构及桥面等附属结构均存在不同程度的损坏，为此，沈阳市借东一环、东二环封闭改造的契机，也开始对这两座桥进行封闭改造。

近年来，随着车流量特别是大型载重货车的增多，文登境内的部分国省干线老旧桥梁持续处于超负荷状态，其主体结构及附属设施存在不同程度的损坏。近日，309国道生格庄大桥续建工程开始动工，这标志着今年文登国省干线桥梁改造、加固工作正式拉开序幕。

在309国道生格庄大桥施工现场记者看到，桥面已半幅封闭，施工人员正在凿除北侧桥面的混凝土，南侧桥面则继续通车。

文登公路局机料科科长张红状介绍，他们按照通行优先、安全顺畅的原则，在施工现场，规范设置导向警示标志，并加强夜间巡逻，确保施工和行车两不误。

309国道生格庄大桥加固工程总投资2 000多万元，凿除旧铺装后，将重新铺筑钢筋和混凝土。

监理工程师张军科告诉记者，现在主要难度是破除混凝土路面，这个混凝土路面强度比较高，破除难度比较大；第二点这个桥是明桥，不再铺设沥青路面，直接在混凝土路面上行车，所以桥面平整度要求比较严格。

第二节　桥梁上部结构常见病害及检查

一、桥面系常见病害及检查要点

1、桥梁检查的目的和意义

（1）检验桥梁的结构质量，确定桥梁的可靠度

推动和发展旧桥评定及新结构的计算理论，通过对现有桥梁的检查，对于一些重要的大桥或特大桥梁，在建成之后，可评定其设计及施工质量，确定工程的可靠度；对采用新型结构的桥梁，可验证理论的实践性和可靠性，进一步发现问题，总结经验，以便对结构设计理论及结构形式加以改进，使其更臻完善；对经过维修加固的桥梁，可检验维修加固质量，并验证加固方案的合理性与可靠性。

（2）建立和积累必要的技术资料，建立桥梁养护数据库

现有桥梁大多资料不全，尤其是年代久远的桥梁，更是缺乏资料，需要通过检查，重新建立和积累技术资料，系统地收集这些桥梁技术数据，建立桥梁数据库，为加强科学管理和提高桥梁管养技术水平提供必要条件，并能指导今后的桥梁养护、加固与维修工作。

（3）检定现有桥梁的实际承载能力，为桥梁的使用及维修加固提供必要的依据

近年来随着我国工业化进程的加快，集装箱运输、矿山特种车辆及私自改装重型车辆的运行，都给现有桥梁的安全使用造成威胁。现有道路上的桥梁由于营运使用多年，主要部位出现缺陷，如裂缝、错位、沉降等，通过对现有桥梁进行检查，了解其各部位损坏的程度，核定其承载能力，为桥梁的维修加固提供必要的依据。

2、桥梁检查种类

桥梁检查的种类分为经常性检查、定期检查和特殊检查三种。经常性检查由路段检查人或桥梁养护人员进行巡视检查。目的是确保桥梁结构功能正常，使结构能得到及时的养护和紧急处置，对一些重大问题做出报告。定期检查是对桥梁结构的质量状况进行定期跟踪的全面检查。

通常是依靠富有经验的专职桥梁检查工程师，以目视观察为主，辅以必要的工具、常规测量仪器、照相机和其他器材等手段，实地判断病害原因，做出质量状况评分，并估计需要维修的范围及方法，或提出限制交通的建议。特殊检查是因各种特殊原因由专家们依据一定的物理、化学无破损检验手段对桥梁进行的全面察看、测强和测缺，旨在找出损坏的明确原因、程度和范围，分析损坏所造成的后果以及潜在缺陷可能给结构带来的危险。通常在下列四种情况下需对桥梁进行特殊检查：

1）有必要使用特殊设备或专门技术对定期检查作补充时；

2）在进行复杂和昂贵的维修前，须查出定期检查中未能发现的损坏情况时；

3）在发生特殊事件后，如地震、洪水灾害、采空区塌陷、岩溶损害、撞击事故和超重车辆过桥后；

4）需要使用特殊仪器需作特别详细记录的检查，拟评定结构实际状况时。特殊检查一般由现场检查和实验室测试分析两大部分组成。

3、桥面系的检查

（1）桥面铺装的检查

桥面铺装的功能是使车辆安全而舒适地行驶。当桥面铺装产生病害后，会产生如下后果：

1）铺装粗糙度不足或铺装层脱落，容易引起大的交通事故；

2）由于桥面铺装不平整等引起汽车车辆对桥梁的冲击效应增大，使桥面板等结构的耐久性降低；

3）在伸缩缝的前后，桥梁铺装层与伸缩缝装置之间的高低差不仅促使铺装本身的破坏，而且会促使伸缩缝装置的破坏。

桥面铺装的检查首先是调查桥面铺装的类型，然后调查铺装层存在的主要缺陷。沥青桥面铺装的主要病害有：轻微裂缝（发状或条状）、严重裂缝（龟裂、纵、横裂缝）、坑槽、车辙、拥包、磨光和起皮等。此外，沥青桥面铺装应保证足够的平整而粗糙，过分光滑雨天易使车辆打滑。

水泥混凝土桥面铺装的主要病害有：裂缝、剥落、坑洞、磨光等。关于桥面铺装缺陷与损伤的外观检查方法、项目、记录格式及初步评定可参照《公路养护技术规范（JTJ073—96）》中有关条文进行。

（2）伸缩缝装置的检查

伸缩缝设置于梁端构造较弱部位，因直接承受车辆的反复荷载，故最易遭受破坏。随着交通量的增大，重车增多，这些老的伸缩缝装置的破坏逐渐增多。这不仅妨碍行驶性能，而且会发展到引起结构本身的破坏，如桥面伸缩缝的损坏，使水向下渗漏从而影响梁体端部结构和造成支座锈蚀等破坏。伸缩缝装置的损坏往往还会引起驾驶员心理上不快，从而可能引发驾驶事故。各种伸缩缝装置一般具有的缺陷往往表现在伸缩缝本身的破坏损伤、锚固件损坏、接头周围部位后铺筑料的剥落、凹凸不平等等，这些缺陷也成为伸缩缝处漏水的原因，从而加速支座和结构本身的恶化。对于常见道路桥梁伸缩缝类型，伸缩缝装置本身的破坏损有以下几种。

U形锌铁皮式伸缩缝：1）沥青的挤出或冷缩；2）锌铁皮拉脱。

钢制板式伸缩缝：1）钢板破坏；2）角钢间缝隙被石块等卡死；3）连接螺栓损坏。

橡胶伸缩缝：1）橡胶件剥离、损坏；2）锚固螺栓失效断裂；3）伸缩缝本身下陷及高出；4）填充料被拉离。

弹性体伸缩缝：1）老化剥离；2）软化上凸或下凹；3）脆断。

仿毛勒缝：1）缝隙填塞，石块卡死；2）橡胶体脱掉、破坏；3）缝左右不平顺或与桥面不同高。

究其原因，不外乎有以下几个方面：

设计方面：桥面板板端刚度不足；伸缩缝装置本身刚度不足；伸缩装置锚固构件强度不足；过大的伸缩量；后浇筑填料选择有误；伸缩量计算有误。

施工方面：桥面板间伸缩间距的施工误差；后浇筑料的管理不良；伸缩装置安装得不好；桥面板浇筑不良；支承台做得不好。

其他因素：车辆荷载及频率加大；桥面板老化；后浇筑填料老化；桥头前后桥面凸凹不平；桥面清扫不彻底；支座、桥墩异常；灾害事态发生。

对伸缩缝装置的检查主要是目测，必要时应量测破损的范围，并在记录中详细描述。

（3）桥面排水设施的检查

桥面排水设施及桥面铺装的缺陷，往往导致桥面积水，引起车辆滑移，导致交通事故。桥面排水设施的缺陷，在降雨和化雪时表现得最显著，因而对桥面排水设施缺陷的检查最好在此时进行。桥面排水设施不良，除设计上可能考虑不周外，主要是排水设施本身被破坏以及尘土、树叶、淤泥等堵塞排水设施，以致不能正常排水。桥面积水往往会通过桥面铺装的裂缝等缺陷影响桥梁主要承重结构构件的耐久性能。

（4）栏杆、扶手及人行道的检查

主要检查栏杆、扶手本身破坏情况以及相互连接处是否脱落，钢制构件是否锈蚀、脱漆，对于人行道，检查路缘石是否有破碎，人行道与桥面板连接的牢固程度，等等。桥梁的桥面系状况直接与行车、行人的安全和适用性能有关，同时桥面系中存在的缺陷也会促使桥梁主要结构构件工作性能的恶化。因而对它的外观检查还得与桥下的检查紧密结合起来，才能取得较好的效果。

（5）照明设备、交通设施检查

检查灯具完整性，电路正常否，灯柱有无损坏、锈蚀、变形，标志、标线是否完整、清晰、有效。

二、梁式桥上部结构的加固与改造

桥梁是国家的基础交通设施，对国民经济的建设与发展起着举足轻重的作用。然而，随着桥梁服役年限的不断提高，长期荷载作用和自然环境的影响，大量既有桥梁渐渐进入老化期。因此，既有桥梁的检测、养护、维修、加固与改造成为摆在桥梁工作者面前的一大问题。下面结合实践中的方法，浅谈梁式桥上部结构的加固与改造问题。

梁式桥上部结构的加固，主要从桥梁承受外力因素和桥梁自身状况两方面入手。从外力角度出发，常常是改变原桥结构体系以减少主梁荷载内力，从而到达加固目的；从桥梁自身状况出发，往往使用增大主梁截面惯性矩或粘贴加固的方法，提高主梁的承载能力。

1、增大主梁截面惯性矩

由于桥梁修建年代的限制，过去修建的很多桥梁荷载等级设计偏低，已不能够满足现代交通发展的需求，其中很大部分就是由于截面尺寸设计偏小。主要途径有以下几种：

（1）加厚桥面板

有些桥梁桥墩和基础承载能力好，而桥面的截面面积小导致承载力不足。为提高抗弯刚度，可将原来的桥面铺装层拆去，在桥面板上新筑钢筋混凝土加强层，加固后再重新铺设桥面铺装层。这种方法通过增大截面高度来增大惯性矩，施工简单方便。但此法较大地增加了桥梁自重，加之下部受拉钢筋的应力强度仍然控制着结构强度，故常仅适用于中小跨度的桥梁。

（2）增设受拉钢筋

桥面下缘部分为受拉区，主要利用纵向钢筋的抗拉性能来承载弯矩。对于承载力不足的桥梁，从梁板结构下部进行加强，也是常用加固方法。实际工程中，将下缘混凝土保护层除去，切断箍筋，在原有的纵向钢筋上焊接或捆扎增设的钢筋，然后将箍筋恢复，最后采用环氧树脂混凝土浇筑混凝土保护层以保护增设钢筋。

（3）加宽梁的下缘

对于 T 型截面的梁式桥，常常加宽梁的下缘，增大截面并在受拉区增设钢筋，也能达到良好的加固效果。

2、粘贴加固

很多桥梁在使用过程中已出现裂缝并正在发展，为了减小裂缝的发展，可采用粘贴加固的方法。由于粘贴法具有无须破坏原有结构、几乎不增大结构尺寸和自重、施工期短、施工成本低、几乎不影响原桥梁艺术价值等优点，近年来广泛运用于桥梁的加固工程。

最常见的黏结材料是环氧树脂材料，这种材料具有很高的抗拉强度和抗剪强度，能够很好地满足工程要求。加强材料常使用钢板（或钢筋）和碳纤维材料。粘贴钢板是一种较早使用的办法，可使钢板与混凝土整体共同承受外力，提高原结构刚度，减少裂缝发展，并能增强梁承受正弯矩的能力。碳纤维材料具有强度高、质量轻、耐腐蚀性好、抗疲劳、抗老化等特点，已越来越多用于钢筋混凝土结构的加固上。

粘贴加固施工工艺较简单，但仍有不少问题需要注意：①必须严格控制环氧树脂胶结材料的配合比，保证加固效果和加固质量；②选择合适的施工温度，通常适宜在15~30摄氏度温度下进行；③粘贴要均匀，避免气泡形成空洞而出现应力集中现象；④采用有效的加压方式，常可使用螺栓或木楔进行加压，保证成型时有足够的压力，不会造成加固件脱落下坠的现象。

3、预应力加固

在工程结构构件承受外荷载之前，对受拉模块中的钢筋，施加预压应力，能提高构件的刚度，推迟裂缝出现的时间，增加构件的耐久性。为了达到不同的加固效果，施加预应力的方式不同，主要有以下几种：

（1）横向张拉法

在梁下缘部分对称地布置钢筋拉杆，离梁端适当距离处弯起并锚固于梁端钢板上，用螺栓垂直于拉杆方向收紧拉杆以产生预应力，则梁受到轴向的预应压力和由拉杆产生的负弯矩，能够抵消部分正弯矩。但由于这种方法拉杆锚固于梁端下部，向上弯起过少，故不能有效减少端部剪力。

（2）纵向张拉法

不同于横向张拉法在横向上施力，纵向张拉法是沿拉杆轴向施以预应力。构造上与横向张拉法最大区别在于，此法将弯起钢筋两头锚固于梁的顶部或梁的腹板上，利于减小端部剪力。

（3）预弯梁法

这种方法可先在跨中部分利用支架将原桥顶起并浇筑新桥面板，待新桥面板硬化后将支架下落，同时布置张拉预应力钢筋，最后对桥面系施工。这种方法对于减少梁上缘开裂有良好的效果。

4、改变结构体系

构件的结构体系决定了其受力状况，合理的结构体系能很大程度上增大构件承载能力。通过改变桥梁结构体系以减少梁中内力、增大梁的抗弯性能是非常有效的加固方法。常见的改造方法有以下几种：

（1）简支梁改为连续梁，将多跨简支梁用钢筋在梁端连接起来成为连续梁。连续梁跨中正弯矩小于简支梁，到达减小梁中应力的目的，大大提高了梁的承载能力。

（2）单跨简支梁下增设桥墩，将静定梁变为超静定梁，减小跨中弯矩。

（3）在梁下增设斜腿刚架，为上部结构增加了两个弹性受压支承，使原来的单跨梁变成三跨梁。山东省潍河大桥就使用这种方法大大提高原桥承载能力。

（4）叠合梁，在梁下增设桁架结构或拱梁结构，与上部结构共同承担外力。

桥梁是国家宝贵的财富，对既有桥梁进行加固与改造，不仅能够确保交通顺畅和安全，更能为国家带来巨大的社会效益和经济效益。

第三节　桥梁墩台的维修与养护

一、桥梁墩台的日常养护与维修

桥梁台墩因常年受到冲刷和自然侵害，经常会出现一些或轻或重的危害，比如腐蚀老化、裂缝不稳等等，这些病害的发生，导致桥梁台墩的不稳定，最终将使整个大桥处在危险阶段，所以如何稳定有效地治理维修桥梁的台墩基础，就成为一项让人们深思的问题。今天我们就简单地阐述一下维修养护的过程以及需注意的地方。

1、养护时应注意的事项

砖石、混凝土和钢筋混凝土桥梁台墩养护的目的和任务是为了使结构物完整、牢固、稳定、不发移和倾斜，减少行车震动和基础冲刷。贯彻"预防为主，防治结台"的方针，定期检查、维护保证桥梁使用安全。根据我国交通部《公路养护技术规范》规定，对墩台基础的养护的主要工作内容有：

1）桥梁上下游各长 1.5 倍桥长，但水小于 50m 和不大于 500m 规定范围内，应做到：河床要及时地进行疏通，每次洪水过后，应及时排除清理河床上的漂浮物，使水流顺利宣滞；不得任意重修对桥梁有害的水工建筑物，必须修建时，应采取必要的桥梁防护措施；

2）墩台表面必须保持清洁，要及时清除青苔、杂草、荆棘和污秽；

3）圬工砌体长期受大气影响、雨水侵蚀而发生灰缝脱落，应重新勾缝；

4）混凝土表面发生侵蚀剥落，蜂窝麻面等病害成及时将周旧凿毛洗净，用水泥砂浆抹平；

5）圬工砌体表面严重风化和损坏时，应于更换。用石料或混凝土预制块补砌，要求结合牢固、色泽和质地与原砌体基本一致；

6）梁式桥墩台顶面没有流水坡或坡面凹凸不平、确裂缝时，应及时铺填水泥砂浆或混凝土，做成横向坡度以利排水。除上述有关规定以外，针对洪水、冰凌对桥梁所产生的破坏，也有相应的防范工作等内容。

2、墩台基础维修时应注意的事项

（1）对砖石和钢筋混凝土

墩台表层出现的缺陷，钢筋混凝土桩和排架所出现的混凝土剥落、露筋和裂缝，均应进行维修。

常见的病害和处理方法：

1）混凝土结构表层缺陷的处理

在充分检查的基础上，了解并测试墩台结构的形状、施工截面、周围环境、影响因素及其他特殊要求后，整理其资料；充分对缺陷进行分析，确定其缺陷等级，有针对性地制定出修补方法和计划。

常用的修补材料：混凝土材料：用混合料与原结构级配相同，或高一级的细石混凝土来进行修补；水泥等级要求 42.5，技术指标都要不低于原结构。水泥砂浆：要求不低于原结构的水泥砂浆，并要求进行试验检验。可进行人工填压法喷浆修补法。混凝土胶粘剂分别用于表面封涂、灌浆黏结、浇筑等方法对缺陷进行修补。环氧树脂类有机粘材料：用于混凝土表面缺陷修补，常用环氧混凝土、环氧砂浆、环氧胶液。一般这种材料比较昂贵、工艺较复杂，只用于修补质量高的部位或其他材料无法满足要求时才采用。它的主剂是环氧树脂加硬化剂、增塑剂、稀释剂、填充料。人工凿除表层损坏混凝土的清除。对于浅层或面积较小的损坏，一般可采用手工工具凿除清理。

2）空洞处理

对于损坏面积较大且有一定深度的缺陷内部蜂窝、空洞等进行处理，采用气动工具凿除法。再加人工修凿。对于浅层而面积较大的缺陷，可用高速射水清除方法进行处理。

混凝土结构表面常用修补法：

混凝土修补常采用直接浇筑、喷射压浆等方法处理问题：要对凿除的部分清理干净；对交接面处要进行黏结处理（如环氧砂浆）。修补完毕后要加强养护处理，水泥砂的修补人工涂抹对小面积的缺陷损坏浅的处理；注意压光时要加强力度这种处理有个问题在截面处 1 个月后会出现收缩裂缝，一般都要进行胶液处理喷浆修补法将水泥、砂和水混合后，经高压喷嘴喷射到指定部位的一种修补法、适用于重要结构大面积的混凝土表面缺陷和裂缝。对混凝土结构的表面风化、剥落、露筋及小面积的破损，一般可采用混凝土胶粘剂进行表面封涂修补方法。在施工工艺方面应注意的问题：缺陷表面处理、胶粘剂拌制、缺陷封嵌、封涂处养护。

浇筑涂层修补：混凝土结构损坏较大，且深入构造内定深度的损坏，可以采用此法进行修补。工艺为：表面处理、支立模板、备料、灌注、养护。

环氧树脂修补：这种材料的费用较高、工艺较复杂，通常在特别的情况下才采用。它有一定的表面处理的技术要求，修补施工的工艺要求。

砖石结构表层缺陷的处理砖石结构表层缺陷采用勾缝修补，用手凿或风动凿子凿击已破损的灰缝，用水冲洗干净，最后用 10 号水泥砂浆重新勾缝。抹浆或喷浆整治砖石表面风化，采用手工抹浆与压力喷浆对转石砌体表面风化、剥落、蜂窝、麻而进行喷层 10 号砂浆防护。表面局部修补对于局部表面损伤，脱落不严重的，可以将破损部分清除，凿毛洗净，再用 M10 砂浆分层填补至需要的厚度，并将表面抹平。破损太大或深时可以加固挂钢筋网，再立模浇筑混凝土。镶面石的修补可以采用个别更换或采用预制混凝土块代替。

（2）裂缝的处理

1）填缝是砖石结构裂缝修理中最简单的方法

工序为：将缝隙清理干净，用 1：2.5 或 1：3 水泥砂浆进行处理。对美观、耐久性有作用；对强度没作用。

2）表面抹灰处理

用水泥浆、水泥砂浆、环氧胶浆及环氧砂浆等涂料，涂在裂缝部位的砖石砌体或混凝土表面的一种修补方法。水泥砂浆涂抹工艺采用先将裂缝附近的混凝土表叫凿毛，尽量平整，再洗刷干净，保持湿润，用纯水泥砂刷一层底层，再用 1：1~1：2 的水泥砂浆涂抹其上。注意厚度不宜太厚或太薄，涂抹后要养护。

3）环氧砂浆涂抹工艺

采用在裂缝上凿成 v 形槽、宽约 1~2cm、探约 0.5cm；用刷清缝口，并凿去浮渣，清理和用丙酮等有机溶剂清洗干净；在缝四周涂层环氧砂浆或对深缝灌浆；最后嵌入环氧砂浆，养护。

4）表面粘贴修补

用胶粘剂把玻璃布或钢板等材料粘贴在裂缝部位的混凝土上，达到封闭裂缝的目的修补方法。

5）玻璃布粘贴

玻璃布一般采用无碱璃纤维织成，它是无捻粗纱方格布。胶粘剂多为环氧胶浆，注意油脂和蜡的处理。施工方法为两种：一是直接在混凝土表而涂贴玻璃布，直到达要求为止；另一种是先制作完毕成玻璃钢成品后，再粘贴在裂缝部位。

6）贴玻璃钢

用环氧基胶浆黏结剂涂刷在整体钢板上，然后将其压贴于待修复的裂缝位置的方法。施工工艺：钢板的制作、打磨；对混凝土表面的打磨；清洗钢板和混凝土表面；在钢板和混凝土表面均匀涂刷环氧胶浆黏结剂；按照要求压贴钢板；养护，撤出操作场地；防锈处理。

7）凿槽修补

凿槽嵌补是沿混凝土裂缝做一条探槽，然后在槽内嵌补各种粘接材料，如环氧砂浆、沥青、甲基丙酸酯脂类化学补强的种修补方法。

良好的桥梁养护以及维修，是保证桥梁正常运行的关键，在中国经济高速发展的今天，如何做好这一点至关重要。

二、桥梁基础的日常养护与维修

桥梁是基于公路的一个重要组成部分，它确保并承担着人民财产、生命的保障和安全，但是随着目前社会的发展，各种车辆运输量的增加，桥梁安全问题已经日益成为人们热议的重点，如何保证桥梁在使用运输过程中的安全性是我们面临的一个首要问题。桥梁本身在建设初期对设计以及质量方面就相对比较保守和重视，这使很多建筑单位大大忽略了它后期在保养和维修方面的漏洞。因此，加强对桥梁的质量检测，及时有效地对桥梁进行日常保养和维修，对延长桥梁使用寿命以及保证桥梁的承载能力，都具有十分重要的意义。

通过了解与记载，现在我国各地的桥梁普遍存在着设计初级阶段标准较低、构件老龄落后化、建筑材料质量无法保证等现象，因此，造成了很多桥梁出现了承载能力低、运行能力差、不能满足目前交通的迅速发展等问题。我们需了解目前桥梁在养护方面的现状以及目前所存在的问题，根据现况制定具体养护步骤和内容。

1、公路桥梁的现状分析

（1）桥面结构损坏

桥面由于建设以来，时间长久没有具体人员管理导致桥面道路坑洼不平、崎岖颠簸。尤其在路面与桥的相接点之间更显严重，这种桥面不平会导致车辆的行走过程中颠簸不稳、瞬间减速，在车辆减速后与桥面所发生的冲击力下会更大化地降低桥面质量进一步造成危害。

（2）桥面卫生肮脏

有些位置处于接近市区的道路桥梁卫生情况明显不堪，存在障碍物以及垃圾物，在刮风下雨天气里，桥面更加尘土飞扬，污水四溅。

（3）桥栏杆损坏情况

由于桥梁日常养护工作不到位，车辆发生交通事故等等一些原因，导致很多桥梁的栏杆多处损坏不完整，有的已经丢失不存在，这一点虽然不会太大程度地影响车辆运输通行，但已经很大程度地影响了桥梁的外在美观，也对行人和过往车辆的安全度失去了保障。

（4）桥梁上标志语缺乏

根据建筑规定，在公路以及桥梁道路上，为保证车辆正常运行以及行人行走的安全，需根据道路实际情况设置限重、限速、限宽、限高，等等多项禁行标志语。这对于减少车辆通行事故是十分有必要的，但是随着桥路的年限延长以及后期养护不当，在很多桥梁两侧都已缺少了这些禁行标志语。

2、改善桥梁的养护措施

（1）提高对桥梁养护管理方面的认识

公路桥梁与公路的改造维护必须是同步进行不可分离的一项工作，只有在基础上提高公路桥梁的使用寿命和使用能力，才能更大地发挥桥梁的效果。由于目前资金紧缺等等一些原因导致一些单位只重视对公路的维护，从而忽略了对桥梁的重视，所以当前应该提高对桥梁的养护意识。各级公路的管理部门应该酌情制定出专门管理桥梁方面的专门机构和专门管理人员，来从事桥梁的日常管理维护工作。

（2）完善桥梁现况的管理档案

为做好桥梁的公路养护管理工作，各项管理人员应及时并充分地了解每处桥梁存在的现状，并根据实际情况提供有效、准确、运行方便的技术资料，从而建立动态的管理模式。根据桥梁设计建立桥梁系统的数据管理，应用数据等。这样可以方便有效地了解到桥梁的情况和缺陷，并善于在各种数据齐全的情况下分析和管理。

（3）强化业务技能和培训

在增强技术人员责任意识的同时，也同样要提高桥梁养护人员的整体技能和素质。因桥梁的专业性比较强，目前公路养护部门在桥梁养护方面比较缺少专门的技术工作人员，为了改变此种情况，要加强对各级公路管理部门中的技术工作人员的培训工作，提高对桥梁养护管理的认知意识，掌握桥梁检测维修及加固的一些基本方法。

（4）分期检查

经常检查桥面的具体设施以及建筑结构是否存在异常、外观是否整洁、支座是否存在明显缺陷。定期检查桥梁的一些重要部位是否出现故障状态以及用工具测试后有不正常的数据存在等。特殊检查一些桥梁破损的状态和程度，这种需要有技术性较强的工作人员测试，从而发现桥梁存在的问题原因。

（5）建立专业的桥梁养护工程队

在综合以上理论的同时，最重要的一点就是要建立一个专业的、具体的，并有技术性的桥梁养护工程队，这样可以方便有效地随时进行现场勘测和技术指导。

3、桥梁养护的内容

（1）通过工作人员实地考察与检测，要系统地掌握桥梁的技术状况

尽早发现损坏和缺陷，并提出实际养护措施，制定养护方案。对自然因素引起的，例如：暴风、暴雨、地震、水灾等等造成危害的桥梁，要未雨绸缪，提早制定出预防措施和解决方法。

（2）完善标志牌，完善桥梁详细资料介绍

对一些经过检测后需要限速、限高、限宽的车辆，要及时给予提示和警告。并根据桥

梁的建立日期，建立历史，详细资料完善桥梁介绍。

（3）对栏杆损坏进行及时修复

如果正在维修过程中，要及时设立警告牌，避免人员安全问题发生。对一些保护层偏薄，混凝土空隙比较大的一些位置进行适当的填补。对一些钢结构、伸缩缝、支座以及一些金属构件要及时清理保持清洁。

（4）支座的检查

具体检查项目为：简易垫支座油毡是否更新，钢板滑动支座以及弧形支座有没有被水侵蚀过，摆式支座位置是不是正确，有没有均匀受力，钢筋混凝土立柱有没有存在故障，橡胶支座有没有变形的可能，对于滑动面、滚动面有没有夹杂尘埃和一些异物，以避免防水装置和排水装置产生漏水。

（5）桥梁墩台检查

主要检测桥梁墩台的位置有没有存在缺陷、裂痕，墩台有没有变位等现象。如果墩台是钢筋混凝土的材质，比较常见出现的现象是混凝土的冻涨引起剥离、混凝土被风化、掉角造成了表面混凝土有痕迹、露钢筋等损坏现象。

（6）桥梁基础检测

要善于对桥梁墩台基础检测，墩台基础的冲刷情况和缺陷情况是否存在漏洞。在水中的桥墩，因为直接接触水力，除了一般的冲刷以外，还有局部的冲刷，当河水中的水流带动石力运动，会对钻孔灌注桩造成严重磨损，甚至使桩中钢筋外露。

4、桥梁的加固

（1）混凝土结构的维修与加固

不管桥梁在建设上采用了何种材料、方法，对故障进行维修都要遵从一个原则，那就是必须将表层已有的混凝土清除至钢筋锈蚀范围或露出完好混凝土为止，这样才有助于下一步的正常顺利进行。对面积比较小的损坏部分，可手动凿除，再以水冲洗干净；对面积较大的缺陷，并有一定深度或有蜂窝空洞者，可用气动工具凿除，个别部位铺以手工凿除，再以水冲洗干净。这样在进行下一步的维护时才能做到实施有效。

（2）墩台基础的加固措施

当基础承载力不足或埋置太浅，却又为刚性实体基础时，可加砌砌体或增补混凝土，以扩大原有基底面积的措施予以加固。

（3）地基加固措施

当地基松软或深层的一些土质不良的原因，导致桥梁的基础位置受力时，可以先采用人工地基加固，目前一般比较常用的方法有：砂桩法、注浆法等，当松软地基比较厚实时，将钢管打入周围基础土层，灌入干燥粗砂捣实成砂桩，这样可以使地基土的紧密度提高。

（4）墩台主体加固措施

当墩台产生惯性裂缝时，可以使用钢筋混凝土进行加固。当墩台本身存在表面损坏的故障时，可以将钢筋混凝土围绕整个墩台身的方法。对于埋置式桥台，当桥台受台背土压力而往桥孔方向倾斜时，可根据实际情况对桥台修筑撑壁进行加固；如果是小跨径的桥梁，防止墩台滑移，可在墩台间加设水平支撑。

桥梁养护工作目前是一个比较薄弱的环节，加强并重视桥梁的养护工作是公路养护的一个重要标志。更加重要的是，可以更大限度地保证人身安全和减少人民财产损失，从而也保证国家的经济效益。桥梁养护工作也是每一个工程技术人员应该具备的责任。尤其负责桥梁养护的工作人员更应该提高自己的知识技能，更新信息，并全面掌握各项车辆运输给桥梁带来的变化，为我国交通的发展贡献出自己的一分力量。

第四节　公路桥梁附属结构养护与维修

一、桥梁锥坡处理及加固技术

据相关统计数据显示，截至目前，中国现有各类桥梁总数五十万座，每年开工建设的桥梁数 1 万多座。然而，伴随着土壤环境和气候的变化，桥台跳车的现象越来越普遍，加之地方保护的失当，使得某些桥梁的损坏更加严重，桥梁的维修频率不断增加，这大大增加了政府的财政支出。桥台锥坡的处理和桥墩的加固已经成为众多桥梁的必然选择。有效的锥坡处理技术和桥墩加固技术能够为施工单位节省后续的维修成本，可以使桥梁更加牢固、耐用。

1、桥台锥坡设计

在设计过程中往往采用椭圆形设计，在桥台过渡区域，采用合适的加固技术，能够有效实现桥台的稳固处理，从而降低桥台跳车的频率。

（1）正交桥台锥坡设计

为了保持桥台锥坡的稳定性，使桥台锥坡经受雨水的冲刷，施工者常常根据图纸的要求，在锥坡上添加锥形护坡，用来保护锥坡，达到预防的目的。锥坡的最小坡度应该为最小稳定坡度，其坡度设计应与正常路基的坡度一致，从而达到有效的过渡目的。

从平面线型上要求坡度与路基和桥台前缘连接平顺，另一端与桥台前缘底边缘相切。如果要满足上述条件，综合考虑各种施工的便捷性，只有椭圆护坡最符合要求。同时，正交桥锥坡设计的椭圆形的尺寸中，长半轴为路基边坡投影的倍数，短半轴为最小稳定坡投影的倍数。且正交桥椭圆形锥坡符合上述条件要求。

（2）斜交桥台锥坡设计

斜交桥台锥坡也要满足正交锥坡的条件。在这里，假设满足条件的锥坡椭圆的长半轴为 a，短半轴为 b，椭圆形锥坡沿桥台向水平投影长度为 b1，椭圆锥坡在路基一侧水平投影长度为 a1，a 与 a1 的夹角为 S，路基边坡为 1：n1，锥坡的最小稳定边坡为 1：n2，桥涵的斜交角为 W（正交时 W=90°）。

根据相关的椭圆运算公式，结合相关尺寸，即可计算出斜坡椭圆的具体尺寸，例如长轴、短轴等具体参变量，从而为实际的施工提供相关数据依据。

（3）锥坡加固方案

注浆法是桥梁锥坡加固的主要方法，在实际的工程实例中已经得到很大的运用。在加固方案中，钢筋混凝土框架的安装和加固是采用钢管为依托，钢管沿平行方向排成一定的形状，且其侧面有一定量的小孔，底部封口。方案中，横向钢管以布置为主，运用数学模型，结合当地施工的土质等外部环境因素，计算出钢管布置的尺寸以及钢管的大小等。初步确定之后，要根据模型进行受力分析，计算钢管布置的合理性和有效性，进而确定桥梁的寿命等。纵向，采用基地桥头的基段下沉模式进行仿真，结合相关的要求和采集的数据，进行正确的计算，确定基段下沉的可能性，进而进行改进，采用好的筑桥材料，加大有关材料的比例和数量，增加钢管数量等措施，来改善桥梁的安全系数。

2、桥梁加固技术

（1）采用芳纶纤维布进行加固

芳纶纤维布是一种比较新型的结构性加固材料。其材质轻，强度高、弹性模量比较大，在实际的运用过程中发现，芳纶纤维布耐腐蚀、抗冲击等，疲劳强度比较大，抗剪切、挤压能力较强，具有比较良好的空间延展性等特点。

1）加工机理

芳纶纤维是美国杜邦公司生产的一种全香族聚酰胺纤维，其主要成分是对苯二甲酰对苯二胺聚合物。

芳纶纤维布其拉伸强度等比较大。在市场上，同等情况下，达到同样的设计强度时，所需要的芳纶纤维的厚度更薄一些，更能达到节省材料的目的，使设计更加简便、可行。

2）加固工艺

施工加固工艺包含三个阶段：在施工准备阶段，首先对施工的对象和场地进行清理、平整，同时使整个桥墩都暴露在空气中便于之后进行加固。同时，在桥墩的四周安置好加固脚架，便于为后续施工工作进行实际操作；在施工过程中，由于桥墩表面的材料在某种程度已经损坏，在用芳纶纤维加固之前，为了增加和桥墩的融合程度，需要对桥墩表面的混凝土材料进行预处理，剔除一层老化的混凝土。同时，对其中不平整的表面要进行打磨、修平等，如果桥墩的一些表面过于油腻，可以采用相关化学材料洗涤干净。然后，在修正表面涂抹底胶，其底胶的成分按照一定比例调理，要充分搅拌使配合材料均匀。由于材料是化学胶状物，所以在搅拌过程中要注意防火，注意安全等措施。最后，根据计算的结果，准备合理的芳纶纤维布的尺寸等，画出正确的裁剪图，剪出所需要的形状的芳纶纤维布，围绕桥墩进行包裹，实现桥墩整体的保护，最终实现桥墩的加固。

（2）结构性加固方法

1）体外预应力加固

体外预应力加固方案是采用设计上的改进，在桥梁的下缘受拉区域安装预应力材料，通过张拉对梁体产生预先偏移力，桥梁在相关压力的作用下，使桥梁上拱可以用来抵消桥身的部分重力，在某种程度上可以减少桥梁的变形和裂缝。在实际的工程运用过程中，采用撑式拉杆法和外部预应力钢丝束加固法等，在合理的流程过程中，可以最大限度避免对桥上交通的影响，在不影响桥梁正常使用的前提下，能够实现桥梁的加固。这种方法有利于桥梁的整体布置，在某种意义上更有利于桥梁的使用，更科学、合理。

2）粘贴钢板加固

粘贴钢板加固的原理和采用芳纶纤维布加固的方法相似。在实际的施工过程中，在桥梁的表面采用黏结剂和苗栓，将钢板固定在桥墩表面，等待黏结剂凝固以后，钢板和桥梁可以形成整体。在一定程度上，可以提高桥梁的承载能力和抗弯曲能力，使得桥梁的结构更加可靠。实际运用过程中，此法比较简单，施工周期较短，效果一般比较好。但是，在实际的施工过程中应该注意相关尺寸等。

3）增大截面和配合钢筋加固

桥梁的损坏一般是由于桥梁的强度、弯曲刚度、疲劳忍耐极限遭到破坏等一系列原因。所以，在实际的施工和维护过程中，可以采用增加桥墩的截面来达到增加桥梁的强度等。例如，可以在桥梁表面去除相关损坏表皮之后，利用混凝土混合，再配合以钢筋等支架，在桥梁表面进行加固，当两者融合之后，桥梁的有效抵抗变形等能力会得到很大程度上的提高。在实际的施工过程中，或多或少会由于施工单位的粗心，或者工艺不准确等原因会造成桥梁的加固方法显得脆弱，浪费了材料但仍然达不到要求，所以，此法在桥梁维修中也有一定范围的采用。

（3）非结构性加固

非结构性加固是一种有效的加固方式。它并不是在原有结构的基础上进行增添或者删减，它通过对桥梁损坏程度进行分析、综合，利用自己现有的条件，采用合适的技术、材料等，在一定程度上替换原有废旧材料，从而实现性能的改良。结构性的改良和加固是为了改善桥梁的性能，甚至在某种意义上而言，它只是运用一些比较好的材料和技术对原有的材料和结构性能进行优化。特别是面对着一些桥梁，利用伸缩缝、仿毛肋伸缩缝等在大、中型桥梁上的使用效果相当明显，能够在桥梁基础之上，显著的改变桥梁的使用寿命。

（4）桩基加固桥墩

一般的桥梁建设过程中，由于外部环境的问题，桥梁的固定方法有很多种。有一种叫作桩基加固方法，即钢筋混凝土套箍的方法，可能是由于桥梁在使用过程中，会由于地下桩基施工方面的问题而得不到有效的控制，造成桩基面积缩小，从而引起桥梁的受力不稳。在这种情况下，可以采用清除桩基表面的虚浮物，通过肋、筋等结构包围在桥墩表面，实现桥墩的有效加固。目前，国内许多桥梁的加固过程中，都不同程度上采用此法来增加桥墩的稳固。同时，在施工过程中，可以根据不同桥墩的实际受损程度，进行不同部位的加固，例如对于底端损坏严重的，可以在底端多增加些固定结构，从而实现整体上的加固。

桥梁的锥坡和桥墩的加固一直是桥梁设施建设和维修的主要问题。在实际的桥梁锥坡处理中，施工单位应该遵循实际情况，采用不同的技术进行处理。在桥墩的处理上，也要按照相关要求，因地制宜，运用较好的材料和恰当的方法，改善桥梁的性能，增加桥梁的使用寿命。

二、漫水桥、漫水路面及调治构造物的养护

1、漫水桥、漫水路面的有关规定

漫水桥、漫水路面的行车道两侧应竖立水深导向标桩，保持完好，鲜明醒目。水深导向标桩间距为 4m，高出行车道顶面 60cm，应定期涂刷油漆。

漫水桥、漫水路面的行车道路宽度小于接线路段的行车道宽度时，应对停车视距长度范围内的接线路段采取压道措施，限制行车道宽度。

漫水桥、漫水路面的允许通车水深与水流速度、水面宽度、行车道宽度有关。一般情况下桥面上的水深小于 0.3m 时可允许大型车辆通行，当水深超过一定数据应中断交通，并设置临时禁止通行标志，禁止标志与桥头的距离不小于停车视距。

2、漫水桥的养护

漫水桥和其他公路桥梁一样，行车道应保持平整坚实，漫水期间能保障车辆正常通行。

（1）在洪水期间或流冰到来之前，对漫水桥做好以下预防工作：

与气象部门、河道及上游水库管理部门保持联系，了解水文信息，以便做出计划安排，采取应急措施。

修缮上下游的导流构造物，清除桥孔下及桥位上游的堆积体。

加固、检修上部结构，对易被浮起的桥跨结构应将各部件、块件连成整体，加强基础的防护以抗冲刷。设有活动栏杆的应予拆除。

（2）在洪水期间，要防止漂浮物堵塞桥孔，威胁桥梁安全。

（3）每次洪水、流冰过后，应及时地进行下列检查和养护，确认行车有安全保障后放行交通。

清除存留于桥梁的各个部位、缝隙中的淤泥、杂物，并进行冲洗。

修复破损、剥落、锈蚀的部件。

检修导流构造物的缺损部位，防止河流改道。

桥头锥坡、翼墙如有冲空或下沉，应及时修补，并根据洪水流向进行改善加固。

桥孔上游河段有严重的淤积时，可作必要的开挖，也可作导流工程，或加大桥跨、桥长、提高桥高以利宣泄。

3、漫水路面的养护

（1）日常养护

及时消除淤泥、砂石和漂浮物，保持路面密实、整洁，铲除积雪、冰凌、铺撒防滑材料。

未铺筑正式路面的漫水道路要保持车道基本平整，随着河床的变化要竖立临时标桩，引导车辆行驶。

对砌石路面已松动、冲失的圬工砌体，应及时用石料或水泥混凝土进行修复，砌块间的缝隙用砂浆填塞紧密。水泥混凝土或沥青混合料路面出现的病害按有关要求修复。

对于已破坏的路基边坡可用浆砌块、片石或混凝土预制块护面，护面应伸入河床到原基础顶面。清除的较大石块宜运至下游边坡脚处堆放，以利过水时消力。

（2）漫水路面的改善与加固

1）防止冬季地下水引起路面冻胀及表面形成冰堆，可采取如下措施：

a.冻冰期前，在上下游不小于50m的范围内清理河床，消除积水，有可能的条件下增设涵洞。

b.在路面下铺垫厚度20cm以上的沙砾垫层隔断毛细水。

2）在水的作用下路面发生沉陷、断裂时，可参照下列措施进行改善：

a.路基为砂质填料的，在两侧设置灰土隔墙，厚度一般不少于30cm，并在路基顶面铺筑20cm厚的水泥稳定沙砾填密压实。上游的灰土隔墙应尽可能切入河床床面以下至少1.0m，然后用砂浆砌块、片石或混凝土预制块铺筑路面。

b.路基作为黏土填料的，可在黏土中掺入10%~12%的石灰或4%~6%的水泥分层夯实，厚度20~30cm，再用浆砌块、片石或混凝土预制块铺筑路面。

3）漫水过深，阻车时间过长，应分不同的情况按下列措施处理：

a.加大漫水区段的长度，扩大过水面积。

b.对漫水路面下游的河床，采取疏浚挖直、排除阻塞、加大纵坡的措施改善过水条件。

c.在适当的位置增设涵洞、明渠、小桥。

d.提高漫水路面的标高和增加泄水构造物同时进行。

e.按照河床形态将一处漫水路段改为多处漫水路段。

4）扇形漫滩上的漫水路面，应保持路面基本平整、密实，上游导流构造物要稳定，不宜急于加设涵洞等泄水构造或铺筑较高等级的路面，待主流与路线稳定后再予处理。

（3）混凝土浇筑

混凝土浇筑应按施工程序进行，禁止在浇注面上走车及卸料；严格检查是否按规定留设施工缝，另外施工缝部位用作基层清理，做好冲洗和接浆。混凝土振捣要按程序控制达到密实，防止漏振、过振和振捣不匀，厚度较大的构件应分层振捣，节点钢筋密集区域应配合采用人工振捣。为防止裂缝出现，对混凝土现浇楼板及墙体应合理设置后浇带。

在混凝土浇筑完了以后，要加强混凝土养护，严格控制拆模时间和养护。并且在养护期间应该严禁施工，注意保持混凝土湿润。另外在冬季施工要有防寒防冻措施。

（4）砌体工程

在砌筑前，应该要求施工单位对块体浇水湿润，让砌体充分吸水，在砌筑过程中，铺灰不宜过长。严禁使用落隔日砂浆、桶底灰、和地灰；严格控制砂浆配合比，不准使用过细砂，保证浆满馅足；及时进行竖缝的塞缝和刮缝，以消除和减少外墙渗漏点。

砌筑时应该检查组砌是否合理，现场监理人员是否事先确认过留槎位置；并按要求设置预埋拉结筋，做好隐蔽工程验收；检查楼层标高、轴垂直度及沉降量和线偏差是否在允许范围内。

施工方应该做好现场协调，使砌筑施工与墙体内的水、电、暖等预埋管道敷设协同进行，避免以后墙体凿洞开槽。

为了确保灰缝的饱满度，应使墙体的灰缝保持横平竖直。竖向灰缝宜采用加浆或挤浆的方法，使灰缝砂浆饱满，严禁用水冲浆灌缝。水平灰缝宜采用铺浆法砌筑。砖砌体竖向灰缝宽度和水平灰缝厚度一般为 10mm，但不应小于 8mm（空斗墙不应小于 7mm）。

砌体的交接处和转角处严禁留直槎。框架结构的填充墙按设计要求设置拉结筋，砖混结构的构造柱、施工洞口等处应按规范要求留设阳槎并设拉结条。内外墙交接处必须按施工规范要求留置踏步槎。构造柱支模前要彻底清除落地灰、舌头灰以及钢筋上附着灰等杂物。拉结筋应严格按照规范设置：每 120mm 墙宽留置一根，沿墙每 500mm 预留 6 根。

目前，我国多层民用住宅建筑施工总体管理水平较低，管理乎段粗放落后，对建设工程监控难以量化考核，跟踪评价、准确把握，导致工程质量起伏大。根本原因在于没有建立一套真实、可靠的信息网络系统，缺乏有效的质量控制手段。因此，参建各方要共同努力，遵守《建设工程质量管理条例》，执行现行的施工规范及验收评定标准，为建造合格的住宅工程做出贡献。

第五节　公路特殊桥梁日常养护与维修

一、涵洞的检查

高速公路涵洞检查制度

第一章　总则

第一条　为加强高速公路涵洞的养护管理，确保涵洞等结构物的完好、安全，根据部颁《公路养护技术规范》JTGH10—2009、《公路桥涵养护规范》JTGH11—2004 等相关规范，结合我公司所管养高速公路涵洞实际情况，制定本制度。

第二条　本制度适用于浙江交工高等级公路养护有限公司管养的高速公路涵洞。

第二章　检查方式、频率及内容

第三条　涵洞的养护检查分为经常检查、定期检查等两类。

第四条　涵洞经常检查每月至少进行两次，采用目测方法，配备简单检查工具，如钢尺、卡尺、铁锤、手电筒、记号笔等。经常检查内容包括：进水是否堵塞、沉砂井有无淤泥、洞内有无淤塞及排水不畅；洞口周围是否有杂物堆积，涵洞是否清洁、漏水；周围路基填土是否稳定和完整；涵洞结构是否有损坏。

第五条　涵洞定期检查每年至少进行一次，采用目测与量测检查相结合的方式，配备必要的检查工具和设备，如裂缝测宽仪、手工锤等。定期检查内容包括：

1.检查涵洞的过水能力，包括涵洞的位置是否适当，孔径是否足够，涵底纵坡是否合适。

2.进水口铺砌、翼墙、护坡、挡水墙、沉砂井等是否完整，洞口连接是否平整顺适。

3.出水口铺砌、翼墙、护坡、挡水墙等是否完整，排水是否通畅。

4.涵体侧墙是否渗漏水、开裂、变形或倾斜，墙身砌体砂浆是否脱落、石块是否松动、基础是否冲刷淘空。

5.涵身顶部盖板或拱顶是否开裂、漏水、变形下挠，拱顶砌块是否松动脱落。

6.涵底是否淤塞阻水，涵底铺砌是否完整。

7.洞口附近填土是否有渗水、冲刷、空洞，填土是否稳定。

8.涵洞顶路面是否开裂、下沉，行车是否安全。

第三章　检查要求及资料整理

第六条　洪水、冰雪前后及行洪期间应对涵洞加强检查，重点检查涵洞排水是否通畅，如有淤塞现象应立即向上级报告，并安排人员进行清理疏通。

第七条　检查资料应真实、完整，检查照片上应附有日期、时间，严禁出现伪造检查记录，检查照片、病害描述雷同现象。

第八条　对检查出的病害应以书面形式，附照片、情况说明及处理意见，及时反馈至路营运公司及公司工程经营部。

第九条　检查人员应当场填写"涵洞经常检查表"（附表1）、"涵洞定期检查表"（附表2），对涵洞的技术状况综合做出好、较好、较差、差、危险等五个等级的评定，每处涵洞均应建立档案文件。

二、涵洞的日常养护与维修

涵洞是在公路上数量很多、形式多样且分布很广的一种构造物，是保证公路畅通无阻的环节之一，因此必须认真做好涵洞的养护工作。

涵洞养护应保证涵洞的洞身、洞底、进出水口、护坡和填土完好，清洁，不漏水，使水流在任何情况下都能顺畅通过洞孔，排到适当地点。因此，涵洞养护必须认真进行，经常和定期地进行技术检查，对于发现的病害和隐患，应分析其产生的原因，采取适当的工程技术措施，及时处治，提高涵洞的使用质量和抗灾能力。

（1）及时清除洞口和洞内的淤积杂物和积雪等，并将其抛弃到路基边沟以外的适当地点。

（2）洞口和洞底铺砌层发生变形、沉陷、破损和漏水时，均需及时修理，并整修上下游沟槽，使水流的坡度保持顺适。

（3）涵洞出水口的跌水、急流坡，若与洞口结合处发生裂缝时，应采用干燥麻絮浸透沥青后填实，使其与洞口紧密结合成整体。

（4）倒虹吸管易破裂、漏水，要认真检查。若虹吸管顶面出现湿斑，应及时停止使用，挖开修理，更换软化的路基填土和破裂的管节，接头处必须填塞紧密。

（5）管涵的接头处和四铰涵管铰点的接缝处，若发生填缝料脱落时，应用干燥麻絮浸透沥青后填实，不得采用灰浆抹缝的办法修理。

（6）砖、石涵洞的表面如发生局部风化、轻微裂缝时，一般可用水泥砂浆或环氧树脂封闭。灰缝脱落，应及时修补。

（7）涵洞上下游的路基护坡、引水沟、泄水槽、窨井和沉淀井发生变形或沉陷时，一般属设计和施工不良造成的，必须认真修复。

（8）砖石拱涵的洞顶漏水，应挖开填土，用高强度等级的水泥砂浆修理损坏部分，再衬铺胶泥防水层10~15cm，或用油毡防水层（两层毡三层油），应认真重做，以防止渗漏。

第六节　公路隧道养护与维修

一、概述

1、桥梁隧道养护

桥梁隧道养护（maintenance of bridge tunnel）为保持桥隧建筑物经常处于良好状态，延长桥隧使用寿命，对桥隧病害进行的检查和分析、修理和加固、局部更新和全部重建等工作。

桥隧建筑物是铁路线路的重要组成部分，是铁路工务设备中永久性的大型结构物。具有构造复杂、技术性强、修建困难、价值较高的特点。一旦损坏，轻则限速减载，重则中断行车。所以做好桥隧建筑物的养护工作，对保证铁路安全畅通，适应国民经济的发展有着重要意义。参见钢桥养护，钢梁加固及限界改善，混凝土桥梁耐久性，混凝土梁拱病害整治，换梁，隧道病害防治，超重货物运输与工务。

2、任务、原则与管理

任务：桥隧养护工作，必须确立以"保证行车安全"为主要目标，遵循以"设备质量保安全"的指导思想，做到每座桥隧建筑物"基础牢固，结构良好，扣件紧密，状态均衡，行车平稳"，掌握设备状态的变化规律和劣化程度，适时地进行修理。其任务是：①经常保持桥隧建筑物状态的均衡完好，以保证列车按规定的速度，安全和不间断地运行；②随着铁路运输强度的提高，有计划地加固和改善桥隧设备状态，提高承载能力，满足铁路限界和孔径要求，增强抗洪、抗震能力，充分发挥使用效能；③最大限度地延长桥隧建筑物各部分的使用年限。

原则：①全面贯彻铁道部提出的《铁路主要技术政策》和《铁路工务主要技术装备政策》的方针；②严格执行铁道部颁布的《铁路技术管理规程》《铁路工务安全规则》等有关规定和《铁路桥隧建筑物大修维修规则》规定的技术条件、技术标准和管理制度；③桥隧养护应贯彻"预防为主、防治结合、有病治病、治病除根"的原则；④桥隧养护，应特别注意行车和人身安全，正确处理施工与运输的关系，在保证安全和质量的前提下，尽量减少中断行车和限制行车速度的时间；⑤积极依靠科技进步，全面实行现代化管理，大力发展养桥机械化、不断提高工作效率和经济效益，逐步实现桥隧结构现代化、养护作业机械化、企业管理科学化。

管理桥隧养护管理包括两个方面，养护维修和大修改造。要认真执行检查、计划、作业、验收等基本制度，实行定额、质量管理，使管理逐步走入标准化、规范化。有关桥隧养护维修总的方针、原则和标准，由铁道部制订以部令下达，铁路局遵循部令按照"铁路局、铁路分局、工务段"三级管理的职能，组织实施（参见工务基层组织机构）。工务段作为管理的基层组织，具体负责桥隧设备的检查管理和养护维修工作。桥隧的大修改造（参见桥梁隧道大修维修管理，钢梁加固及限界改善，墩台及基础加固，桥梁浅基防护，隧道衬砌裂损整治），由桥隧大修段承担。为了做好桥隧大维修工作，铁路局还设大修设计和桥隧检定等组织。对特大、技术复杂的桥梁和隧道群，可视具体情况设置养护机构——桥（隧）工段（处）等。

3、病害

桥梁病害：①桥梁在自然环境中受到侵蚀而产生的病害。如钢梁锈蚀（参见钢桥养护）；跨河桥梁受洪水或冰凌的危害（参见铁路防洪）；跨越泥石流沟谷的桥梁雨季被堵或冲毁；通航河流上桥梁受船只意外碰撞；地震区的桥梁受震（参见桥梁抗震）等；②桥位不当、地质条件差、桥跨孔径不足或基础深度不够等设计原因引起的病害；③桥梁施工及养护差造成的病害。如钢梁焊铆质量不佳，圬工及墩台裂缝，支座锚螺栓孔灌注不实、活动支座滚板粗糙不密贴或翘起，甚至生锈失去应有的作用，引起墩台断裂或锚螺栓剪断。

隧道病害：中国地域辽阔，各地自然条件差异大，铁路隧道所穿越山体的工程地质及水文地质条件复杂，修建时期因设计考虑不周、施工质量低劣，及养护维修不当等造成既有隧道限界不足（参见隧道限界管理）、衬砌裂损（参见隧道衬砌裂损整治）、隧道漏水、衬砌腐蚀、隧道冻害（参见隧道病害防治）、整体道床裂损、洞门及附属结构物损坏等。山体的内力重新分布，超挖回填不足，衬砌背后填土受水冲空，砌体砂浆失效，拱部、边墙和仰拱结合处应力集中，也会造成衬砌裂纹、错位、剥落等。

4、病害检查

检查是系统掌握桥隧设备状态的重要手段，为桥隧大维修工作提供依据，并能及时发现病害，采取防治措施，正确规定列车运行条件。检查按时间分为：经常检查及定期（春秋两季）检查；按内容分为水文检查、一般检查、特别检查及检定与试验。

经常检查主要是检查设备状态变化较快和直接影响行车的部位，并对已发生的病害定时观测。一般由工长、领工员对管内设备每月或每季检查一遍，长大桥隧还应由桥隧巡守工每日检查一次。技术复杂或有严重病害的桥隧，由工务段负责人组织有关人员进行检查。

秋季大检查由工务段根据铁路局的布置进行。长大及重要桥隧设备，工务段长必须亲自检查，分局和铁路局派员重点参加。对桥隧设备各部分的技术状态，应按《桥隧建筑物状态评定标准》进行全面细致的检查，以查明各种病害情况及发生原因，据以拟定对策和安排大、维修或更新改造计划，并填表上报，经铁路局审查汇总后上报铁道部有关部门。

春融及汛前检查工务段应对桥涵排水及防护设备进行检查。清除涵管内淤泥；对桥下进行疏通保证排水畅通；对导流建筑物及防护设备进行检查修理；调查上游水库情况，采取措施确保汛期安全，在春融前对破冰凌等防护设备应进行检查，以保证流冰安全过桥。

水文检查凡特大、大桥及有墩台基础冲刷严重的桥梁，设专职人观测河床断面、水位、流速、流冰等。在春汛及洪水时期每日应增加观测次数。

一般检查桥梁可分为桥面、梁跨、支座、墩台和附属设施（防护及检查设备）5个大项进行检查；隧道可分为衬砌、排水、隧道内整体道床，对于有明显偏压的隧道、明洞，应检查山体动态和衬砌有无裂纹变化等。

桥隧设备的特别检查：①限界检查：主要线路的桥隧限界每5年，其他线路的桥隧限界每10年检查一遍。检查结果应绘出每座界桥隧综合最小限界图。铁路局并应绘制管内各区段桥隧综合最小限界图，报送铁道部；②桥梁挠度和拱度测量；③断面及平面测绘；④墩台变形观测及下部病害检查。桥隧设备的特别检查及桥隧检定及试验由分局或铁路局组织进行。

桥隧检定及试验：①运营中的特大、新型结构的桥梁，铁路局应每隔十年进行一次检定（参见桥梁检定）；桥梁出现严重病害或受外界损伤，可能危及行车安全的，应及时进行检定；对新建的特大、技术复杂桥梁，必须进行全面检定试验；②对运营中规定设置机械通风及通风不良的隧道，铁路局应组织工务、卫生等有关部门，每年一次抽取空气加以试验，测定有害气体浓度，必要时进行通风试验；对新建设置机械通风的隧道，必须进行通风试验。

5、预防与整治病害

在维修工作中运用现代化管理的先进理论，运用状态修的方法，区别不同的桥隧结构类型，根据不同的运输强度、自然环境，按其状态的变化规律，选择恰如其分的维修方式和内容，以获取最佳技术经济效果。

经常保养是桥隧养护的主要环节，其作用是：预防病害，消除严重危害和临近超限处所，经常保持桥梁各部位状态均匀完好，保证行车安全平稳。其主要工作是：明桥面桥枕、护轨、连接零件的整修，钢梁清洗和涂装修补，支座清扫加油，圬工体勾缝修补，排水设施清淤疏通，隧道内清除煤渣、结冰及衬砌掉块，添补防火设备内的水、砂及人行道板，整修危及人身安全的检查设备等。

综合维修是桥隧养护的重要修程，其作用是：部分恢复桥隧各部件功能，按照预防为主，预防与整治相结合的原则，对设备进行适时预防性修理和病害整治，保持整座设备质量均衡等强，延长大维修周期。其重点内容是：全面整平明桥面，更换失效桥枕，联结零件整修或更换，钢结构维护性涂装，伤损构件整修更换，圬工裂缝修补，支座整平加油；隧道漏水整治，衬砌圬工修补，隧道内整体道床修理，隧道通风、照明设施修理等。

大修是桥隧养护的关键。其作用是：根据桥隧技术状态和运输发展的需要，有计划地按周期进行大修、重点病毒整治和加固改造，恢复或改善桥隧功能，延长其使用寿命。其重点内容是：改造、加固和更换钢梁；加固、更换圬工梁拱、墩台和基础；桥梁扩孔、整治河道、防护设备和河流调节建筑物；涵渠扩孔、加固，隧道扩大限界、加固或更换衬砌、整治漏水；整孔更换桥面，成组更换温度调节器；整孔钢梁涂装周期性大修，隧道整体道床病害的整治、翻新或更换。

逐步推进桥梁检定工作20世纪50年代所进行的桥梁检定和检算，基本上查清了全部1.8万余孔钢梁的承载能力，60年代桥梁检定范围扩大到圬工梁拱、墩台及孔径检算。参见桥梁检定。

桥隧养护机械化的发展：①养桥机械化的组织与设备。铁道部1959年在上海召开养桥机械化现场会议，推进了养桥机械化。在特大、大桥基本上实现了"四喷一铆"（参见铁道工务之线路大修维修工务工作的机械化）；②桥梁养护机械。起移梁设备（各种型号的千斤顶、立镐，千斤顶是用于顶高或提升重物的机具，有齿条式、螺纹式及液压式）、动力设备（电动空压机、柴油空压机）、焊接设备（交流弧焊机、直流弧焊机、对焊机）、除锈设备（喷砂除锈设备、电动除锈机、风动除锈机）、涂装设备（喷漆设备、喷金属设备）、高处作业车设备（桁梁作业车、上承板梁作业车、圬工梁作业车）、紧固机具（电动扳手、风动扳手）、风动钻眼机、船只设备（机动船、气垫船）；③隧道养护机械。风镐、压风机、轨道走行小吊车、压浆作业车、钢拱架作业车、混凝土灌筑车组、喷混凝土作业车组及机械手、活动式（升降、旋转）隧道脚手架、限界检查车及隧道机械通风设备等。80年代隧道防电拱架车、桁梁防电作业车、投入使用，推进了电气化区段的机械作业。

新技术、新方法、新材料、新工艺的采用：①桥隧检测桥梁检定已普遍采用挠度仪、动静态电阻应变仪、测振仪、光学示波器并广泛应用微机；水下电视检查深水墩台病害；油漆涂膜厚度测量仪；隧道限界摄影车及激光断面仪；测量重力式桥墩墩顶振动判定墩身下部病害；墩台位移观测装置；桥梁水位自动监视记录仪；隧道无损检测技术的应用；长大桥隧列车接近报警装置；②桥隧病害整治和加固采用环氧树脂浆液、高分子水泥密封剂（M1500）整治混凝土结构及圬工梁裂缝等；用环氧树脂浆取代干硬性水泥砂浆整治支座；采用聚氨酯浆液和阳离子乳胶沥青整治隧道漏水；喷射钢纤维混凝土加固墩台及隧道衬砌；用光面爆破控制爆破技术凿除岩石及旧衬砌；用通风法向隧道内鼓风消除排水管的冰冻堵塞；橡胶平板支座的应用；大桥上采用曲线形温度调节器；钢梁涂装底面漆的改进与优化；钢梁纵梁、上承板梁上盖板喷砂、喷锌或喷铝及涂聚氨酯底面漆；在线路架空、顶进箱桥、换梁及更换钢梁纵梁上盖板中采用特制的工型架空设备；在换梁、架梁中采用液压顶拖新设备来纵横移及垂直升降桥梁；采用长效防锈油脂及在圬工梁桥面采用耐久性能良好的新型防水材料及工艺；用钻孔桩、旋喷桩及地下连续墙加固墩台浅基；在既有线用顶进法（整体顶入法、中继顶入法、顶拉法等）修建立交桥（参见既有线顶进桥涵）；采用新奥法原理及手段整治、加固隧道病害；抑制上承钢板梁横向振幅超限新技术；③隧道通风照明（参见隧道运营通风，隧道照明）。"四新"的推广应用，对确保桥隧大维修施工安全与质量，缩短施工封锁或慢行时间，提高工作效率和经济效益起着十分明显的作用。

随着铁路工程建设和科学技术的迅速发展，各种新型桥梁结构及全长 10km 以上通过复杂地质条件的特长隧道增多，铁路特长隧道不但长度大，而且埋深地层加深，常会遇到高温、高地应力、高压涌水、岩爆等情况。除给设计、施工造成困难以外，也给桥隧养护维修带来新的课题。特长隧道投入运营后，必须以可靠的运营安全，科学的管理方式与手段进行养护维修。一旦发生故障、事故和火灾时能提供快速而有效的抢修与救援。就高温、潮湿和噪声而言，强力的通风系统是一个重要的先决条件。同时，应建立监测报警系统和功能齐全的求援机构及设备，并配备完善的电力、照明、通风、消防用水系统，在洞内修建养护人员使用的休息、餐饮和卫生设施。

在 2000 年建成的西康线特长秦岭隧道由两座单线各长约 18.45km 隧道组成，是目前中国最长的单线铁路隧道。该隧道在建设过程中，对隧道养护特点与要求相应做了若干安排，设置秦岭隧道养护管理机构，集中指挥并协调各工种在同一"天窗'内作业的维修养护模式，配备养护列车、隧道内垃圾清扫车、机械化巡道及线路检测设备等。

二、隧道日常养护作业区安全措施

为确保公路隧道的安全通畅和隧道日常养护作业的顺利开展，根据所掌握的公路隧道交通信息，制订切实可行的养护作业安全措施：

1、养护作业安全要求

隧道的日常养护作业宜选择在交通量较小时段进行。作业前应做好：

制定周密的养护计划，确定合理的工作区；

作业人员必须接受专门的安全教育和作业规程训练；

检测隧道内 CO、烟雾等有害气体的浓度及能见度是否会影响施工安全；

观察隧道结构状况是否会影响作业安全，如有危险，应先处理后作业；

检查施工信号灯是否准确、明显，施工标志设置是否规范；

对养护机械、台架应进行全面的安全检查，并应在机械上设置明显的反光标志，在台架周围设置防眩灯，以反映作业现场的轮廓。

2、养护作业区安全措施

隧道养护作业时按车辆单向通行，封闭半幅路面的方法封闭作业区，隧道养护作业实施时：

联系高速交警大队和天秦路政大队配合疏导指挥交通；

明确养护内容及要求，对现场养护人员进行组织分工，养护作业的实施力求迅速、快捷，不留死角；

统一养护标识，包括养护人员着装、机械设备示警灯、交通标志标牌的一致和鲜明；

用统一的反光锥筒封闭养护作业区，并设置安全慢行示警灯；

交通指挥人员必须坚守工作岗位，限制隧道进出口车辆行驶速度，告知禁止超车。现场配备 6 台对讲机，加强与洞内和另一侧洞口的联系；

从养护作业的开始至结束，现场必须专人统一指挥，养护人员不得随意变更养护作业区或养护工作计划，作业人员不得在施工路段外活动或将任何施工机具、材料置于养护维修作业控制区以外；

养护施工路段内的照明应满足养护要求。

3、隧道病害处治

病害处置方法：

衬砌背面注浆；

防护网；

喷射混凝土；

锚杆加固；

排水止水；

套拱；

绝热层；

滑坡整治；

围岩压浆；

灌浆锚固；

增设仰拱；

更换衬砌。

（1）衬砌背面注浆

采用衬砌背面注浆处理病害的要求：

应根据专项检查结果，确定空隙部位，合理布置注浆孔。

注浆压力应小于0.5MPa，在注浆过程中应加强监测。

注浆效果检查可采取钻孔取芯、超声波或者雷达检测等方法。

（2）防护网

防护网必须选用耐火的材料。

施工前应凿除衬砌剥离劣化部分。

防护网可用锚栓固定在衬砌表面上，应固定牢固。

（3）喷射混凝土

当采用钢筋网喷射混凝土时，钢筋网必须有恰当的保护层厚度。喷射混凝土作业完成后，应对喷射混凝土层进行检测，强度指标应达到设计要求。

（4）锚杆加固

采用锚杆加固方法处治病害，应符合下列要求：

锚杆的长度和间距应根据病害原因和地质情况确定。

采用水泥砂浆锚杆时，注浆时应注意是否堵塞或是否需要补注。

采用自进式锚杆时，安装前应检查锚杆中孔是否畅通。

做锚杆拔力试验检查锚杆的质量。

（5）排水止水

当隧道局部出现涌水病害时，宜采用外置排水管和开槽埋管的排水处治。

当地下水沿衬砌裂纹、施工缝以滴水形式漏出时，宜采用向衬砌内注浆的止水法。

当漏水量小且呈表面渗透状时，可设置防水板进行处治。

当地下水特别发育并有稳定来源时，可采取在隧道内设置排水孔、水平钻孔、加深排水沟和深井降水等措施。

（6）套拱加固

采用套拱加固方法处治病害，应符合下列要求：

套拱设计不得侵入建筑限界。

当套拱厚度较大时，可在套拱与衬砌之间设置防水层。

（7）设置绝热层

采用设置绝热层方法处治病害，应符合下列要求：

应选用导热系数小和耐高温的绝热材料。

绝热层的厚度和延长幅度应根据气象数据、岩体和绝热材料的性质确定。

（8）滑坡整治

洞口段边仰坡出现裂缝，可用黏土等填实，必要时可采用锚杆加固。

（9）围岩注浆

围岩注浆结束后，应将注浆孔及检查孔封填密实。

（10）增设仰拱

采用增设仰拱方法处治病害，应符合下列要求：

仰拱的厚度可根据围岩情况确定。

应使用拱架模板浇筑仰拱混凝土。

（11）更换衬砌

更换衬砌处治应符合下列要求：

衬砌内轮廓线必须与原衬砌内轮廓线一致。

施工前应收集衬砌背面空洞和围岩垮塌资料。

拆除衬砌时，应根据围岩地质情况及时进行支撑。

第七节　公路桥涵、隧道灾害防治与抢修

一、公路桥涵灾害与防治技术

近二十多年来，我国公路建设发展十分迅速，截至 2004 年年底，中国公路通车总里程达 181 万 km，高速公路已突破 3 万 km，总里程位居世界第二。伴随着公路建设的快速发展，公路隧道的修建也增长迅速。截至 2004 年年底，我国已建成公路隧道 2 495 座，总长 1 246km，其中 65% 的隧道已经进入到养护维修期。但是，由于我国地域辽阔，各地自然条件差异很大，公路隧道所穿越山体的工程地质及水文地质条件复杂多变，又由于公路隧道工程的特殊性，受地质、设计、施工及运营管理和维修养护等因素的影响，出现的病害也越来越多，有些隧道的病害已严重影响车辆的正常行使，甚至危及行车和养护人员的安全。针对目前国内公路隧道运营的现状，有必要系统深入地研究公路隧道病害产生原因及相应的防治措施。

二、公路隧道的病害检查及养护管理

公路隧道既是道路工程构造物又是地下工程结构。它涉及工程地质、结构力学、空气动力学、光学、自动控制和工程机械等多种学科，技术较为复杂。而且，公路隧道一般都处于崇山峻岭之中，无绕行可能，如果隧道内出现严重渗漏水、衬砌开裂或设施故障等情

况，就会妨碍交通，进而使整个交通线完全处于中断状态，给公路交通造成恶劣影响。隧道主体结构为永久性建筑物，日本统计的隧道平均寿命为 50 年以上，我国公路隧道的设计寿命为 30 年，但隧道作为地下工程建设其寿命应该大于 100 年。对公路隧道运营阶段的病害检测与治理应本着"预防为主、早期发现、及时维护、对症施治"的原则，要经常性的对隧道进行检查，及时发现问题，建立数据库，确定需要整治的技术指标，并采用有效措施整治，对整治完的隧道要制定质量验收标准。力争做到检测程序化，处治规范化，验收标准化。但实现这个目标还有许多专题需要进一步研究。我国交通部于 2003 年 10 月发布了《公路隧道养护技术规范》（JTGH12—2003），其中已经对公路隧道结构检查的基本内容和采取的常规对策给出了明确的规定。

1、公路隧道的检查

公路隧道的检查是为了掌握隧道的现状，发现对隧道安全和功能有影响的病害，为隧道进行合理的养护管理收集和积累资料，建立隧道养护维修的数据库，为决策提供基础数据，以便尽早采取防治病害的措施，确保隧道安全畅通。公路隧道的检查分为日常检查、定期检查、特别检查和专项检查。

日常检查是为了发现隧道结构的早期破损、显著病害或其他异常情况，日常检查原则上与道路巡回检查一并进行。《公路隧道养护技术规范》规定日常检查的频度应不小于 1 次/月，高速公路隧道应不小于 1 次/周，特别是在雨季或冰冻季节更应增加日常检查的频度。检查的内容包括隧道衬砌的裂缝、错台、起层、剥落以及排水设施的破损、堵塞、积水和结冰等。

定期检查是按规定周期对隧道结构的基本状况进行全面检查，检查的目的是系统掌握隧道的基本技术状况，为制订养护工作计划提供依据，检查宜采取徒步的目视检查为主，配备必要的检查工具或设备，检查的内容除了上述提及的结构病害外，还应扩展到运营的通风、照明、噪音、环保、路面抗滑系数等，检查的周期宜为 1 次/年，高速公路隧道应不少于 1 次/年。检查宜安排在春季或秋季，定期检查完成后应提交定期检查报告以及隧道展开图和其他有关检测记录资料。

特别检查是在隧道遭遇地震、洪水等自然灾害，发生火灾、交通事故或出现其他异常事件后对隧道进行的检查，检查的目的是及时掌握隧道结构受损情况，特别检查难以判明破损原因和程度时应作专项检查。

专项检查是根据定期检查和特别检查的结果，或者通过其他途径判断，需要进一步查明某些破损或病害的详细情况而进行的更深入的专门检测，例如隧道火灾后的结构损伤评价检查，检查时要邀请一些有经验的专家并辅以专门的检查设备。通过专项检查，应完整掌握病害的详细资料，为其是否实施处治以及采取何种治理病害的措施等提供技术依据。

2、公路隧道的病害治理

（1）隧道路面渗漏水，主要成因是：隧道仰拱以上蓄积水在压力作用下沿路面伸缩缝上溢，渗水主要来源有两处：一是隧道中央排水沟纵向穿过仰拱。造成仰拱不连续，水体沿仰拱与中央水沟外侧接缝处上泻，在仰拱上方蓄积。二是隧道两侧与纵向排水盲管相连接的横向排水管穿越仰拱上缘，多达100处，在隧道仰拱混凝土浇筑施工时，由于混凝土振捣不密实或漏浆，形成蜂窝孔洞，使衬砌外水体进入仰拱上方，造成路面渗漏水。

（2）危害程度：六盘山隧道漏水促使衬砌混凝土腐蚀泥化、冻胀开裂和剥落，造成衬砌结构破坏，尤其在冬季容易路面结冰和挂冰，严重影响行车安全，渗漏水还会软化围岩，引起围岩变形，对隧道供电线路、灯具、风机预埋件、电缆桥架、消防管道等设施造成不同程度的损害。

（3）治理对策：针对隧道渗漏水的具体情况，治理措施有防、排、堵、截相结合、刚柔相济、因地制宜、综合治理，使之既能自成体系，又能互相配合，形成一个完整的隧道防治水体系，主要处置方法是：防（截）：说到防水，就要在隧道建设之即优化设计方案、优化防水结构形式，在施工时，监理与施工方要密切配合，严格按照设计文件进行施工，严把隧道防水关。排：隧道排水系统至关重要，六盘山隧道在排水系统设计上不尽完善，现在看来存在很多弊端：一是110mm纵向排水盲管，未设置排水收集支管，使隧道侧墙、拱部衬砌外围没有排水通道，积水无法排出。应该设置柔性透水性好的排水支管，呈肋型环向布置，间距控制在10m范围之内，并在初期支护时设置隔离板，防止衬砌混凝土握裹排水管；二是原设计防水板选型用材料不当，在六盘山隧道施工中所用防水板厚度仅为1.2mm聚乙炔板材，强度小，抗老化性能差，通过不到6年的使用，防水板严重老化，并且搭接错位，形成截水盲区。通过2002年隧道渗漏水治理工程施工便一目了然。作为隧道辖养单位，只能立足于现实进行病害处置：一是对于隧道洞身渗漏水的地方，尽最大可能采取排水的处置方式，即打孔埋管引流，在渗漏水点周围，分析找准积水点，用风钻打Φ6cm孔，穿透一、二衬混凝土，放出积水，在隧道壁用风钻刻槽，连通钻孔，埋置半硬塑料泄水管，用速凝砂浆封口（槽），引水到中央排水沟；二是对于仰拱以上，路面以下积水，要经常疏通路面排水地漏及排水管，防止淤塞；三是在路面板块接缝与中央排水沟上方交点用风钻垂直打孔，让路面蓄积水下泄至中央排水沟内，绝不能让积水溢出路面；四是对于渗漏水面积大，混凝土衬砌腐蚀严重，结构受到破坏的情况争取很大投资，要采取专项治理措施。比如像2001~2002年六盘山隧道渗漏水治理工程，拆除原一、二衬混凝土，重新铺设防水板，排水管和衬砌，彻底改善防排水系统。

（4）低温冻害，主要成因是：前面提到六盘山隧道年最低气温度在零下25℃~28.7℃，且持续时间长，最大冻深在1.13m~1.37m之间，六盘山隧道11个类型衬砌断面衬砌厚度在60cm~85cm之间，均在冰冻圈范围之内。一是渗漏水点出口受低温影响，在拱部形成冰柱，倒挂在拱部。二是路面渗水低温结冰。三是衬砌外围积水在冻深范围内结冰。危害程度，高寒地区隧道内渗漏水和蓄积水结冰，将严重危及隧道结构和行车安全。一是拱部和路面渗漏水在低温环境下很容易结冰，形成挂冰，一旦负荷过大，将形成自由落体垂直砸向路面，路面上溢渗水和拱部未冻结的渗水滴到路面形成冰溜子，极大地降低路面抗滑系数，涌量大的漏水在路面上形成冰坎，严重危及行车安全。二是衬砌周围积水在冻深范围内低温结冰，容易发生围岩及衬砌冻胀，致使隧道路面错台。在隧道运行之初，错台现象十分严重，拱部和侧墙发生变形与开裂，尤其在积水临界点，产生冻胀应力传递，会造成拱脚移动，或者侧墙顶内移、破坏隧道结构。三是积水渗入混凝土毛细孔蓄积，尤其是在衬砌渗漏点，冬季水在混凝土内外结冰，膨胀产生冻胀压力，产生冻融现象，使衬砌结构混凝土变酥、泥化、强度降低。比六盘山隧道冻害现象发生严重的隧道较多，新疆的天山二号隧道因渗漏侵蚀和冻胀破坏而报废；青海的大坂山隧道由于渗漏水而成为"冰河"，衬砌结构因冻胀而开裂变形，在 2004 年采用 20cm 厚保温泡沫板加三合板进行全断面装修保温。

三、公路隧道养护与病害治理

1、公路隧道病害的分类及危害程度

公路隧道病害的类型主要有水害、冻害、衬砌裂损、衬砌侵蚀等。隧道病害发生较多的地段，从地质情况看，一般是断层破碎带、风化变质岩地带、裂隙发育的岩体、岩溶地层、软弱围岩地层等；从地形情况看，多发生在斜坡、滑坡构造地带、岩堆崩坍地带等。隧道内各种病害一般不是单独存在的，而是互相影响、互相作用的。其中最常见的病害形式是水害，隧道水害不仅增加隧道内湿度，造成电路短路等事故，危及运输安全，而且还引发其他病害。隧道由于渗漏水、积水，将会造成衬砌开裂或使原有裂缝发展扩大，加重衬砌裂损。当地下水有侵蚀性时，会使衬砌混凝土产生侵蚀，并随着渗漏水的不断发展，使混凝土侵蚀日益严重。在寒冷地区，水是影响隧道围岩冻胀和导致衬砌开裂的重要因素。隧道衬砌裂损病害主要表现为衬砌的变形、开裂和错台。而衬砌一旦开裂，将会给地下水打开一条外渗的通道，引起隧道严重水害，进而就会产生衬砌混凝土的侵蚀，冬季产生冻害等。冻害循环发生，进而使衬砌混凝土再产生开裂变形，导致衬砌承载力下降。春夏季衬砌产生冻害部位解冻，被冻结的冰融化成水，致使衬砌产生渗漏水。在含有侵蚀性地下水的围岩中，地下水的侵蚀将造成衬砌混凝土的疏松、剥落，致使衬砌裂损，承载力降低。总之，隧道内各种病害并不是单独作用的，而是几种情况共同作用，对衬砌结构产生连锁破坏，致使衬砌混凝土开裂变形，产生剥落掉块等，有效厚度减薄，承载力降低，安全可靠性减小。随着病害的持续发展，最终导致衬砌结构失稳破坏。

（1）隧道水害的种类及危害程度

隧道的水害主要是指隧道围岩的地下水或部分地表水，以渗漏或涌入方式进入隧道内造成的危害，包括以下几种：

1）隧道漏水和涌水

隧道漏水和涌水会对隧道的电力设备造成不同程度的损坏，对照明设备产生锈蚀，影响设备的正常运行，降低使用寿命，增加维修费用。渗漏水促使混凝土衬砌风化、剥落，造成衬砌结构破坏。渗漏水还会软化围岩，引起围岩变形；有些隧道渗水中含有对路面的侵蚀性介质，造成一般的混凝土碱化；在寒冷地区造成边墙结冰、拱部挂冰，侵入建筑限界。渗漏水还会造成路面翻浆，危及汽车的安全行驶。严重渗漏水还会引发隧道基础的沉陷，进而造成地面和地面建筑物的不均匀沉降和破坏，使得地表水和含水层水大量流失，破坏周围的生态环境。

2）隧道衬砌周围积水

运营隧道中地表水和地下水向隧道周围渗流汇集，水压力较大时会导致衬砌破裂和拱脚下沉，使围岩的结构面软化或泥化，使膨胀性围岩体积膨胀。在寒冷地区造成冰胀和围岩冻胀。在黄土隧道衬砌周围的水还会离析土中的胶体并带出黄土，使周围的衬砌变成空洞。

3）潜流冲刷

主要是指由于地下水渗流和流动而产生的冲刷和溶蚀作用，使得隧道衬砌基础下沉。它可使边墙开裂或者仰拱、隧道内路基下沉开裂；围岩滑移错动可导致衬砌变形开裂；对超挖回填不密实或未全部回填者，引起围岩坍塌，导致衬砌结构破坏。

（2）隧道冻害的种类及危害程度

我国冻土地区分布广泛，其中多年冻土占整个陆地面积的1/5，在冻土地区修建的公路隧道易产生冻害现象，例如新疆的"天山二号"隧道因渗漏水侵蚀和冻胀破坏而报废，青海的大阪山隧道成为"冰河"，甘肃的七道梁隧道因渗漏水和冰冻而被迫向隧道送暖气，辽宁的八盘岭隧道和吉林的密江隧道因渗漏水而被迫在混凝土衬砌内加复衬。

1）拱部挂冰、边墙结冰

渗漏的地下水通过隧道衬砌混凝土裂缝逐渐渗出，在渗水点出口处受低温影响在拱部形成挂冰，边墙积成冰柱，尤其在施工接缝处渗水点多，结冰明显。如不清理，挂冰越积越大，侵入限界危及行车安全。水沟因结冰堵塞，使地下排水困难，水沟（管或槽）冻裂破损。隧道衬砌周边因水结冰而冻胀，致使隧道内各种冻害接踵而至，特别是路面结冰严重危及汽车的安全行驶。

2）围岩冻胀破坏

隧道修筑在不良地质地段的围岩，如果围岩层面及结构内含水多时，冬季就易发生冻胀破坏，致使隧道拱部和边墙衬砌发生变形与开裂。当边墙壁后排水不畅，积水成冰，产生冻胀压力，会造成拱脚移动，或者墙顶内移；有的虽然墙顶不动但墙中发生内鼓现象，也有墙顶内移致使断裂多段。如果隧道衬砌混凝土设计标号较低，抗渗性差，在地下水丰富地区，水就渗入混凝土内部。到冬季水在混凝土结构内结冰，膨胀产生冻胀压力，经多年冻融循环使衬砌结构变酥、强度降低，造成结构破坏。隧道衬砌除结构内因含水受冻害外，由于岩体冻胀压力的作用，也会使衬砌发生纵向裂纹和环向裂纹。

（3）隧道衬砌裂损的种类及危害程度

1）隧道衬砌裂损的种类

隧道衬砌裂损的类型主要有衬砌变形、衬砌开裂、衬砌腐蚀破坏、衬砌背后空洞、拱脚下沉以及仰拱破碎（进而引起路基下沉、路面翻浆冒泥）等。隧道衬砌开裂根据裂缝走向，分为纵向裂缝、环向裂缝和斜向裂缝3种。环向工作裂缝一般对于衬砌结构正常承载影响不大，拱部和边墙的纵向及斜向裂纹对隧道结构的整体性危害较大。

2）衬砌裂损的危害程度

衬砌裂损的危害是不言而喻的，它可导致隧道结构变形、掉块甚至塌落；降低衬砌结构对围岩的承载能力；使隧道的净空变小，侵入建筑限界，影响车辆安全通过；衬砌裂缝还会成为渗漏水的通道。

（4）衬砌侵蚀的种类及危害程度

建在富含腐蚀性介质的公路隧道，其衬砌背后的腐蚀性环境水，容易沿衬砌的工作缝、变形缝、毛细孔，及其他孔洞渗流到衬砌内侧，成为隧道渗漏水对衬砌混凝土和砌石、灰缝产生物理性或化学性的侵蚀作用，造成衬砌侵蚀。

1）衬砌侵蚀的种类

衬砌侵蚀的种类分为物理侵蚀和化学侵蚀两类。物理侵蚀的种类主要有：冻融交替部位的冻胀性裂损和干湿交替部位的盐类结晶性胀裂损坏两种。隧道衬砌混凝土的化学侵蚀是一个很复杂的物理化学过程。综合国内外的研究成果，根据主要物质因素和腐蚀破坏机理，可分为硫酸盐侵蚀、镁盐侵蚀、溶出性侵蚀（软水侵蚀）、碳酸盐侵蚀和一般酸性侵蚀5种。

2）衬砌侵蚀的危害程度

隧道内混凝土衬砌的腐蚀按其种类不同，可分为水蚀、烟蚀、冻蚀及骨料溶胀等。隧道衬砌侵蚀，使衬砌出现起毛、酥松、蜂窝麻面、起鼓剥落、孔洞露石、骨料分离等材质破坏，衬砌厚度变薄。还会导致衬砌内的钢筋腐蚀，使得衬砌结构强度减小，降低隧道衬砌的承载能力，缩短使用寿命，危及行车安全。

2、公路隧道病害的成因与防治

（1）隧道病害的防治原则

病害防治应尽量不中断运营或尽量减少对运营的影响；

摸清病害产生的原因，根据围岩地质等具体因素，选择合理的整治；

病害整治时宜尽量利用既有的临时设施，如便道、房屋、水池等，以降低病害整治费。

（2）水害的成因及防治方法

1）水害的成因

隧道水害的成因是修建隧道破坏了山体原始的水系统平衡，隧道成为所穿越山体附近地下水集聚的通道。在工程勘测设计中对其工程地质及水文地质情况了解得不够仔细，对衬砌周围地下水源、水量、流向及水质勘察不全；有时还缺乏反映防水材料性能的室内实验数据和对结构抗渗、抗腐蚀的具体要求；另外由于施工和监理中存在的问题也是形成水害的原因；目前国内许多厂家生产的防水材料质量不过关也是一个很重要的原因。

2）水害的防治方法

隧道治水的具体措施就是防、排、堵、截相结合，刚柔相济，因地制宜，综合治理，使之既能自成体系，又能互相配合，形成一个完整的隧道防治水体系。主要的处置方法有：（1）完善或者补充地表和地下截水；（2）在垭口和地质不利的地方采取截留和引排使水远离隧道；（3）贯通隧道内的原有排水系统；（4）衬砌背面注浆；（5）在渗漏水的衬砌设置排水设施包括引水管、泻水管和引水渡槽；（6）在衬砌内贴防水层；（7）在施工缝和变形缝处用止水带、遇水膨胀橡胶等密封防水材料进行封堵；（8）对严重漏水的隧道应采取套拱加固。

（3）冻害的成因及防治方法

1）冻害的成因

气温变化是冻融交替的主要原因。衬砌周围冬季冻结、夏季融化。围的围岩沿衬砌周围各最大冻结深度连成的圈叫季节冻融圈。如果在设计过程中，对围岩的岩性即冻胀性土没有考虑或考虑不周，隧道的排水设施如埋在冻结圈内则冬季易发生冰塞。

2）冻害的防治方法

隧道冻害的根本原因就是围岩地下水的冻结，如果能将水排除在冻结圈以外，杜绝水进入冻结圈，就能达到防治冻害的目的，综合治理是防治冻害的最基本措施。为防治冻害而采取的治水措施主要是：

消灭衬砌漏水缺陷，保证衬砌污工不再充水受冻；

加强结构层和接缝防水（所用防水材料要有一定的抗冻性）；

对有冻害的段落，保证排水系统畅通，不允许衬砌背后积水，并防止冻结圈外的地下水向冻结圈内迁移；

衬砌背后空隙用砂浆回填密实；

保证排水设施或泄水沟应在任何季节，任何条件下不冻结；

在严寒地区可采用中心深埋泄水洞；

更换土壤、增加保温材料防冻、防止融坍、加强结构等措施。

（4）衬砌裂损的成因及防治方法

1）衬砌裂损的成因

隧道设计时因围岩级别划分不准、衬砌类型选择不当，造成衬砌结构与围岩实际载荷不相应引发裂损病害。客观上因隧道穿越山体的工程地质和水文地质条件复杂多变，受勘测设计工作的数量、深度所限，大量的隧道都只有较少的地质钻孔，设计阶段难以取得完整准确的资料，可能出现一些地段的围岩级别划分不准，衬砌类型选择不当的情况。如果在施工中得不到纠正，或施工中进行了错误的设计变更，都会造成这些地段得衬砌结构与围岩实际载荷不相适应。例如对一些具有膨胀性围岩地段未采取曲墙加仰拱衬砌；偏压地段未采取偏压衬砌；断层破碎带、褶皱区等局部围岩松散压力或构造应力较大的地段未采取相应的衬砌结构加固措施；对地基软弱和易风化泥化地段未设可靠防排水设施等。施工时受技术条件限制，方法不当，管理不善，造成工程质量不良。例如先拱后墙法施工时拱架变形下沉，造成拱部衬砌产生不均匀下沉，拱腰和拱顶发生施工早期裂缝；拱顶与围岩不密贴；过早拆除模板支撑使沉砌承受超容许的荷载，易发生裂损。上述这些问题包括水害均可能造成隧道衬砌的裂损。

2）衬砌裂损的治理方法

整治衬砌裂损病害，首先要消灭已有的衬砌裂损对结构及运营的一切危害，并防止裂损扩大。其次是采取以稳固围岩为主，稳固岩体与加固衬砌相结合的综合治理措施。稳固围岩的工程措施有：治水稳固岩体、锚干加固岩体、注浆加固岩体、支挡加固岩体、衬砌背后空洞压浆、回填和换填等。衬砌更换与加固的方法有：压浆加固、嵌补加固、喷锚加固、套拱加固、更换衬砌等。

（5）衬砌侵蚀的成因及防治方法

1）衬砌侵蚀的成因

环境水对混凝土和水泥砂浆的侵蚀作用主要可归纳为 3 种：溶出性侵蚀（即非结晶性侵蚀）、结晶性侵蚀和复合性侵蚀（溶出性和结晶性侵蚀同时作用或交替作用）。对溶出性侵蚀，只要能解决衬砌的渗漏水问题，就能达到防蚀的目的。对于结晶性侵蚀，由于侵蚀是因水泥中的化合物与水作用后的新生成物或水中盐类介质析出结晶，发生体积膨胀而导致材料破坏，而析出结晶的条件是混凝土中的干湿变化，干湿变化越频繁，侵蚀速度越快。因此对这类侵蚀，不仅要防渗漏，还要防止混凝土浸水，避免侵蚀水与混凝土发生作用。复合性侵蚀包含了上述两种侵蚀的特性。

2）衬砌侵蚀的防治方法

产生侵蚀的 3 个要素是：腐蚀介质的存在；易腐蚀物质的存在；地下水的存在具有活动性。针对侵蚀产生的原因和条件，对公路隧道侵蚀采取的防治措施主要有：（1）提高混凝土的密实性和衬砌的整体性；（2）外掺加料法；（3）选用耐侵蚀水泥；（4）加强衬砌外排水措施；使用密实的与混凝土不起化学反应的材料在衬砌外表面做隔离防水层；（5）采用与侵蚀性环境水不起化学反应的天然石料砌筑衬砌；（6）向衬砌背后压注防蚀浆液；（7）使用防腐蚀混凝土等。

3、治理隧道病害存在的问题

20 年来，我国的公路隧道已经从最初的建设期进入到现在的建设管理期，对于其他的隧道病害乃至于隧道的日常检测内容、方法、频率、安全性评价指标、处治质量检测标准等研究较少，目前还没有一套针对公路隧道的养护维修管理系统，工程中只能根据经验判断提出养护治理的办法。本书中所叙述的只是一些常见的病害和处治的一般性办法，更科学、合理、系统的公路隧道养护维修以及病害治理办法有待于进一步研究和完善。

四、钢梁（桥）的维护与涂装

1、喷砂除锈

（1）料机具设备准备

1）动力：空气压缩机不小于 9m³/min；送风管路。

2）石英砂（河砂）：干燥的粗（河）砂，粒径在 0.5~2.5 mm。

3）喷砂用具：①贮风包；② Φ25mm 压力橡皮管；③油水分离器；

4）装砂设备：①喷砂器；②喷砂咀及连接器；③ Φ8mm 供气管及喷砂衣。

5）根据不同的部位搭设挂钩、脚手架、安全网，并佩戴安全帽、安全绳。

（2）施工作业准备

1）供风：风压 0.4~0.6MPa，风量每个喷嘴 3~4m²/min。

2）石英砂（河沙）：干燥、洁净、坚硬，每平方米钢梁表面按 0.03~0.05m³ 砂计算，并装喷砂器。

3）连接管理：安装好喷砂咀，尽可能缩短喷砂器至喷砂处的距离。

4）喷砂除锈：全桥范围喷砂除锈，风压 0.4~0.6MPa，每个喷嘴耗风量 3~4m²/min，石英砂粒径 0.5~2.5mm 耗风量 0.033~0.05m³/min，喷嘴至钢表面 150~250mm，喷射角 45º~80º，喷嘴内径由 7mm 磨损到 9mm 更换，喷嘴消耗量 1/30~1/60 个 m²。

5）底漆、中间漆宜在气温 10º~35ºC 范围进行喷漆；喷涂时控制在雨、雾、潮湿（相对湿度低于 80%）；风力小于 3 级，钢表面温度低于 50ºC 的条件下进行。

6）钢梁表面应无残留旧油皮、氧化皮及锈痕、灰尘、油垢、腐蚀物，外观达到 Sa3 清理标准，钢表面应为均一致的银白色。

7）钢梁表面无损伤，边角及杆件结合缝清理干净，无污垢，并加强节点、螺栓、铆钉、焊缝、易水部位的除锈。

2、涂装

（1）油漆调配及使用

根据《铁路桥隧建筑物修理规则》规定的涂装体系：使用的油漆为环氧富锌底漆（分装）、环氧云铁中间漆（分装）、灰铝粉石墨醇酸面漆（分装），采用喷漆工艺，个别困难部位可涂刷。

环氧富锌底漆在 25ºC 时 4 小时内用完（夏天 2 小时用完），涂漆间隔时间：第一道底漆在除锈后 0~4 小时完成，以后各道间隔时间最短 24 小时，最长 7 天。

环氧云铁中间漆在 25ºC 时 4 小时内用完（夏天 2 小时用完），待底漆喷涂 24 小时干燥后方可涂此漆。

灰铝粉石墨醇酸面漆按油漆比例调和至施工黏度，静铬 10 分钟后使用，应注意环境洁净无尘，表干 30 分钟，实干 18 小时，稀释剂用量一般不超过涂料重量的 2%。以上几种油漆储存期（室温）自生产之日起计有效期为一年（其中面漆储存期为半年）。

油漆用量：环氧富锌底漆一度 0.35kg/m²，环氧云铁中间漆一度 0.3kg/m²，面漆一度 0.125~0.167kg/m²。油漆稀稠程度根据出厂黏度、施工温度及施工方法确定掺加规定的稀料数量，应符合施工时气温所要求的黏度，不准任意掺加稀料（参照《桥隧维修单项技术作业》），一般不超过涂料重量的 2%。调配好的油漆，经试涂漆膜厚度达到质量要求，干膜六层不少于 215~260μm，漆膜表面均匀、平整、光滑、无流淌。稀释过稠，可掺入不超主漆料重量的 2% 稀料，或按专用稀释剂说明使用。稀释剂应与油漆配套使用，不得混用。

（2）施工准备

1）施工条件及油漆

宜在 10º~35º 及无雨、雾、潮湿条件下作业，压缩空气应无油无水。喷涂第一层底漆前，松香水擦干净。在杆件可能存水的缝，用油性腻子腻塞平整。无漏喷、漏涂、斑点、鼓泡、刷痕等，漆膜厚度均匀，表面光滑，有光泽。施工中遇雷阵雨应停止喷砂、喷漆，已喷砂表面应重新处理，已喷漆部分应检查，如有起皮、起皱、剥落等病害，应处理后再施工。

施工前再次确定：油漆是否有错，是否有结皮、冻裂、沉底等非常现象，出现非常应及时处理。

测定油漆黏度，调整黏度达到施工要求。

试喷油漆，了解喷枪、风压、黏度是否合适，是否流挂，以便调整。

了解油漆的干燥等性能；了解施工时的湿度、温度、风力是否符合要求；了解钢梁温度，用磁性钢板表面温度计测试钢梁温度，熟悉本套涂装系各层间的要求。

2）喷砂设备

喷砂器应先开风阀后开砂阀，停止时应先停砂后停风。

喷砂顺序：自上而下，由一端到另一端逐步推进，对一根杆件及一个部位，先喷角落窄缝处所，后喷宽敞部份，先喷边缘后喷中间，先喷铆钉头后喷平面。

喷砂咀与钢梁平面的距离为 150~250mm，喷射角度在 45~80 度间。喷砂完毕后，应用压缩空气清除钢梁表面的积砂和灰尘。

检查清理后检查钢结构表面油污、灰尘、氧化皮、腐蚀物、旧涂层以及其他外来物是否清除干净，钢结构清理标准是否达到 Sa3（St3）标准，表面是否呈金属本色。

检查比较清理后钢结构表面粗糙度，是否满足 Ra ≤ 12.5μm（上盖板 Ra ≤ 15μm）。

（3）施工

试喷：正式涂装前应试喷油漆，掌握温度、黏度、喷枪速度等对涂装质量的影响，取得经验，试喷到面漆一道。

喷漆前准备：准备喷枪，调整漆雾，搅拌油漆，除去钢表面的灰尘和异物。

涂漆方式：喷涂和刷涂相结合。

喷涂方式：行枪速度均匀，枪距物面距当尽量控制 45° 喷涂，压盖 1/3 至于 1/2，压盖均匀。按照先上后下，先难后易的步骤，先喷涂上平纵联，然后桁架，然后下平纵联，并注意搭界、棱角、死角、不易喷涂处需刷涂，这些地方要多涂一道。

防止流挂、超薄和干喷，严格控制稀释剂的用量。对超薄部分可以补喷。

加强重点部位的喷涂：对节点螺栓群内外侧；焊缝和容易渍水的表面（如纵横梁下翼缘的上、下侧）受烟熏、受冲击及水汽长期侵蚀的部位应认真喷涂，增加厚度或加涂一道面漆，干膜总厚度达到 250μm。自检喷涂质量：喷涂一个区段后，用眼观察湿膜，如湿膜湿润、丰满、有光泽、无流挂，则喷涂质量好，如湿膜光泽差，有粗糙感，喷涂不均匀而偏薄。

补偿喷涂：在光泽差、有粗糙感的地方，可补喷加厚。干膜测定不足处，在下一道喷涂时加厚补偿。清洗用具：用少量相应稀料清洗喷具和刷具，至少清洗 3 次，用过的稀释可重复来清洗。

腻缝：向上大于 0.5mm 的缝，可用腻子腻缝，在两道底漆后进行，原腻缝完好者，可不必清除。

（4）特殊情况处理

喷砂中下雨，应停止喷砂，已喷表面需重新喷砂处理。

喷漆中遇雨，应立即停喷，已涂油漆部分在下次施工前检查，如有起皮、起皱、剥落等病害，应处理再施工。

（5）上盖板喷锌

1）准备

按照批准的慢行点设辂慢行，慢行速度为 35km/h，慢行长度 200m。每天检查线路三次（8：00、13：00、18：00）并做好记录，如有超限处立即处理。更换桥枕利用封锁点采用单根抽换直至更换整孔。按照隔三抽一、隔五抽二的原则，调整桥枕间距，间距不大于 550mm。

2）施工

喷砂除锈。

喷镀前，经喷砂处理的钢表面必须洁净并无潮湿现象，露出银灰色的金属本色，具有一定的粗糙度，喷砂后与喷锌间隔不超过 4 小时。喷锌完毕，应随即在喷锌层上涂以封缝漆，以封闭喷层的细小毛孔，再涂装桥梁上盖板专用漆 2~4 道。重新移枕，调整进入下一循环。进行整理工作，补齐道钉，装上护木，装齐、拧紧钩螺栓，安装步行板，全面检查，使桥面及线路恢复完好状态，清理工具运走旧枕等材料。

3、结束工作

（1）拆脚手架；

（2）清洗机具、管道；

（3）整平明桥面。

第八节　桥涵、隧道养护与维修的常用机具及安全作业

一、养护作业常用机具

各种类型的桥梁分布在全国各地。它们有的是汽车专用公路上的桥梁，有的是一般公路上的桥梁，有的是城市桥梁，有的是公路、铁路两用桥梁，有的是铁路桥梁，还有的是人行桥等等。有的在崇山峻岭，有的在大江大湖，有的在海边，还有的跨越海湾。有的是高寒地区，有的是台风经常袭击的地方，还有的处于地震地区等等。

这些处在不同气候、水文、地质条件下功用不同的各类型桥梁的养护维修设备仪器是有区别的。各主管部门应根据各自的特点配备，以保证养护维修和管理工作正常开展。

一般而言，大型设备可集中管理，多座桥梁共用；小型设备又经常使用的则可适当多装备一些；至于小型工具则应普遍装备，对结构复杂的特大型桥梁，如悬索桥、斜拉桥和钢管混凝土系杆拱桥等，则应配备一些专门的机具、设备和仪器。

1、桥梁检测车

桥梁检测车是一种在汽车底盘上安装多节工作臂和平台，用于检查桥梁有无损伤的专用机械。这种检查车的多节工作臂可以按一定方向旋转、折叠或伸缩，人可在臂端的升降台中检查桥梁的侧面、底部、桥墩等部位的裂缝、剥落、露筋、锈蚀等情况，并进行养护维修作业。也可以向上弯曲进行高空作业。

这种检查车目前有两类：桁架式桥梁检查车和电视式桥梁检查车。后者可把电视摄像机送到检查部位拍摄图像，通过电视检查、磁带录像机录像，达到迅速准确地检查桥梁的目的，尤其是对不便人工检查的部位更为快捷、方便、有效且可以缩短检查时间，便于记录和保存，确保检查作业安全进行。但它不能像前者那样，检查人员可以直接到走廊上进行养护维修作业。

2、高空作业车

高空作业车一般可升高 12m，为保持全桥路灯有效工作，随时更换和维修失效的路灯。为此，必须配备可以为工作人员提供检查、修理和更换路灯的高空作业车。

（1）混凝土喷射泵

利用压缩空气将混凝土沿管道连续输送，并喷射到施工面上去的机械。分干式喷射机和湿式喷射机两类，前者由气力输送干拌和料，在喷嘴处与压力水混合后喷出；后者由气力或混凝土泵输送混凝土混合物经喷嘴喷出。广泛用于地下工程、井巷、隧道、涵洞等的

衬砌施工。在桥梁养护中，可对桥墩、桥面进行混凝土填补、补强养护维修作业。

（2）高压水力破除机遇液压喷涂设备

桥梁维修时，用于桥面或桥墩等混凝土的清理，以便工作人员养护维修作业。

（3）其他常用维修机械设备和专用工具

电焊机、砂轮机、切割机、千斤顶、混凝土拌和机、混凝土输送泵车、除锈机、钢筋加工设备、高压水泵及喷射枪、吸污泵、空压机、风动工具、挖掘机、导链、滑车、钢筋保护层测试仪、裂缝测宽仪、钢丝绳、撬棍、绳索、格式扳手、检查梯、脚手板、镐、铲、大锤、小锤、冲击钻等。

二、养护与维修的安全作业

1、公路养护维修施工安全生产事故的特点

在养护维修工程中，如何消除施工隐患、避免安全事故的发生，通过认真分析事故，发现有以下特点：

事故突发多发：公路工程建设安全事故具有突发性，表现为事故征兆不明显，连锁反应强烈、破坏性强、后果严重。在施工的每一个环节、每一道工序、每一个时刻都有可能发生，安全生产事故也具有多发性特征。

领域相对集中：根据公路工程施工安全事故类别分析，桥梁、路基和隧道施工施工事故分别占事故总数的46%、31%和21%，占死亡人数总数的46%、25%和23%。五大伤害事故从高到低排名依次是坍塌、高处坠落、车辆伤害、触电和物体打击，占事故总和的81%。由此可见，安全事故存在一定的规律性。

事故后果严重：事故往往造成人员伤亡、设备损坏和成品破损。为配合调查、解决善后，轻则造成工施工单位经济损失，个人接收纪律处分；重则可能被追究刑事责任，处理不好还会埋下隐患，必然影响后续工作推进，后果非常严重。

2、公路养护维修施工中防范措施

针对公路养护维修工程中的施工特点和安全生产事故的特点，要提升施工安全管理水平，要以保护劳动着的健康与安全为最终目的，从对施工生产中所涉及的人、物、环境因素现状进行管理，对人和物的不安全状态以及不安全行为进行确实有效的控制，从而避免或者消除安全生产事故的发生，因此，在施工管理中必须做好以下防范措施：

（1）强化安全教育、落实制度管理

安全教育和培训对公路施工企业安全管理工作尤为重要，也是从最根本上杜绝人的不安全行为的重要措施。所有参与施工人员必须参加三级安全教育（公司级、项目部级、班级）的安全培训学习，对安全施工规程和所涉及具体项目的专业基础知识，必须结合实际需要有目的地学习，从而加强自身的保护意识，不进行违章操作，不违反劳动纪律。这不

仅是岗位职责的基本要求，而且是保证安全生产的重要基础。由此，才能最大限度减少和避免工作失误，降低因自身业务能力不足而带来的安全风险。

通过培训学习，要将施工安全生产制度落实到位，防止在执行过程中产生偏离和走样——"事前、事中、事后"全过程控制变成了事后处理，事前部署止于文件往来，事中追踪缺乏跟进手段，事故处理"四不放过"原则流于纸面。

（2）树立提高安全防范意识

公路养护维修项目施工过程中，常常雇佣民工，他们的安全意识相对比较单薄，并且有很强的流动性，根本不懂得项目工程安全的知识以及操作规程。部分管理人员安全技术以及能力十分匮乏，项目的安全管理人员严重不足，从而无法满足项目安全生产的培训以及教育需要，因此，要做好施工安全管理，必须一切同生产相关的人全员参与，尤其是现场施工人员和监管人员，首先必须从思想上树立牢固安全意识，高度重视施工安全防范问题，提高对施工安全防范重要性的认识。只要在思想上重视了，行动才会更自觉，方法才会更多样，措施才会更科学。这就是先辈们提出的"安全第一，预防为主""安全为了生产，生产必须安全""安全生产必须人人时时处处讲，人人时时处处抓，人人时时处处管"等重要论断的正确性所在。

（3）合理增加安全资金和技术投入

受当前国内安全形势和公路养护维修工程客观条件方面的影响，现阶段公路养护维修形势致使安全生产投入增加，工作保障经费需求也会水涨船高。但在实际工作中，安全生产投入难以满足现实需要。一是卖方市场和最低价评标价法挤压了合理利润，安全生产投入来源不畅。二是安全生产事故具有一定的偶发性，不宜量化，在监管不力时易滋生侥幸心理，资本逐利本性驱使安全生产投入减少。投入减少造成必要的保障措施难已到位，同时先进的安全监控技术无法引进，在外部条件日趋严苛时，"一增、一减"进一步恶化公路施工安全形势，风险进一步加大。

这就必须严格落实"党政同责、一岗双责、失职追责"的安全生产责任制，确定三方责任主体，即建设单位工程的法人，对该工程项目的整体施工建设安全负责；监理单位的主要责任在于承担工程安全监理责任，它是工程项目建设单位管理层的扩展和延伸。工程施工单位是安全施工管理的第一责任人，它对工程现场的各项安全工作进行管理和负责，即安全事故首要责任人。同时要提高执行力和监管力度，强化实施过程中的监管和定期通报，探索将安全生产纳入企业信用登记的办法和途径。同时改进事故追责导向，将填补制度漏洞、落实工作举措、改善工艺手段作为基本要求，尽量避免类似事故重复、多次发生。

（4）制定科学的规章，采取合理的措施

任何事情都是要靠人去完成的，人的行为必须遵循一定的规则，大到国家法律，小到内部工作监管制度、专业技术标准和规范等，只有必要的制度健全了，做事才不会盲从无序。人的行为才会得以规范有序了，才能减少失误，避免产生不要的损失。所以，抓制度建设是做好施工安全防范的基础和重点。

在施工过程中，如果发现了某些安全问题，但防控手段和措施不科学、不合理，那么防范工作也是无法做好的，实践中的若干实例均能反映此类问题。在实际工作中，我们要善于探索、学习、思考和总结，面对具体的项目要具体分析，努力寻求科学、合理、可行的安全防范措施，做到有的放矢。

三、公路桥梁建设与管理

在施工过程中，施工人员会因为外界环境因素、自身心理因素等原因产生不安全心理这样的情绪，外界因素主要包括社会因素、环境因素、劳动管理方法等，自身心理因素主要包括人员心理素质、心理承受能力等，如果人员在施工操作过程中产生这样的不良情绪就会容易导致违章操作的失误的频繁发生，通过对施工人员不良情绪产生原因的分析，完善环境和管理，这样就能有效避免失误及违章操作的发生。

因此，要对施工人员在不同环境情况下产生的不良情绪进行综合的分析，要消除施工人员的不良心理情绪，这就要求基层管理人员在日常的施工过程中要深入施工人员周围，观察收集施工人员情况，及时发现其心理变化动向，从而降低因施工人员的情绪问题导致的操作安全问题。

1、有效降低施工人员情绪安全问题的措施

（1）合理安排休息时间，防止人员过劳

因为工程施工人员工作强度大，工作量大，因此就要合理、适时地安排人员的休息时间，施工人员通常采用轮班制的休息方式，在长时间工作以后要让工作人员得到充分的休息，以缓解人员身心压力，减少工作中的疲劳程度。必要时可以通过开展文体活动，以增进施工人员的身心健康发展。

（2）通过培训，减少不规范操作

对施工人员进行定期培训，可以提高人员的工作熟练度，提高对机械的掌握运用程度，增加施工人员的信心，这样就能大大减少安全隐患。并且提高生产效率。

2、建立完善的施工质量保证体系

（1）完善奖罚制度，提高员工积极性

工程质量项目经理要完善相应的奖惩制度，通过建立工程质量监理奖惩制度。对工程施工过程中的违规操作、隐瞒质量、弄虚作假、擅离职守等人员行为所造成的事故进行相应的处罚；对工作积极认真，事前预防重大事故发生的人员或班组要给予表彰奖励，从而提高人员工作的责任心。

（2）做好机械保养与维护机械的维护工作

要通过相关的专业机修人员在计算机的辅助管理下给予维护，机械操作人员要做到配合、监督工作，在日常操作中要对机械认真观察，做到"一日三查"，对设备进行基本保

养,谨慎操作。

3、做好质量控制管理工作

(1)充分发挥实验室的检验控制功能

实验室是工地质量管理的主要依据部门,是质量保证的最重要环节之一。在路桥建设过程中,应设立具有完善检验功能的工地实验室。并且配备进行试验所需的设备仪器和具有专业知识经验的实验人员。对工地实验室要进行制度化的管理,建立完善的报告反馈制度,用实验的数据监控施工的安全。

(2)规范操作,做好验收工作

施工过程中,项目监理部门要加强检验查收工作,严格按照有关技术规定进行施工,施工人员对于每道工序完成后,必须经检查合格后方可进入下道工序,并做好交接记录,针对存在的问题,做到具体问题具体分析,对已完成的工序要进行自检后转交项目经历审查,质量达标后转交现场监理确认。施工人员在施工过程中要严格按照设计图施工,按照质量验收标准规范操作。

(3)加强施工时间,保证施工进度

施工单位在施工过程中对工程期限要有个预期的估计,不能延期完成,要通过控制工程时间来控制工程成本。

4、保证施工环境条件

(1)采光照明问题

施工现场的照明设备、色彩识别标志、环境温度对高速公路桥梁施工安全的影响十分巨大。这就要求施工方要根据不同的周围环境采用不同的照明设备和色彩标志,并且色彩标志颜色要醒目。比如用红色警告牌,绿色安全网,红白相间的栏杆等,都是能有效地预防事故的明显标志。

(2)环境温度问题

研究表明,当环境温度接近 37.5 摄氏度时,人体内部的热量就难以通过皮肤散发,人就会产生不适感,比如头昏脑涨、手脑配合失调、应变能力减缓等等。在高温环境下工作也容易导致施工人员因身体缺少水分而虚软无力,这样也容易引发安全事故。反之,在低温环境进行施工作业,人体热量流失大,手脚容易僵冷不灵活,也易导致事故发生。

(3)现场环境问题

如果施工现场器械堆放杂乱无序,机械无防护装置,施工人员工作环境粉尘飞扬,噪声刺耳等,会使施工人员生理、心理难以承受,这样就必然引起安全事故。

四、公路桥梁建设工程施工管理风险及规避对策

工程科技公路作为拉动内需的重点行业，给我国公路施工企业提供了前所未有的发展契机。对建筑企业应对工程风险的能力提出了更高的要求。桥梁施工要对施工的质量、技术、安全等进行严格的管理，避免公路桥梁建设存在潜在风险，影响公路桥梁的整体质量。但是在实际的施工过程中，由于各方面因素的影响，管理风险也会出现，因此必须积极采取措施，对公路桥梁施工进行风险管理，有效规避风险，保证公路桥梁的整体质量，实现工程的施工效益。

1、公路桥梁施工风险管理研究现状与问题分析

（1）风险管理意识不强

没有建立健全的风险管理机制。由于受计划经济体制的影响，我国公路桥梁施工企业管理者的风险意识还比较淡薄，对于公路桥梁施工风险管理的重要性认识不足，没有把其作为桥梁施工管理的重要内容。尽管有一些公路桥梁施工风险管理的措施，但仅局限于在公路桥梁施工组织设计和施工技术方案中编制的一些在工程质量安全等方面的措施，缺乏系统性的公路桥梁施工风险管理目标，没有正式的公路桥梁施工风险管理方案。公路桥梁施工管理人员只注重业务量，缺乏争业风险管理。没有建立健全的公路桥梁施工风险管理机制。国内多数公路桥梁施工企业由于风险意识的不强。对公路桥梁施工风险管理没有明确的定位，因此，在企业组织结构设置上未考虑公路桥梁施工风险管理职能，缺乏专职人员来进行风险管理。公路桥梁施工企业内部风险机制不健全，增加了组织结构的运行风险。

（2）公路桥梁施工风险管理信息系统的建立不完善

不具备良好的桥梁施工风险管理技术和能力。绝大多数公路桥梁施工企业未能建立起全面完善的风险管理信息系统，这主要表现在对于公路桥梁施工过程中的变化控制不得力，对于公路桥梁施工中不断发生的各种变化不能做到充分考虑，造成当公路桥梁施工风险到来时，由于缺乏全面可靠数据支持，不能及时做出应对措施，管理成效低。不具备良好的公路桥梁施工风险管理技术意味着以较低的项目成本获得利润的增加，我国公路桥梁施工企业普遍存在缺乏系统的风险管理技术和管理程序，管理制度化、程序化不高，不具备良好的风险管理能力。

（3）公路桥梁施工风险评估理论体系不完善

对于风险评估还处于方法研究和对大型公路桥梁进行风险研究，公路桥梁施工风险因素识别的层次不统一，不便于分工协作。虽然目前公路桥梁施工管理风险在一些公路桥梁施工中得到运用，但系统和实用性强的成果并不多。已有的风险理论相对抽象，理解的难度大，不便为大多数公路桥梁施工一线的技术管理人员所运用。我国公路桥梁施工企业对风险管理没有引起足够的重视，公路桥梁施工风险管理知识的匮乏，使得我国公路桥梁施工企业整体对驾驭风险的能力较弱。公路桥梁施工风险管理已经成为公路桥梁施工企业不

能回避的问题，需要找到一种符合目前风险发展水平且易于公路桥梁施工掌握和操作的实用风险评估方法。

2、公路桥梁施工风险管理问题的策略探讨

建立起全面、完善的公路桥梁施工风险管理信息系统，加强对经验数据的积累，对公路桥梁施工过程中发生的变化做出科学估计，当风险到来时及时做出有效的反应。建立和完善公路桥梁施工风险管理机构和机制。对公路桥梁施工风险管理明确定位，设置上考虑风险管理部门和职能，配备专职部门和人员来履行公路桥梁施工风险管理职责。健全风险管理机制，增强公路桥梁施工企业组织结构的运行效率，增强公路桥梁施工风险管理意识，把风险管理作为公路桥梁施工管理的重要内容。加强对公路桥梁施工风险管理的基本原理、技术方法的学习，并能自觉应用。

加强公路桥梁施工中的风险识别，为了直观地表现风险，按公路桥梁施工目标的实现程度，可将公路桥梁施工风险分为进度风险、质量风险和费用风险，分别从这三个角度对风险进行识别。影响公路桥梁施工进度的因素很多，包括公路桥梁建设环境、设计、施工等多个方面，要从大量的因素中寻找公路桥梁施工的风险因素，对于可能转化为工期风险的因素要做比较详细的识别。另外要注意对公路桥梁施工中的风险估计，公路桥梁施工中的风险估计是对公路桥梁施工中的风险事件发生的可能性大小、发生时间等的估计。风险估计的对象是公路桥梁施工单个风险。可分为收集数据、建立模型、公路桥梁施工风险发生的概率估计。这些风险包括设计变更频繁、施工管理水平低、违反施工程序、建筑材料不合格、施工技术不完善、建筑材料费用涨价、投资或成本控制措施不力等因素。

公路桥梁施工风险与施工合同不严密和不完备密切相关。提高合同管理质量，是符合我国国情的公路桥梁施工风险预防机制中的一个重要内容。加强施工合同管理包括合同签订管理、合同履行管理、书面资料管理等措施。公路桥梁施工企业要重视安全生产，必须取得安全行政主管部颁发的《安全施工许可证》后才可开工，各类人员必须具备执业资格才能上岗，新员工必须经过三级安全教育，安全检查不能放松，施工现场安全设施齐全，并符合国家规定，公路桥梁施工机械必须经安全检查合格，并建立安全施工责任制，制定和完善公路桥梁施工安全操作规程和公路桥梁施工安全技格执行。在公路桥梁施工工程实施过程中，要对各项风险对策的执行进行查，检查公路桥梁施工管理风险对策的执行效果。除此之外，还需要检查是否有被遗漏的公路桥梁施工工程风险，开始新一轮的公路桥梁施工风险管理过程。公路桥梁施工风险管理是一个连续的过程，要在公路桥梁施工整个实施过程中要对风险进行持续的监视，从而保证公路桥梁施工风险管理计划得以很好执行，需要说明的是公路桥梁施工风险管理相关研究较少，制约其发展的因素多，国家也尚未颁布工程风险管理的规范性文件，今后对公路桥梁施工风险管理企业建立和完善风险管理机构和机制、增强风险管理意识的同时，需要进一步对这个问题进行探讨与研究，从而更好地保证公路桥梁施工工程建设顺利实施。

公路桥梁建设的管理是一项系统性工作，其工作牵扯众多部分和单位，但管理工作是

十分重要的工作，其关系到公路桥梁建设的最后质量及完成的时间，因此，企业应该认真策划，科学安排，合理调度，确保公路桥梁建设工作按预期完成。

五、公路桥梁建设中钢管混凝土拱桥的施工技术

随着科技以及桥梁工程事业的快速发展，利用钢管混凝土来对桥梁加拱的施工正在努力进行中。目前，由于钢管混凝土拱桥施工技术具有造型美观、施工方便、抗震性强、稳定性好等优点被广泛应用在大跨度的桥梁建设中。由于钢管具有套箍的作用，钢管拱混凝土也就充分利用了这一点，然后采用了微应力混凝土的方式，以期加强桥梁的抗震性和抗压性。与普通的混凝土相比，三向应力混凝土具有刚度大、易变性等特点，它能够在外界的作用力下，保证桥梁的核心混凝土不会横向变形，并且通过三向应力的作用，桥梁内部的核心混凝土的强度相对于普通混凝土的浇注要强很多。而普通混凝土的刚度就会很小，如果受压的压缩应变力超过 0.002 时，桥梁就会出现裂缝以至于被破坏。我们也可以将三向应力混凝土当成是弹塑性材料，也就是说，当混凝土的压缩应变超过 0.002 之后，桥梁不仅不会出现裂缝，还有剩余承载力，由此看来，三向应力混凝土是一种抗震性很强的建筑材料。

1、工程概况

本桥设计桥宽 28.5m，桥梁总长 585.56m. 主桥部分由五孔无风撑、双承载面下承式的钢管混凝土系杆拱组成（64m+64m+72m+64m+64m）。拱的矢跨比为 1/5，拱轴线为二次抛物线，拱肋采用圆端形扁钢管结构。拱肋高度 72m 跨为 0.9m，64m 跨为 0.8m，宽均为 1.8m，钢管内填充 C40 微膨胀砼。拱肋钢管材质 Q345D，厚度为 16mm。

2、准备工作

（1）施工方案比选

方案一：采用连续抛落无振捣浇注混凝土的施工方法，混凝土由拱顶连续抛落。但对距拱顶 4m 以下的混凝土仍需开天窗用插入式振动器进行振捣，且所浇注混凝土不易密实，施工难度较大。

方案二：压注顶升法。即在距离拱脚 1.5~2m 处的拱轴线处，两侧对称各开压注孔，利用混凝土输送泵的压力将混凝土从压注孔处焊接好的泵管连续不断地自下而上压入钢管拱内，并达到砼自密实的效果。这种施工工艺简便易行。但必须选用压力大、性能好的输送泵。

（2）施工前的观测

观测的目的是为了确定拱轴线、控制点的标高是否正确。如果轴线有偏差可用预先设置好的风揽进行调整；如果因焊接、拼装等原因造成一侧的控制点高程偏大，而另一侧的高程偏小，则可在压注混凝土的过程中调整。

（3）机具泵送顶升

施工需要有较大的泵送压力，混凝土输送泵的选择是混凝土顶升压注成功与否的关键。本工程选用了 3 辆三一牌 HBT—50B 型拖泵，其中 1 台备用。此泵出口泵压可达 6.3MPa，对混凝土的适应性较强。为确保泵送压注顶升的连续进行，施工时根据混凝土拌和站的位置和泵送速度，每台泵车配备了 3 辆混凝土运输车，并有 1 辆备用。混凝土拌和站应做好搅拌机的检查、维修工作。

3、施工工艺

（1）施工中钢管拱的观测

为了获得较完整的测量数据，混凝土压注过程要进行全程观测。混凝土压至每一个控制点，都对拱轴线及标高施测一次，并将测量结果绘制成随时间或工况变化曲线图，根据这一曲线，可以较直观地了解钢管拱在泵送混凝土各阶段变化情况。

（2）压注顶升施工程序

灌注前认真检查泵管及输送泵的各个接头，接头之间应垫橡皮圈防止漏气、漏浆。开启止回闸阀 K_1、K_2，用与混凝土相同品种及标号的水泥搅拌的砂浆润滑泵车与泵管，以减小混凝土泵送时的摩阻力，砂浆必须在钢管拱外排出。对称进行灌注混凝土，同时有专人观察拱内混凝土的泵送情况，两台泵灌注的速度尽量保持一致，如有不对称现象应及时调整。最简单而实用的观察办法就是"锤击法"，即用铁锤敲击钢管拱，听到清脆的声音和沉闷的声音交界处就是混凝土已压注到的位置。这一观测能确保混凝土的对称同步浇注。

4、技术要点

混凝土在调配过程中一定要注意的是要使其成为微应力混凝土，也就是说必须要求其减缓凝结时间、密度高、强度高、可泵性能好等。在混凝土中掺入膨胀剂进行拌制，有利于满足混凝土的收缩要求以及坍落度要求，再按照压注速度来计算混凝土的初凝时间，通常不得少于 6 天。在设置微应力过程中，为了能够使钢管与混凝土之间不产生裂缝，就需要提高钢管拱的承载力。所以在混凝土调配过程中，掺入膨胀剂来确定其微膨胀率是非常重要的环节。如果在过程中，施工不当或者由于其他原因，致使钢管混凝土的质量有所降低，不能够保证桥梁结构的安全性，那么就会很容易使桥梁内部有空气，降低其可泵性，混凝土与钢管之间存在间歇等锌矿，从而造成安全事故的发生。所以，设计师或工程师在施工之前一定要对这种混凝土进行多次试验，从而能够有效地控制混凝土的微膨胀率。

混凝土的自重对钢管拱线形影响比较明显，所以压注必须对称同步进行。如果在浇注前因拼装、焊接等原因，造成一侧的控制点偏高而另一侧的偏低，则可以用非对称方式浇注进行调整，即先从偏高的一侧进行压注混凝土，同时密切观察拱的变形，当拱两侧的控制点标高基本恢复至设计标高时，两侧开始同步浇注，逐步调整两侧混凝土的压注量，最后同时压至拱顶。混凝土压至拱顶时，要继续压注，让混凝土从排气增压孔中排出 $1\sim2m^3$。排气孔不冒气泡时停止压注，关闭混凝土止回阀。

二级压注，一次成型设计要求混凝土的压注必须连续进行，而本桥扁拱的结构抗变形能力又决定了混凝土必须分两级压注。在压注过程中，要求工人在两级混凝土压注间拼接泵管的速度要快，必须安排熟练工人进行。

钢管混凝土的保温工作混凝土和钢管之间如果产生空隙，微膨胀混凝土的优势将失去，直接影响拱的承载力。钢管混凝土的保温工作不到位是空隙产生的原因。因此，采取将钢管拱用麻袋包起等措施，尽量减小内外温差。

根据我国现行的《钢管混凝土结构设计与施工规程》，在对桥梁建设施工中，首先应该对桥梁的钢管进行初步检查，检查时需要通过小锤进行轻轻敲击，如果发现异常情况，就需要在此处通过超声波检测仪进行检测，直到检测合格或者符合规定要求之后再对其进行施工。通过上述案例，使我们了解到钢管混凝土施工前选用的方案、施工工艺以及施工技术要点。虽然该混凝土具有稳定性高、可泵性强等优点，被广泛应用在公路桥梁建设中，但是在目前，它仍然存在着一些问题，这就需要工程师在其中不断学习、探索、创新，从而完善该施工技术，为日后的建筑提供依据。

六、道路桥梁工程建设项目管理的方法及措施

随着时代的不断发展，道路桥梁建设不断朝着规模化、质量化、效率化的方向发展，这必然对道路桥梁建设过程中的各个具体环节都提出了相应的要求。因此，在道路桥梁工程建设过程中进行工程项目管理对满足时代发展的现实需要有着非常重要的现实意义。

1、工程项目管理概述

（1）工程项目管理的定义

工程项目管理，是指对工程项目自筹建至交付使用的整个过程中所包含的全部事项进行的管理，其管理的目的是对现有项目建设的有限资源和时间进行合理统筹规划，以在规定的时间内完成高质量的工程建设目标。可见，在工程项目管理的过程中主要是围绕项目计划的确定、各阶段具体目标的实现这两大方面所进行的统称协调。

（2）工程项目管理的内容

工程建设主要包括质量、安全、进度，等三大方面，这就意味着工程建设项目管理的主要内容是质量管理、安全管理、进度管理等三大方面。工程的质量管理主要包含工程项目建设过程中的各个阶段的具体质量目标的管理、各参与使用的各种技术、设备的管理、质量隐患的管理等多个方面，只有在质量管理体系的合理制定和切实落实的基础上，加强质量监督和质量控制，才能确保工程质量。就工程的安全管理而言，安全是一切行为的基础和前提，在工程项目建设过程要时刻谨记安全问题，进行安全管理。只有在保证施工人员安全的基础上才能确保工程建设的顺利进行、按期完成。这就需要在工程项目建设过程中成立安全管理小组，切实落实安全管理制度，坚持"安全第一、预防为主"的原则，及时对可能存在的安全隐患进行处理，避免安全事故的发生。工程进度管理确切地说是对施

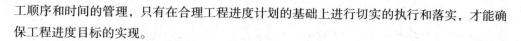

工顺序和时间的管理，只有在合理工程进度计划的基础上进行切实的执行和落实，才能确保工程进度目标的实现。

2、工程建设项目管理在道路桥梁工程建设中的重要性

道路桥梁建设是我国工程项目建设的主要内容之一，其建设情况直接代表着我国的工程项目建设的发展水平和状况。同时，道路桥梁也是人们生活中必备的基础设施之一，其建设情况同时对广大人民群众的生产生活产生重要的影响。只有在道路桥梁工程建设过程中进行行之有效的项目管理，才能够在根本上确保道路桥梁的质量、性能、以及使用其使用寿命，从而确保广大人民群众的生产生活正常运行，同时为我国现代化经济建设提供顺畅的交通道路方面的保证。因此，在道路桥梁工程建设过程中，要切实实施行之有效的工程建设项目管理。

3、道路桥梁工程建设项目管理的有效方法措施

（1）加强工程项目管理的组织机构建设

在道路桥梁工程建设过程中首先要建立一个各司其职、分工明确的组织机构，为道路桥梁工程建设中的项目管理工作的切实进行提供组织机构保障。对于工程管理的工作切实落实到每一个组织机构内部人员的身上，使其明确在项目工程管理过程中所要承担的责任和事物，从而避免工程管理工作过程中的茫然性，明确其工作方向，从而切实落实道路桥梁工程建设中的项目管理工作。

（2）加强团队之间的沟通、协调、合作

道路桥梁工程建设过程中所涉及多个不同的团队，可以说道路桥梁工程是多个团队的劳动成果相组合而成的。在团队与团队之间、团队个人之间的相互沟通、协调、合作的基础上才能够切实完成工程建设项目管理，切实对道路桥梁工程的质量、安全、进度等方面进行行之有效的管理和统筹，从而保证道路桥梁工程建设的高质量、低成本、高效率的完成并交付使用。

（3）明确制定工程项目管理过程中的相关计划及制度并切实付诸实施

这要求在道路桥梁工程建设项目管理过程中切实制定相关计划和制度，从而为工作人员提供一定的方向和依据，使工作项目管理工作人员及其他相关人员子在其项目管理工作中具有一定的方向性、整体性，明确其工作流程和目标，更好地做好事前准备、事中控制、事后协调的道路桥梁工程项目管理工作。如：质量管理体系、安全管理制度、突发事件预案、工程进度计划、监督管理制度等等方面。

（4）加强技术人才储备

随着时代的不断发展，人才在事物发展中的作用越来越巨大，同时引起的各方面的重视和对人才的吸引和争夺。在道路桥梁工程建设过程中，人才同样占据着重要的地位，并在建设过程中发挥着重要的作用，在一定程度上保证着道路桥梁工程的施工质量、施工安

全、施工进度，以及施工成本等，从而确保道路桥梁建设的低成本、高质量以及高效率。在道路桥梁工程项目管理过程中对于人才的储备主要包含两个方面：一个方面是人才的引进，引进工程建设过程中所需要的各种技术人才，确保工程建设过程中的技术需要；另一方面是对在职的工作人员进行其自身知识结构、能力素质等方面的针对性培训，使其满足项目管理工作过程中对知识技术等方面的需求，从而在根本上保证人才的供给。

（5）加强对施工材料、机械设备、劳动力的管理

道路桥梁工作在根本上是直接由施工材料、机械设备、工人的劳动力等三大方面相互作用而产生的结果，因此在道路桥梁工程项目管理过程中对于施工材料、机械设备、以及劳动力等三大方面的管理必不可少。就施工材料而言，只有高质量的施工材料才能在根本上确保道路桥梁的工程质量，因此对于施工材料要严把关、严控制，严禁不符合要求的施工材料进入施工场地。就机械设备而言，其对于道路桥梁工程的建设同样有着不可忽视的重要作用。因此要重视机械设备的选择和使用，在选择的过程中选择适应具体的施工环境、性能良好的设备，同时对于设备的操作使用及后续保养等进行明确的规定，从而确保设备的安全、有效使用。就劳动力而言，其对工程的影响不言而喻。因此在施工的过程中要对施工工人进行适当的筛选，严禁素质低、能力低的人员被录用。

（6）加强对工程项目管理工作的监督

监督是保证道路桥梁工程管理中的计划、制度、规章等切实落实的关键性因素，因此在道路桥梁工程项目管理过程中要切实制定相应的监督机制，并组织相关人员切实落实。就监督部门而言，同样要制定相关计划，有步骤、有针对性。同时监督工作要与工程项目管理工作同步进行，从而确保工程项目管理过程中出现的问题及时进行改进，确保道路桥梁工程建设项目的顺利进行。

在道路桥梁施工的过程中，强化项目管理，能够在一定程度上提高公路桥梁施工的质量，为人们的出行提供安全的保障。

七、高速公路拓宽工程桥梁施工现场管理

高速公路拓宽的特点是：场地狭小、每座桥梁的拼接工程量不是太大，甚至要分左右半幅施工、交叉施工频繁、交通组织工作量大、技术含量高。前期规划、设计、施工及计划经济时期遗留问题较多，加上业主、设计单位、监理单位当初均无高速公路拓宽经验，同时由于环境、地理因素的特殊性，拓宽的难度是其他新建项目无法比拟的。

1、高速公路拓宽施工在桥梁施工现场组织管理中的难题

1）高速公路设计的前期规划和通车后地方政府对下穿高速公路道路的改建以及沿线民用建筑、公共设施，使得拓宽涉及面广而复杂。

2）单个中小桥的工程量小、施工点分散与沿线交通干扰大，如何保证施工计划的完成，在确保高速公路和地方道路安全畅通的前提下，保证施工的质量和进度、保证施工机械和

人员安全等问题贯穿于拓宽项目施工过程的始终。

3）上部构造施工时，按交通管制的要求，2km～3km同侧新老梁板必须同时拼接。如何确保所有拼接缝的50号钢纤维混凝土在相同时间内达到设计强度，以适应在一般情况下开放一个车道、特殊情况下全部开放交通的要求。

4）一旦接到交警支队的戒严通知，在规定的时间内就得清理施工现场、中断施工，如何组织才能做到既不影响施工质量又符合交警的要求。

2、施工管理

（1）加强协调工作

20世纪90年代末期，中国高速公路股份有限公司一般是在修建初期才组建的，个别地方政府的产权意识不是太强，在管线横穿高速公路时没有在相关机构登记，因而在高速公路拓宽的征地范围内有不少的管线在相关的图纸上并未标明，对业主的拆迁工作影响很大，也影响到施工单位进场后的施工。桥梁拓宽涉及以下单位：高速公路交警支队、地方路政、水利部门、航道部门、土管局、有关的乡镇、村委会、各种管线的相关单位或个人。针对点多、涉及面广的情况，作为施工单位，要主动配合业主加强协调工作、主动与相关单位或个人联系，必要时可配合有关从事拆迁的单位挖沟清障，将拆迁工作向前推进，努力创造施工条件。

（2）发挥主观能动性

强化管理高速公路的每侧征1～2个车道的用地，施工机具搬迁次数增多，施工中要确保高速公路的安全畅通，交通干扰大、钻孔的泥浆必须外运等因素造成单位时间内完成的工作量少。新老梁板拼接时，施工人、员、机具几乎与行驶车辆处于同一平面位置，安全系数大大降低。为了实现管理目标，根据项目的现状，宜采取以下措施：

1）精细化管理，适应环境

要加强计划的落实，施工负责人要常深入作业队作一些必要的动员和督促工作，定期召开生产调度会，总结前段工作，制订下阶段的工作计划，商讨解决问题的办法；制定详细的作业指导书指导施工，工程部署。桥梁纵向拼接缝、桥梁的防撞护栏拆除，受交通量、戒严、业主修补路面的影响很大，施工单位必须专门成立安全管理小组，配置了预警车、通信工具及其他装备，按照高速公路交警的要求配备交通标志、标牌，给作业队创造良较好的施工环境。在确保高速公路安全畅通的条件下进行拓宽施工，最理想的办法是在有良好的交通组织条件下，尽量缩短在高速公路旁的作业时间，但施工时间的减少只能是通过提高劳动效率来实现的，因此，施工机械的投入显得十分重要。

2）周密部署

接桩、墩身、墩帽混凝土方量小、产值低、质量要求较高；桥梁拼接技术难度大、工效低；拆除老的结构物，安全组织的工作量大、成本高。可以给作业队签订《责任状》，定质量标准、定奖罚措施，验收合格后给予奖励；对施工进度滞后的作业队通过分析整改、补充设备、增加劳动力、任务分割等办法，保证施工任务的按期完成。

八、关于公路桥梁建设中混凝土裂缝控制技术

1、公路桥梁建设混凝土裂缝控制的重要意义

一旦发生事故，就会造成极大的危害。我国对公路建设质量的重视程度大大提高。通过对过去的道路桥梁事故的分析，可以发现混凝土中的裂缝是导致道路和桥塌陷安全的重要因素。因此，加强裂缝的控制，确保我国交通安全，保证桥梁和桥梁建设的安全，具有重要意义。

2、混凝土裂缝产生的原因分析

（1）桥梁使用过程中的荷载影响

公路桥梁工程是我国交通体系重要的基础设施工程，在其使用过程中会长期受到来自于施工荷载、自身重量、车辆运行等荷载力的影响，在动静荷载和次应力的综合作用下，容易使混凝土结构产生不同程度的荷载裂缝。而根据裂缝产生情况的不同，可以大体划分为直接裂缝和次应力裂缝两种，前者的出现与路桥工程本身施工质量控制不足以及使用中对车辆运行的管理不当所造成的外部荷载加剧有关，后者则主要是受到较强外部荷载作用所致。

（2）温度变化所产生的影响

混凝土结构中水化热的发生是难以避免的。同时，当混凝土结构受环境温度的影响时，它也将改变其热膨胀和收缩，如在混凝土建造和固化的过程中。容易导致内部和外部的大偏差混凝土结构的环境温度，这导致由混凝土结构的温度和内部温度引起的变形的不一致性。特别是当水化热更为明显时，混凝土内部热膨胀的结构，热量不能快速传导和释放到结构表面和外部环境，如外部环境温度相对较低，会导致相对较大的内部温度应力，一旦温度应力大于混凝土的抗拉强度，就会导致温度裂纹的出现。

（3）施工前后使用的混凝土原料不一致

道路桥梁施工的工程量也比较庞大，在材料的准备方面出现短缺或者因混凝土供应出现长时间断料现象。如果在施工期间使用的混凝土原料不一致，那么浇筑的混凝土在收缩方面存在差异，在材料干燥凝固后，就会出现裂缝或气孔，影响桥梁施工的质量。如果在施工期间混凝土出现断料现象且混凝土接缝处理不当将产生施工冷缝直至产生裂缝。

（4）桥梁施工操作技术不规范

在我国重大工程建设中，工程施工团队主要由最基层的人民群众组成，而他们在技术人员的带领下进行操作，由于他们没有专业的桥梁修建知识，再加上桥梁工程施工负责人员如果疏于监管，使得在施工期间采用的操作技术不规范，最终导致桥梁裂缝现象时有发生。如振捣不按规范操作，导致混凝土分层时间过长，产生施工冷缝。钢筋定位不准，钢

筋保护层偏小，导致出现混凝土裂缝。混凝土养护不到位，造成混凝土表面收缩裂缝等。

3、混凝土裂缝控制的主要技术措施

（1）加强对施工工艺规范性控制

在施工前，施工单位必须制定具体施工流程和相关规章制度，保证施工人员能够严格按照施工要求进行施工。在混凝土施工中，尽量对结构物进行一次性立模，如不能一次性浇筑也应尽量减少接缝数量，接缝应避开结构物应力集中区，施工接缝应按规范处理。在浇筑过程中，对于混凝土的输送尽量使用泵送，采用分层浇筑、逐层振捣、由结构物一侧往另一侧单程浇筑的方法，即完成一个层面的浇筑后将泵管移至结构另一侧重复浇筑，保证浇筑的均匀性和一致性。

（2）强化对混凝土的施工质量管理

首先，根据项目的实际情况选择最合适的水泥模型，并测试水泥检测的质量，确保水泥质量性能满足实际施工需要。其次，应设计科学比例的混凝土。每种原料的比例应通过实验合理排列，并对不同比例下混凝土的具体性能和质量进行分析比较。选择最有利于控制裂纹的配比。另外，应充分考虑施工条件改变情况，保证混凝土施工顺利进行。

（3）严格控制荷载量

要防止出现公路桥梁裂缝问题，在施工中就应该加强对公路桥梁交通的管理，尽量减轻公路桥梁的外部荷载。尤其在公路桥梁建设的过程中，一定要严格控制桥面上行驶车辆的重量和速度，以此降低桥面的破坏程度。在公路桥梁建设中施工荷载裂缝也属于常见的病害类型，再加上公路桥梁的承受荷载范围比较广泛，因此在公路桥梁的荷载裂缝治理中，应该结合具体的发生原因制定相应的裂缝处理策略。另外，因为公路桥梁的荷载裂缝有一定的动态性，所以相应的治理难度也就会进一步加大，在公路桥梁的荷载裂缝控制中，可以采用经验指数结合荷载验收的方法，强化对动力和静力荷载的统计计算。在统计分析的过程中，计算荷载上下值时应该先进行模拟计算。

（4）做好混凝土养护

公路桥梁混凝土的养护是减少裂缝及保证混凝土强度的重要措施，这恰恰也是人们经常会忽略的一个环节。数据显示，大部分的混凝土裂缝问题都是因为后期不合理不到位的混凝土养护措施引起的。由此可见混凝土的养护工作对于混凝土裂缝的控制效果十分明显。在夏季，由于外部温度过高，为了使混凝土内部的热量可以释放，要进行浇水作业。当然，不能一味地浇水，要有规律的进行，对于每天浇水的时间、次数要进行合理设定。而冬季温度特别低的时候则要对道路桥梁混凝土采取保温措施，例如表面覆盖塑料薄膜，甚至必要的时候可以采用蒸汽养护的方式。

在公路桥梁工程建设中，混凝土裂缝问题的控制是很重要的内容，公路桥梁出现裂缝首先会影响公路桥梁的美观性，进而就会影响其行车安全性。所以，施工企业要根据混凝土裂缝的不同种类和形成原因以及影响因素，采取相应的预防措施。如果已经产生混凝土裂缝应分析原因，及时做好补救措施，防止混凝土裂缝进一步发展，从而保证桥梁混凝土裂缝现象得到有效的控制，确保桥梁运营安全。

九、推进公路钢结构桥梁建设

——《关于推进公路钢结构桥梁建设的指导意见》政策解读

混凝土和钢材是现代桥梁工程结构两大最主要的材料。混凝土结构具有就地取材、造价相对较低、施工工艺成熟等优点，长期以来在公路桥梁建设中被广泛应用。钢结构具有自重轻、材质均匀、质量稳定、易于工厂化制造、装配化施工、便于回收利用等优点，为世界桥梁界所推崇。钢结构桥梁和混凝土桥梁是现代桥梁结构的两种基本结构形式。法国、日本、美国等国家的钢结构桥梁占比分别为85%、41%和35%，我国受经济社会发展水平和钢材产能制约，钢结构桥梁主要用于特大跨径桥梁。截至2015年年底，我国公路钢结构桥梁占比不足1%。

随着钢铁产能的提高和钢结构桥梁建设技术的进步，我国已经具备推广钢结构桥梁的物质基础和技术条件。当前，钢铁产能过剩、钢材价格下降，是推进钢结构桥梁建设、提升公路桥梁建设品质的良好契机，同时也是落实《国务院关于钢铁行业化解过剩产能实现脱困发展的意见》（国发〔2016〕6号）要求，促进钢铁行业转型升级的重要举措。为推进钢结构桥梁建设，交通运输部发布了《关于推进公路钢结构桥梁建设的指导意见》（交公路发〔2016〕115号，以下简称《指导意见》）。

1、推进公路钢结构桥梁建设已成为行业共识

推进公路钢结构桥梁建设，是落实绿色发展理念，实行现代工程管理人本化、专业化、标准化、信息化、精细化的重要抓手，可以有效提升公路桥梁的建设品质，提高结构安全耐久性，降低全寿命周期成本，促进公路建设的转型升级、提质增效。

目前，在公路行业内外对推广钢结构桥梁呼声很高，一些省份已经开始试点工作，并取得了较好的效果。仅今年上半年，甘肃、河北、湖南等省就先后组织召开了钢结构桥梁研讨会，受到行业各方面的高度关注。国内技术水平较高的设计单位已开始了相关研究，部分单位开始着手研究编制中等跨径钢结构桥梁的通用图。此外，我国钢结构制造企业实力较强，在政策引导下，钢结构桥梁生产能力将有足够保证。现阶段，推广钢结构桥梁的最大障碍，一是建造成本，二是惯性思维。据测算，对中小跨径桥梁，混凝土结构建造成本相对较低，但随着桥梁跨径的增大，钢结构桥梁的造价优势开始显现。从在全生命周期看，钢结构桥梁的造价和耐久性优势更为突出。为此，《指导意见》明确，要坚持政策引导、市场为主的推进原则，政府主要发挥政策引导作用，各地应根据实际情况，因地制宜地制定发展技术路线，更好地发挥市场的主动性，有序推进钢结构桥梁的建设。要选择条件适宜的项目进行试点、示范，总结经验，修订完善相关标准规范，逐步推广钢结构桥梁建设。钢结构桥梁的建设不仅限于新建工程，具备条件的改扩建桥梁、危桥改造等工程也

可以采用钢结构桥梁代替原有的混凝土结构桥梁。

指导意见指出，要通过五年的努力，使得我国公路行业钢结构桥梁设计、制造、施工、养护技术基本成熟，技术标准更加完备，新建的特大、大跨径桥梁以钢结构为主，新改建工程中的常规桥梁，使用钢结构桥梁的比例获得明显提升。

2、高度重视钢结构桥梁建设的关键问题

推进公路钢结构桥梁建设是一个系统工程，更是一个重大技术政策。落实《指导意见》必须尊重科学，讲究方式方法，按照客观规律办事，有序推进，切忌一哄而上，不顾实际情况遍地开花、盲目推进，造成不必要地损失和负面影响。为此，《指导意见》明确了七个方面的要求。

（1）要加强桥梁结构方案比选工作

推进钢结构桥梁建设不是排斥混凝土结构桥梁，而是要在适当的情况下选择适当的桥型结构，发挥各种结构的比较优势，达到降低工程全寿命周期成本、提高工程品质的目的。在推进公路钢结构桥梁建设中，一定要强调桥梁方案的比选工作。

在公路工程建设项目可行性研究和初步设计阶段，应该对各种技术上满足要求、经济上可行的桥梁结构进行综合比选，比选不仅要考虑建设成本，还要考虑项目环境条件、养护成本、工程实施风险等因素。比选方案既要包括混凝土 T 梁、箱梁等结构，也要包括钢箱梁、钢桁梁、钢混组合梁等钢结构。从工程经验看，钢结构桥梁自重轻的特点，尤其在特大跨径桥梁、高地震烈度区桥梁中优势明显，应该优先选用。对于弯坡斜等特殊形状的桥梁，受力条件复杂，适宜钢材各向同性的优势发挥，也应该优先选用钢结构。对于其他桥梁，包括新建、改扩建工程和危桥改造工程中拆除上部结构重建的桥梁等，应该根据其跨径和所处环境，选择适合的钢结构桥梁或混凝土结构桥梁进行全面比较，择优选用。

在技术经济比选时，特别要注意切合项目建设的实际条件，避免在不具备条件下，强行推进一种结构桥梁，不必要地增加建设成本，造成安全风险隐患。

（2）要做好钢结构桥梁的选型工作

钢结构桥梁上部结构主要包括钢桁梁、钢箱梁和钢混组合梁 3 大类，钢桁梁是传统的钢结构形式，适应性强、结构受力明确、易于检查维修，长期占据着特大跨径桥梁的优势地位，但其用钢量较大，造价相对较高。钢箱梁结构自重相对较轻，在横风作用下稳定性好，但结构内部应力状态复杂，箱梁内部检测、维修难度较大，养护费用相对较高，钢桥面板疲劳问题仍需要进一步研究改进。钢混组合梁结构发挥了混凝土材料的抗压性能和钢材的抗拉性能，回避了钢桥面铺装的疲劳问题，但其结构自重较大，限制了其在特大跨径桥梁的应用，在中等跨径桥梁中优势明显。每一类结构，根据细部结构差异又可以分为多种结构类型，每种结构有其各自的特点和适用范围。合理的选型，对更好地适应桥梁结构所处自然环境，提高结构的安全耐久性，降低全寿命周期成本影响重大，在具体工作中，应结合项目的实际情况，选择最适合的桥梁结构，充分发挥结构特性，扬长避短，取得最佳效果。

（3）要加强钢结构桥梁的构造设计

钢结构桥梁断面尺寸小，构造设计对桥梁结构的安全和耐久性影响显著。应针对钢结构桥梁的构造特点，重点做好细部构造设计。要加强节点、截面过渡和连接部的细部设计，做到结构连续均衡，避免造成断面突变和过分应力集中，减少结构疲劳损伤。要针对钢结构抵抗腐蚀问题，完善排水系统设计，切实做到不渗不漏，防止桥面水对钢结构的腐蚀，要在排水系统材料选择、结构设计和施工安装等方面，强调精细化设计。要针对钢结构桥梁自重轻的特点，加强上部结构的抗倾覆构造设计和验算，保证结构稳定性，对于箱型等整体性断面，支点间距不宜小于结构宽度的 60%。要完善防火构造措施，提高结构应对火灾的能力。

近年，钢铁行业在提高钢材抵抗自然环境腐蚀方面做出了大量的努力，耐候钢就是典型成果之一。耐候钢生产成本较一般钢材提高不多，但可以依靠其自身性能抵抗一般环境下的侵蚀，甚至做到免涂装，大幅降低后期养护成本。美国、日本的钢结构桥梁已经开始广泛推广耐候钢。我国目前已经具备了耐候钢的生产能力，并开始向国外出口，这是一种值得推广的材料。据有关媒体报道，国内耐候钢已经开始了实桥试验，取得了较好的效果。

（4）要做好钢结构的可维护性设计

及时发现病害、及时维护，对提高桥梁结构的耐久性具有重大帮助。钢结构桥梁在完善结构构造措施方面，较混凝土结构更具优势。在钢结构桥梁设计时，应将检修构造作为桥梁结构设计的必须内容，统筹考虑，做到构件可达、可检、可修、可换，以更好地保证结构的使用寿命和安全性。钢结构桥梁的管理养护单位应健全养护管理制度，有针对性的加强养护，配备管理人员和设备，提升管理养护水平，保证桥梁安全运行和结构耐久。

（5）要推进钢结构工业化、标准化、智能化建造

钢结构桥梁适宜工厂化制造、工业化生产、装配式施工，符合现代桥梁建设发展趋势。应通过结构标准化、加工智能化，更好地提升钢结构桥梁建造品质，降低建设成本，提高生产效率。应从设计阶段开始，统筹考虑钢结构桥梁标准化设计、工厂化制造、装配式施工等问题，合理划分构件和节段。对现场拼装方案要进行专项设计，现场拼装可以采用焊接连接，也可以采用拴接、铆接等方式，尽量减少施工现场焊接、防腐涂装，增强施工操作的便利性，保证质量耐久性。

（6）要加强标准规范制修订和人才培养

当前，我国公路行业涉及钢结构桥梁的标准规范、定额基本齐全，人员和技术储备基本满足建设的需要。但从实践看，由于公路钢结构桥梁目前主要应用于特大跨径桥梁，大跨径、中等跨径桥梁的设计、施工经验相对较少，定额测定时间也较早，与实际应用存在一定的差距，需要发挥各参建单位的力量，运用市场机制，不断积累和完善。交通运输部也将积极组织、推进标准定额的制修订工作。

（7）要优化建设组织形式

钢结构桥梁设计要与制造加工紧密配合，更好的发挥各自的优势。传统的混凝土结构桥梁建设普遍采用现场预制或现浇方式，其发包方式已不能适应钢结构桥梁工业化制造的要求。为此，《指导意见》明确，钢结构鼓励采用设计施工（含制造）总承包的方式发包，促进设计与施工、制造的深度融合，最大限度的发挥钢结构桥梁的优势。针对钢结构桥梁养护的专业特性，鼓励采用专业化养护发包的方式，提高钢结构桥梁的养护质量，降低全寿命周期成本。

3、充分发挥各方面的力量

推广钢结构桥梁建设作为公路行业一项重大技术政策，需要加强组织领导，转变以往固有观念，调动各方面力量，形成行业合力。《指导意见》指出：

各省级交通运输主管部门要加强对这项工作的领导，分析本地区桥梁结构特点、技术储备、钢结构制造条件和建设经验等实际情况，结合地区经济社会发展要求和资源禀赋，研究建立适合本地区的钢结构桥梁推广应用工作机制和技术路线，在试点的基础上，总结经验，逐步推广。

省级交通运输主管部门应逐步建立钢结构桥梁构件制造单位的信用评价制度，将信用管理作为市场管理、提高工程质量的重要手段。交通运输部将根据信用评价的实施效果，适时将钢结构制造单位的信用评价纳入到公路建设行业信用评价体系中。

项目建设单位应针对项目的实际情况，分析钢结构的适用条件，以及在应用钢结构中需要解决的关键问题，组织开展专题研究，形成实用型成果，指导项目建设。要通过一段时间的技术积累，逐步完备钢结构桥梁建设技术。在推进公路钢结构桥梁建设中，公路建设、设计、施工等各单位要充分利用市场和社会的力量，发挥专家的智慧，为推进钢结构桥梁建设提供技术支持和保障。

钢结构标准图的编制是现阶段推进公路钢结构桥梁建设的重要措施。交通运输部将积极支持有能力的设计单位与钢结构制造单位通力配合，编制钢结构桥梁的标准图，推进钢结构桥梁的普及。

十、公路桥梁工程造价控制措施

我国地域辽阔，山河湖泊众多，公路桥梁的架设完美地解决了众多的交通不便问题，极大地方便了人们的沟通与交流，同时带动了经济的发展，促进了国家的兴旺发达。在公路桥梁工程施工之前，都要进行严密全面的成本预算，严格把控每一个建设环节的成本，认真分析对于公路桥梁工程造价的影响因素，科学化管理桥梁施工。在保障公路桥梁工程的质量和安全下，采取积极的公路桥梁工程造价控制措施，以谋求用最小的资金成本换来最大的经济效益，继续促进我国的公路桥梁建设蓬勃发展。

1、公路桥梁工程造价控制的理解

公路桥梁工程造价，就是在确定了一处的工程之后，对这项工程从设计到施工以及竣工所消耗的全部成本的总计。公路桥梁工程具有投资难度大、建设时期长、施工复杂度高等特点。这些就决定了对于公路桥梁工程造价的估算的难度之高。但是，随着桥梁工程技术日臻完善，我国对于桥梁项目的日渐重视，对公路桥梁工程的造价越来越难以控制。在进行桥梁工程施工之前，每一个环节都要引起足够重视，每一个阶段的预算都要尽量控制在科学合理的范围之内。其中任何一个环节没有控制好成本，最终都会可能造成整个工程的瘫痪。因此，在社会主义市场环境下，要注重公路桥梁工程造价控制。在施工过程中，解决每一个有关工程造价的问题，实施科学的管理控制体制，提高资金的利用率，提高材料的适用性，保证工程施工的顺利进行。

2、影响公路桥梁工程造价的主要因素

（1）设计者考虑不周

公路桥梁工程设计直接制约着该桥梁建设的造价问题。但是在现实的建造中，很容易出现设计者不根据当地实际地质结构进行设计的问题，直接采用标准设计图按部就班，只对个别的部位进行验算的方法进行设计，导致在具体的施工后才发现无法继续施工而更换施工方案，为工程建设企业造成重大的经济损失。另一方面，很多公路桥梁设计虽然十分优异，但由于设计者是设计师而不是出资者，因而很少顾虑桥梁造价的控制问题，或者是追求设计的自身独特性，可能会忽视施工资金投入，超出建设预算。科学的设计既要保证设计的完美性，同时，也要重视资金的合理利用，以实现高的性价比为目标。

（2）建设市场机制欠缺

近年来，我国的公路桥梁工程建设已取得了不错的进步，但是由于我国的工程建设不太成熟，建设机制尚且不完善，导致发展仍是比较缓慢。目前，桥梁公路项目建设领域存在的大量挂靠、借资质围标、违规分包等问题。其次，工程建设市场机制不完善，管理人员会出现不遵循市场规范的情况，施工合同的约束力不够，执行力度弱，对合同条款随意更改等不良现象。这些不合法行为严重违背了工程建设机制的原则，造成了市场混乱不堪。

3、控制公路桥梁工程造价的措施

（1）设计者考虑实际情况

任何设计都是需要结合实际情况的，公路桥梁的工程设计更是如此，在进行设计之前要进行实地调查和信息访问，对地形、地质以及周围的建筑物分布有明确的认识。在了解的基础上再进行公路桥梁设计的具体方式和设计造型。由于环境的影响，需要定期进行实地考察，及时修改设计方案与实际情况不相符的地方，保证设计方案的可行性。避免设计师单纯考虑自己的独特的设计理念忽略了实际情况，尽可能减少建造成本。

（2）建立完善的后评价体制

建设项目后评价工作，是指在一个工程项目建成后经过一段时期的生产或运营，对建设项目的立项决策、规划设计、工程实施、生产或运营，以及项目的经济效益和社会效益的评价。公路桥梁工程建立完善的后评价体制还可以起到良好的监督作用，减少施工中的腐败现象，为以后的工程建设起到警示作用。近年来，随着我国公路桥梁工程建设的进步，管理水平逐渐趋于国际先进管理水平，建设完善后评价体制也是公路桥梁工程建设的重要环节，以此可以推动我国基本建设决策水平和投资效益。

公路桥梁建设是关乎人民群众的大事，工程造价是一项十分复杂而系统的工作，在建设中要做好各个阶段的预算控制，严格控制成本。目前，我国的公路桥梁建设仍然存在建设数量众多但是资金缺口较为严重等问题，这种情况下，我们要更加重视对桥梁工程的质量控制，不能出现数量上去了，但是质量反而下降的问题。每一座桥梁的建设都耗资巨大，时间成本、人力成本、资金成本都是不可重来的，因此，工程的每一个阶段都要高度重视，做好科学合理的控制造价，争取做到收益最大化，降低不必要的浪费，促进国民经济的发展。

十一、公路桥梁养护管理存在的问题与解决措施

随着我国经济的发展，我国的公路桥梁建设取得了一定的成绩，在全国范围内形成了交通运输网络。在公路桥梁的使用过程中，必须根据实际情况采取一定的措施进行养护。随着交通运输里程的增加，为了提高公路桥梁的养护效果，工作人员必须重视公路桥梁养护过程中存在的问题，完善公路桥梁养护措施，提高公路桥梁养护效果。本书基于对公路桥梁养护管理中所存在的问题的分析，提出适合公路桥梁结构特点的养护措施，进而结合高速公路路面养护工程案例，分别从公路养护施工技术与施工参数的控制，以及公路养护信息化监控平台两个维度重点探讨加强高速公路养护管理的方法和策略。

1、公路桥梁养护管理过程中存在的问题

（1）养护意识比较弱

由于公路桥梁养护的干预性因素较多，因此，为了提高养护效果，应该制定详细的公路桥梁养护管理机制，以满足公路桥梁的养护需求。但是在实际的公路桥梁养护过程中，由于工作人员的养护意识薄弱，养护措施不到位，往往存在公路桥梁养护应用形式控制不当的情况，提高了公路桥梁的养护难度。

（2）操作人员技术落后

在公路桥梁养护过程中，工作人员的养护技术直接关系着养护质量，由于我国大部分的公路桥梁投入运营的时间较长，因此，存在一些质量问题，如裂缝、桥面泥土沉积情况严重、路面歪斜、桥尾或桥头低陷等，但是工作人员的养护技术不到位，监管效果不佳，导致公路桥梁的养护效果不佳，从而形成道路安全隐患。

（3）路桥梁养护管理质量控制相关规范制度过于滞后

为了提高道路桥梁养护效果，相关的部门会根据国家的技术标准制定养护管理规范制度，但是这些制度起到的作用甚微。一是，工作人员在进行公路桥梁养护过程中，没有严格执行养护管理规范制度，这些制度对工作人员的约束力不够，惩罚力度不足，没有起到震慑作用。二是，公路桥梁的养护制度与交通运输业的发展不适应，没有及时对制度进行完善。通常情况下，只有公路桥梁养护工作出现问题之后，相关的规范制度才会被严格执行。如果公路桥梁出现严重的质量问题，需要重新制定养护制度，在这个过程中，一些施工单位可能会为了降低成本，钻规范制度漏洞，直接影响公路桥梁养护项目的整体质量。因此，在加快相关规范制度制定速度的基础上，增强规范制度的约束力和执行力显得尤为重要。

2、公路桥梁养护措施分析

（1）增强对公路桥梁养护的认识度

由于公路桥梁在养护过程中受到多种干预因素的影响，因此，在后期的控制和整理阶段，需要提高对公路桥梁养护的认识度，满足公路桥梁的养护需求。提高公路桥梁养护的认识度，主要措施如下：一是，加强对公路桥梁养护人员的教育，明确公路桥梁养护的重要作用，并且实时完善公路桥梁养护制度，及时学习最新的公路桥梁养护技术，不断对现有的公路桥梁养护技术进行分析，完善公路桥梁养护途径；二是，工作人员必须及时做好公路桥梁的日常管理工作，相关工作人员根据具体的质量控制要求，在公路桥梁建设和应用阶段，采用计算机自动化监测和管理技术，认真做好公路桥梁情况调查，及时制定公路桥梁养护、管理、设计及规划工作，并且对这些数据资料进行整理和保存，为公路桥梁的科研工作提供完整的数据信息资料。

（2）完善公路桥梁管理制度

完善、健全公路桥梁养护管理制度，可以在明确责任的基础上，做好公路桥梁的养护管理工作。一是，及时、定期对公路桥梁养护工作进行检查，保证及时发现公路桥梁病害，并且做好相关的防御工作。二是，及时做好工作桥梁的特殊检查，及时排除公路桥梁存在的疑难杂症。除了上述两方面之外，公路桥梁相关的养护部门还要具体落实以下工作：一是，严格执行公路桥梁养护报告制度，对于日常公路桥梁的养护工作及时记录，同时加强公路桥梁养护和质量监测设备的保养，保证这些设备正常运行，满足日常监测需求，及时发现公路桥梁病害及时处理；二是，严格执行"四个一"制度，保证相关部门的辖区范围，每座桥梁、每一条公路都有专人进行维护，及时发现并处理目标桥梁的养护问题；三是，明确养护工作人员的职责和管理范围，确保工作人员的工作稳定性，降低人员流动性。

（3）完善养护措施

在对公路桥梁进行养护时，需要完善养护措施。在针对裂缝问题优化时，确定混凝土裂缝建筑时间、构造以及振捣等，浇筑时由垂直施工缝分割作业，最好是在承受力较小的部位，施工时，注意施工缝位置的预留，尽量选择在温度适宜的时候作业。梁端头局部破损处理时，将原有伸缩缝中的填充材料拆除，涂刷优质水，对钢筋和螺栓进行防护；伸缩缝防水处理，将防水胶底漆涂刷缝隙，在缝隙两侧撒上石灰粉，并且在伸缩缝底端加入30mm左右的泡沫塑料条。混凝土碳化防治需要选择合适的水泥种类，高强度水泥适用于冲刷强度较大的区域，抗硫酸盐水泥适用于昼夜温差较大的地区。地基沉降防治措施，采用桥台外围加桩方法或者在桥墩上下部位加桩；采用顶推法移除桥梁位移出现的安全隐患，可以有针对性地对存在缺陷的桥墩或者桥台浇筑钢筋混凝土。

3、实例分析

青银高速公路（青岛段）是国道主干线青岛银川公路的起始点，编号G20，双向六车道，设计时速120公里/小时，该高速公路为青岛机场到市区的主要通道。

（1）高速公路养护中存在的主要问题

高速公路养护工区这几年来的运营渐渐暴露出很多不足，主要存在如下一些问题：人员技术水平所限无法顺利运转；预防性养护推广成熟不够；日常养护机械化程度不高，效率低；小修工程技术水平低，管理难。

对路面进行调查和检测是分析路面使用性能、评价路面承载力、形成维修方案的依据。道路检测内容包括，路面损坏状况检测，路面车辙深度检测，路面行驶质量检测，路面抗滑性能检测，路面结构强度检测。通过分析和检测可知，该高速公路的路面使用性能指数（PQI）优、良所占的比例均为50%；路面损坏状况指数（PCI）优所占的比例均为36.34%，良所占的比例均为63.66%；检测路段的车辙深度指数技术等级均为良；检测路段的行驶质量指数技术等级均为优；对SRI全车道双向（上下行）进行分析：优所占的比例39.07%，良所占的比例为44.54%，中所占的比例为16.39%；全部检测路段的路面结构强度指数技术等级均为优。根据现场勘查的情况，针对有代表性的病害显著路段进行了拍照记录，青新、青银高速路面温缩裂缝和疲劳裂缝较明显，有显著的纵向裂缝和横向裂缝，并且路面没有明显的沉陷、坑槽和错台现象。

（2）加强高速公路养护的相关措施

为避免路面病害的进一步发展，保证行车安全性及舒适性，提高道路服务水平需对该路进行养护管理，路养部门针对高速公路养护制订了一套科学的高速公路养护措施：

1）加强培训，提高从业人员素质

要加强人才培养工作，上下形成学习预防性养护知识，落实预防性养护措施的浓厚氛围，同时要加大预防性养护新技术的应用研究，积极借鉴推广应用国内外成熟的预防性养护新技术、新工艺、新设备，为全面推广高速公路预防性养护新技术提供保障。

2）严把预防性养护工程质量关

要牢固树立质量就是生命的观念，精心组织实施预防性养护工程，争创优质养护工程。

3）加强高速公路养护技术研究

要有针对性地开展高速公路养护技术的研究，逐步推广应用已经成熟的、有效的桥梁维修、评价、检测技术。对于路面裂缝宽度大于0.3cm小于1cm且无支缝、无松散的轻微纵横缝（这部分裂缝大多属于沥青面层的疲劳或温缩裂缝），采用开槽灌注热沥青的路面养护方法（即开槽法修补沥青面层的方法）予以处理，具体方法如下：

①技术措施

先清除缝中杂物及尘土，利用开槽机进行开槽，裂缝开槽的深度应是宽度的一半。用开槽机开槽后，采用压缩空气清理裂缝中和裂缝周围的尘土、沙粒等，将稠度较低的热沥青灌入缝内，到缝深的三分之二为止，填入干净石屑或粗砂，并捣实，清除溢出缝外的沥青及石屑、砂。

②技术参数控制标准

灌缝采用先料后油法工序施工，主层矿料为1号集料，一般用量为45~50m³/1 000m²，第一遍嵌缝料为2号集料，一般用量为12~14m³/1 000m²，第二遍嵌缝为3号集料，一般用量为5~6m³/1 000m²，第一道喷洒沥青用油量控制在2.0~2.3kg/1 000m²，第二道喷洒沥青用量控制在1.4~1.6kg/1 000m²。

稀浆封层混合料应具有良好的施工和易性，稠度控制在2~3cm。

4）加强公路养护综合信息系统的开发与研究

除了加强养护施工技术和施工参数控制以外，还应该积极开发、管理、建设基于GIS青银高速公路养护综合信息系统平台，整合各类信息资源，提高信息服务能力，全面确保养护工作信息化的可持续发展，发挥数字化公路信息平台在养护管理及生产上的技术支持和辅助管理作用。

目前我国在公路养护管理方面已总结了许多技术经验，本文仅仅是从路面修补施工以及养护管理信息化两个维度进了重点分析。在实际工作中，公路管养部门和相关企业机构应该加强对公路桥梁养护的认识，制定公路桥梁养护制度，完善公路桥梁养护措施，延长公路桥梁的使用寿命，为我国经济的发展奠定基础。

十二、公路桥梁工程预制梁施工管理

在公路的桥梁建设工程中，预制梁板施工被作为桥梁工程中非常关键的施工技术，在施工技术中的好坏直接对桥梁整体的工程质量做出巨大的影响。由此可见，进一步的提高预制梁技术对于保障施工质量及人民财产生命安全来说具有非常重要的现实意义。

1、公路桥梁工程中的预制梁施工工艺

（1）模板施工

底模施工制作的场地是需要具备足够的密实度及平整度的。在整体的施工过程中，会避免由于密实度不足而引起的不均匀沉降现象。在必要的情况下，还可以根据场地情况的不同，采用一些碾压或者是平整的相关工作，让底模的施工制作现场能够达到要求的密实度及平整程度。但是在底模制造台底的施工过程中，需要特别注意到的问题就是其强度及

刚度的问题。如果说强度与刚度是不够的，可以采用一定质量的钢筋作为配置。在底模的制作过程中，需要严格的对四脚支架部位的标高进行确定，与此同时，还需要采用水平尺来进行测平，保证在梁板制作中的高效性及合格程度。

侧模及端模的制作，侧模及端模作为统一制造的成套的钢模板。第一，需要检查各个模板的部件及表面的平整程度及光泽度，是否存在麻面或者是存在锈坑的情况，避免对混凝土表面的外观带来影响。第二，需要按照相应的要求来进行成套模板的拼装工作。在拼装工作完成以后，针对其规格、尺度、密封性等问题做出检测，保证施工能够满足设计的标准。

橡胶芯模的制作控制，一般情况下我们在针对橡胶芯模的制作当中，需要注意对于充气的测试。在充气之后，还需要对其进行气压变化的观察，保证在使用过程中不存在漏气的情况。同时，还需要对其规格、尺寸问题做出检测。

（2）混凝土的施工

在进行混凝土施工之前需要做好施工准备，主要囊括了技术、运输机械设备、浇筑及振捣工具、材料还有人员等等的准备。在明确浇筑的方式以后，需要保证预制梁能够成果的一次性完成浇筑，进而为公路桥梁的工程整体性做出有效的保障。合理带队混凝土的配比情况做出确定，保证混凝土的强度以及收缩程度。针对混凝土的搅拌，最好是采用二次投料的形式，在搅拌的过程中，需要考虑拌和站及施工现场的配合度。进行浇筑混凝土的过程中，首先需要灌注底板及腹板，在浇注到合适的量以后，在浇注顶板及箱梁，保证其连续浇注及振捣。最后是能够一次就完成浇注和振捣。在完成浇注以后，还需要对砂石含水成分做出测定，提高测定的次数。

然后在根据其含水量来进行具体的施工，及时对混凝土的配比做出调整。针对梁混凝土的施工问题，出现裂缝将会针对整体的施工带来比较大的影响。所以，需要采用专业的手段及方式来防范裂缝的出现。具体可以通过以下形式：把握好混凝土混合的时间，保证混凝土的时间能够满足施工的相关要求。在进行混凝土的施工中，保证工程所选用的设备能够符合标准。在保证混凝土浇筑质量的前提之中，通过最短的时间来实现浇筑工作的完成。

2、公里桥梁工程预制梁施工管理局的相应措施

（1）预制梁施工质量及施工安全保护措施

对于预制梁施工质量的保证措施来谈。需要对施工做出严格的管理，施工管理工作需要符合相应的标准及规定，制定出较为科学合理的质量保证方针。防患于未然，严格把守质量关，将保证质量的原则切实地落到实处，通过横向及纵向的方针来实行全程施工的监管。

制定具体的施工操作流程及设计，在施工组织及设计的过程中，需要全面对项目工程的特点及重点做出明确及规格，采取先进科学的施工技术及方案。合理地进行各道程序的

施工，但需要满足施工质量的前提之下，实现施工预定的目标。

例如说，在技术交底的过程中，对于每一项工序的交底书都需要在施工之前完成制定。在通过总工程师批准以后，再进行施工，交底书的内容要全面，需要做到以全盘施工大局为重点。预制梁板施工在安全质量保护措施方面，主要是通过制定相应完善的规章制度、安全检查制度及安全管理体系，保证其安全及质量。对于安全规章制度的构建需要建立各级的安全生产管理机制及责任制，完善操作的流程及内部考核的相关内容，适当还可实行奖惩机制。对于安全检查制度需要做到的是既要定时、定员的进行检查，还需要将结果落到实处，真正为施工质量做出保障。另外，还需要做出相应的应急预案体系，根据项目的实际情况做出备案，保障工程的进展及顺利的实施。

（2）设备保证控制措施

预制梁板的施工设备，主要是通过其安全性能来进行控制的。例如说提运架设备的安全操作。提运架设备的安全操作作为预制梁板安全施工的保障性前提，是需要得到足够的重视的。提运架的设备需要专业的人员来进行操作，而且存在故障需要及时处理。工作人员需要对相关的操作及故障制度方面做出足够的了解，然后对设备进行正确的操作。与此同时，针对设备来进行操作时，需要明确责任制度。保证其设施能够高效、安全地运行。施工人员在进行操作之前，需要对设备进行前提的检查工作。在设备开机以后，在对设备进行专员的监督。如果发现异常的情况，可以做到及时的恢复及解决。如果出现解决不了的问题，则需要及时向有关部门进行汇报，保证能够以最快的速度恢复运行。及时有效的保养是能够帮助设备延长使用寿命的，在设备使用的过程中，还需要做到的就是加强保养。最后，就是对设备进行定期的检查，在每天工作结束以后，做出检查，检查的范畴可以定期也可以不定期，通过这样的监督能够保证设备的高效运行及保养。

（3）工序保证控制措施

架梁的功能质量好与不好，主要的环节就是在于工序之间衔接的精密度。由此可见，在进行架梁的加工过程中需要做到全面的组织及安排，保障每道工序能够做到紧密的衔接。这样也就能够保障在生产中出现不必要的失误，进而提高工序的紧密程度，提高架梁的施工质量。

预应力混凝土预制梁施工在公路桥梁施工中占据了非常重要的位置及作用，直接对桥梁的质量及施工的工期产生影响。对此，在施工过程中应该合理地应用质量控制，保障施工的安全性及高效性。

十三、高速公路桥梁建设中的质量通病及其控制

经济越发达的地区对路桥的需求就越高，交通设施越是便利的地区也就越容易变成经济发达的地区。在我国南方某些发达地区，由于经济发展的需要，对高速公路的需求更加旺盛。而众所周知，南方的地形是平原少山地多，因此在南方的高速公路中桥梁的比重较大。据统计，在目前已经建成使用的高速公路中，桥梁施工的工程量比重占到了施工总量

的 40%。如果在施工过程中不重视桥梁质量，这些桥梁一旦出现问题后果将是多么的可怕。

1、在桥梁施工和使用过程中，常出现的问题

桥梁施工过程中经常会在桥体的表面或桥体的侧面出现裂缝。裂缝会使砼强度直线下降，导致桥梁的承载力减低，尤其是北方的冬季，一旦雨水落到裂缝里，再遇到严寒天气，就会把小裂缝胀成大裂纹，雨水的这种风化力量对于桥梁类的建筑物是极其可怕的。混凝土裂缝的出现原因很多，主要原因是：

混凝土原材料质量差：A.水泥标号低，或放置时间过久，致使水泥变性，或因受潮而导致变质。B.骨料未经筛洗，杂质太多。

具体施工时，工人常常是只依经验制作砼，而不是严格按配比施工。

在砼的浇筑时，未严格按照操作流程的规定时间振捣，导致砼的结构不均匀，砼中空气残留过多，或者粗骨料下沉导致麻面或者干裂。

砼浇筑后，在化学作用下砼会因为反应而产生热量，如果结构不均匀就会出现热量释放的不均衡，在预应力的作用下就会出现裂缝。砼的内部温度升高最初不明显，在第二天第三天其内部温度可以达到 80 度左右。这时候如果第二天第三天不对砼进行物理降温的话，砼的膨胀便会导致温差性裂缝的产生。在厚度大或者高度大的情况下，这种现象尤为明显。

砼模撤除前要进行养生，砼模撤除后，仍然要根据砼内的温度与环境的温度进行加热或降温。撤模后表面水分蒸发加快也会因为脱水而干裂。

局部蜂窝、麻面和气泡现象的出现。这些现象的出现其根本原因就是砼的内部结构被破坏或者受到损伤，导致结构疏松、沙化，致使砼的强度极度下降，承载力降低。蜂窝、麻面和气泡的表面会相当容易被环境侵蚀、风化进而造成更大的问题。这种现象产生的原因是：

砼施工时，工人配比控制不稳定，机具施工的工艺差，操作上未严格按照操作规程进行。

砼浇筑后，实施的振捣工作不到位，某些部位未振捣，某些部位又振捣过度，未振捣的结构疏松，紧密度差，振捣过度的骨料下沉砼浆浮在表面上，砼的整体承载力不均匀，预应力失衡。这些都会导致出现蜂窝、麻面或者气泡现象的产生。

砼模保养不良，砼模表面变形、接缝失去密封性、不能用木模的情况下使用极不平整的木模，会导致缝隙漏浆，砼内部干硬结构疏松。

砼搁置时间过长，砼内部水灰离析，失水严重，结构疏松。浇筑时不加振捣或振捣不均。

导致砼结构异常进而产生裂缝、麻面和气泡的主客观因素较多，由于砼是一种多元、多相、非匀质的复合型建材，且品种很多、性能差异较大，规格型号及其应用领域不同。这样，在控制砼施工品质的时候就要从建筑结构的设计、砼的搅拌、施工工艺、操作规程、养护步骤等每一步入手，尽量减少人为的失误，争取做到每一道工艺流程都能依标准进行，且根据施工区域的天气、地质、环境因素对砼结构、砼施工的工艺等进行适当的调整。

2、桥梁施工过程中出现的质量问题以及存在的现象

应根据具体情况和标准要求，采取相应有效的措施，进行如下控制：

对原材料的组织和选用。抓工程品质要从材料入手，施工单位的质检人员必须对进场的材料进行严格质检，检查原材料的来源、规格型号、产地、检查原材料的品质是否稳定等。

水泥以及与水泥一起混合的材料要求：对于深层砼，必须选用水化热低的水泥，这样早期温度不会太高，不致产生砼裂。对于浅层砼，425#的普遍硅酸盐水泥或者是纯硅酸盐水泥配以与425#干缩率基本一致的矿渣粉或者是Ⅰ级的粉煤灰等配成的胶凝材料。水泥的选用一定要经过试验，因为水泥的粗细不统一，越细的水泥制成砼收缩率越大，我们要按照工件的实际情况确定选用哪一种规格型号的水泥。现在水泥厂在制造的过程中都会把水泥磨的很细，为防止工程施工中出现裂缝，我们在制砼前必须掺混矿渣粉或者粉煤灰。水泥由于属于存储不当极易失效失性的产品，所以建议施工企业不要大批量的囤积，现用现买即可。

骨料的级配：相对于砼的选用骨料的级配就要复杂一些。若级配不合理，或者选的骨料太单一，则砼制成的建筑结构就不会特别紧密，极易形成干裂、离析、蜂窝、麻面等现象，在进行级配时，多选用几种骨料进行搭配，级配的一个最终原则就是务必使这几种骨料搭配以后的砼在浇筑振捣以后空隙率最小，当然了，最好是确定几种级配方案进行实验比对。根据实验结果确定最终的级配方案。骨料在砼内的含量比率应控制在大于70%为宜。粗骨料的选用上请务必选用坚硬的、有利于减少砼收缩的优质骨料。对于砼收缩影响最小的是机制砂，河砂对收缩的影响会大一些。粗骨料中的石灰石碎石对收缩影响最小，河砾石、机碎石则对收缩的影响要大一些。所以在选择细骨料的时候，应优先选用机制砂，在选择粗骨料的时候应优先选用石灰石碎石。当地没有石灰石碎石厂的，可以在施工周边选取，但是风化石、表土软石、火山灰石绝对不要选用。粗骨料在使用之前一定要放在架空的托网上进行冲洗，切忌不可放在平地冲洗，放在平地上冲洗不净。

砼级配应标准化，根据强度等级、抗渗等级、耐久性、工作性等进行配比；砼坍落度要尽可能的小；水灰比要不高于60%，每立方米的砼用水量应不高于180kg；普通强度的砼每立方米270~450kg，高强高的砼不大于每立方米550kg（高强的要加一定量的矿渣粉）；骨料的比率，宜选用较小的；搅拌的操作要标准，搅拌要均匀，搅拌过程中随时观察砼坍落度，注意，不同的构件坍落度不同，搅拌时间应控制在90秒钟。

浇筑砼时，不同的构件宜采取不同的方法，桥墩、柱必须分层浇，每一层30~40cm；浇注以后马上振捣，振捣作业应在砼初凝前完成；振捣的注意事项是整体振捣，受震均匀，不宜过久、过重，达到砼体结构密实、无气泡、粗骨料不下陷，浆液不渗出，这样蜂窝、气泡麻面就不会产生了。

砼拆模后，还应继续保湿养护，不同季节、不同气候采取不同措施，确保砼不干缩不干裂。

3、其他有关的控制措施

钢筋的选用，参照施工标准进行，钢筋焊接的搭接一定要严格按照焊接要求操作。

浇筑前设计制作模板时，要排列紧密，尽可能避免错台、漏缝，模板本身要有一定的刚度、光洁度，模板不要过窄，单个模板要宽大，模板间的接缝尽可能的少，接缝务求严密平顺。正式铺设模板前最好先行试拼，对精度较差的模板要修理平整，模板的表面应涂油保养，以确保撤模后砼表面平整、光洁。

高速公路建设中的质量通病林林总总，归根结底都是不规范、不标准造成的，在西方发达国家，高速公路建设过程中的高度自动化、程序化使很多工人容易操作，失误的地方都得以避免，我们也应该学习西方先进的建筑技术，提高建筑的自动化程度。将过去工人容易忽略、容易失误或者是工人很难做到的工艺改造成自动化。

十四、高等级公路桥梁的施工质量与技术管理措施

随着社会的发展以及与国际惯例接轨的要求，公路桥梁工程管理越来越重要越来越引起社会各方面的关注。在近几年颁布实施的《桥梁工程质量与技术管理条例》中，特别明确了桥梁管理的任务与责任。因此强化质量与技术管理，已成为公路桥梁工程建设中的大事。本文通过案例具体探讨了高等级公路桥梁的施工质量与技术管理的措施与方法。

1、工程概况

某某高等级公路全长301.39公里，采用120公里/小时高等级公路标准建设，项目估算总投资约200亿元。2009年全线开工，将于2013年建成通车。其中某某大桥全长约1公里，全桥孔跨布置为：4×40m预应力混凝土连续T型梁桥，上部结构采用先简支后结构连续T梁；下部结构采用3柱式墩，肋板式、柱式台，钻孔灌注桩基础。

2、工程的难点

本工程建设规模庞大，建设工期紧，建设标准高，如何合理安排施工工序，调动人力、物力，在规定的工期内安全、优质完成本项目的施工，是施工首先要解决的难点问题。基础设施包括便道、栈桥、施工场地、水、电、通信等的规划，要适应工程需要及外界条件，保证工期不受意外因素干扰。本工程为设计速度100小时，引桥采用无碴轨道体系，对桥梁工后沉降要求严，而本工程钻孔桩地质主要为粉质黏土和细砂层，施工时如何保证钻孔桩顺利成桩，并减少桥梁工后沉降，是本工程施工的难点。主桥主桁构件刚度大、杆件重，吊装、安装困难。特别是边桁腹杆为空间斜杆，其空中定位、安装是本桥需重点解决的施工工艺。

3、高等级公路桥梁的施工质量与技术管理措施

（1）预应力钢绞线安装

在本桥梁施工中，预应力钢束的孔道位置、钢绞线是否发生缠绞现象是质量控制的关键。孔道位置不准确，改变了结构受力状态，如果曲线孔道标高变化段不圆顺还会增大预应力孔道摩阻损失，因此孔道位置准确与否直接关系到施工的预应力度能否与设计的预应力度相吻合，对结构安全和工程使用阶段是否会产生裂缝都有很深的影响。多根钢绞线如果缠绞在一起，张拉时各根钢绞线受力不均匀，增大了钢绞线之间的摩阻，造成预应力损失加大。本工程在施工中非常重视这些细部工作，使固定钢束的井字架位置准确。

（2）钢筋制作及安装

我们根据图纸编制配料表，组织专门人员，在钢筋加工场加工。分类堆放，并进行标识，防止混乱。将加工好的各类钢筋搬运到张拉槽旁，先布置钢绞线，在钢绞线张拉完成 8 h 后，方可进行钢筋绑扎和其他作业。钢筋骨架在槽内绑扎成型。在绑扎钢筋时不要过猛扰动钢绞线。预埋钢筋、预埋件位置准确，绑扎牢固。钢筋加工偏差应符合套用交通桥标准图纸的施工要求。安装前应将盖梁支座处和梁底面清理干净，顶面标高符合设计要求，检查支座中心位置。安装构件与支座的接触面必须干燥并保持清洁和粗糙，安装时必须仔细，使构件就位准确且与支座密贴；就位不准时必须吊起重放，不得用撬棍移动构件。每个构件就位后，应及时设置保险垛或支撑，将梁固定并用钢板与先安装好的构件预埋横向连接钢板焊接，防止倾倒。

（3）支护

本桥梁对建筑工程条件较差的部位，地基开挖后应采取合理的支护措施及时进行支护，增强围岩稳定性。

1）随机支护

随机支护方法主要有设随机锚杆，架设钢支撑（格栅拱），挂网，喷护等。在岩石地质条件较差部位，为避免增设随机锚杆施工时出现坍塌，造成人员伤亡，可先架设钢支撑、挂网、喷护完毕后，进行随机锚杆施工。

2）超前支护

在不良地质段，为避免岩石可能掉块或塌方，可对掌子面采用超前支护。在引水发电洞开挖过程中，根据围岩地质条件，每开挖循环前，沿顶拱周边设 2 排或 1 排超前锚杆，超前锚杆与已架设的钢支撑焊接，角度控制在上仰 10°～15°、间距 50~60 cm。在施工中，认真按照评审的施工方案步步操作，临时支架桩基施工、支架搭设、贝雷架安装、钢管排架搭设、支架预压、监测、拱肋底模抛高。一组拱肋支架搭设需 3 个月，其中钢立柱吊装、钢管搭设是安全预防的重点，临时支架认真按方案要求实施，加强高空作业、水上作业安全预控，安全风险点安排管理旁站。

（4）钢绞线放张

工程预应力工程施工的根本目的就是对构件成功施加张拉力，采取的各种方法和措施都是为此服务的。施加预应力时以张拉力为控制量、张拉伸长值为校核量的操作方法。在张拉时建议采取分级加荷、应力控制、伸长值校核。为了消除钢绞线束不直和初始受力不均的影响，一般应在张拉力达到一定初始值之后，再进行伸长值的计量。根据初应力、超张应力和控制应力所对应的张拉力，参照张拉力与压力表读数关系曲线，找出相应的压力表读数。考虑到张拉设备的摩阻随着张拉次数的增加将会越来越小，同一压力表读数所对应的张拉力将会渐增，故压力表控制读数宜取偏小值。张拉时应分级张拉，分级控制。在张拉过程中，预应力钢绞线断裂、滑脱的数量以及无法张拉的数量不得超过结构同一截面预应力钢绞线总数的3%。钢绞线下料长度应保证预应力张拉和预应力检测的需要，钢绞线编束不得紊乱。同时在预应力梁进行张拉前，对预应力梁混凝土的外观进行评价，观察其有无裂缝及裂缝发展情况。

（5）压浆

预应力管道压浆工作在后张预应力构件中起着举足轻重的作用，本工程张拉后24小时内往张拉孔道内压浆。压浆前对压浆机进行认真检查、标定，用压浆机向管道内注压清水，充分冲洗，润湿管道，至全部管道冲洗完后，正式拌浆，开始压浆。压浆开始后需等另一端排水，排水孔亦喷出纯浆并稳定后，才可封闭排气孔，其后对管加压到0.6MPa以上并持荷3min后封闭。灌浆后三天内不得切割钢绞线和碰撞锚具。

（6）灌浆与封端

孔道灌浆采用专用灌浆泵进行。灌浆工艺有"一次压注法"和"二次压注法"两种，前者用于不太长的直线形孔道，后者用于对于较长或曲线形孔道。本工程预应力张拉完毕后的24h之内即对孔道进行灌浆。灌浆分两次进行，每一孔道宜于两端先后各灌浆一次。由灌浆泵在梁端将纯水泥浆，经灌浆胶管从灌浆咀压入孔道内，灌浆的压力最少升到0.7MPa，当灌浆达到另一端饱满并排出浓浆时用木塞堵孔，并稳压10s以上后，可关闭进浆管截止阀，拆卸进浆管。对于"二次压注法"，在第一次压浆间隔不小于30~45min后，可进行第二次灌浆，拔出两端排气孔木塞，在另一端安装进浆管，并将进浆管截止阀全部打开，待排气孔流出浓浆时，再用木塞堵孔及关闭进浆管截止阀，并稳压10s以上后关闭截止阀，拆卸进浆管，完成灌浆工作。

总之，随着公路桥梁建设的发展，公路桥梁工程质量与技术管理的责任越来越重，只要我们把质量与技术管理建立在科学可靠的管理机制与管理手段上，才能不断地提高工程施工质量。

十五、桥梁工程建设管理系统中 BIM 技术的运用

随着我国交通事业飞速发展，预制桥梁梁板需求量不断扩大，质量要求更加严格。新

时代背景，需要更合理有效的技术和管理方式运用到公路的修建和管理工作中来。BIM 平台，能够实现施工 4D 模拟及进度、成本和图纸的实时监控。二维码识别技术简单高效，可用于桥梁的预制生产和拼装质量监控，以实现公路桥梁的高效施工。本课题依托西安高速公路南段项目，通过对预制梁场管理技术的研究，以二维码为纽带，由 Bentley 的 BIM 模型、后台服务器和移动终端组成的综合系统，实现预制梁生产过程、进度质量及拼装过程的动态实时追踪，为预制梁场的精细化管理和预制梁施工过程提供可视化和便捷化的数据提供支撑。

1、实施关键技术

（1）软件介绍

桥梁工程建设管理系统是以 BIM 技术为基础，动态二维码为纽带，由桥梁结构 BIM 模型、后台服务器和移动终端组成的综合系统。

（2）软件应用关键技术

1）BIM 3D 结构模型的信息提取及进度显示

平台以二维码为纽带，由 BIM 模型、后台服务器和移动终端组成，将 BIM 模型信息导入到后台服务器中，系统根据模型上预制梁的 ID 快速生成、加密及打印二维码。施工管理人员从二维码中获取安装位置信息，准确安装预制梁，对拼装错位及时报警，提高预制梁安装效率。预制梁拼装完成后，通过扫描二维码获取安装信息，修改 BIM 模型中构件的拼装状态，做到对预制梁拼装进度的实时掌握。

2）基于 BIM 的计量支付工程算量技术

平台以桥梁工程为设计对象，工程算量模式预设为设计人员将 BIM 模型深化到施工图设计阶段，工程造价人员利用 BIM 模型提取工程量。此模式下，采用归类、比较分析和实例验证等方法，研究计算工程量的标准和方法，探索 BIM 模型在计量支付中的应用技术。

2、项目实施方案

（1）项目简介

拟建点在西安外环高速公路南段，是陕西省"2367"高速公路网规划的重要组成路段。起点位于户县谷子碨，终点位于蓝田县沪陕高速蓝田东立交东侧，通过设置互通立交与蓝田东立交形成复合式互通式立交，实现与沪陕高速的交通转换。该项目建设条件复杂，规模大，全线桥梁比例达 64.4%，共设互通式立交 11 座，桥梁比例大、立交设置多。

（2）具体应用

1）移动终端验收

将 BIM 模型信息导入到后台服务器中，系统根据模型上预制梁的 ID 快速生成、加密及打印二维码。移动终端通过扫码，就可获得构件的详细信息，然后通过移动终端填写验

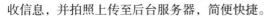

收信息，并拍照上传至后台服务器，简便快捷。

2）BIM 模型数据更新

预制梁在 BIM 模型中的位置和结构信息都存储在后台服务器中，工作人员和监理将预制梁的生产、运输及安装信息通过系统上传至后台服务器，系统同步将服务器的数据更新到 BIM 模型中，通过改变构件的级别，更改构件在模型中显示的颜色，可直观地查看构件的信息、状态。

3）预制梁生产质量管理

为确保预制梁喷淋养生、张拉及压浆严格按标准实施，必须掌握实时生产信息，以便及时调整不合格生产过程。智能养生控制系统可以设定预制梁编号、养生周期及养生时间，并根据现场温、湿度自动调整养生条件来保证预制梁养生质量，同时将这些养生信息上传到数据中心，通过建立对应关系，把二维码与预制梁生产信息化数据库相连接，管理人员只需扫描二维码便可根据自己的权限获得相应的生产信息，确定预制梁张拉环节预应力、压浆环节出浆压力是否符合标准，喷淋养生温、湿度是否适宜及养生时间是否充足。通过了解预制梁生产进度，确保生产质量过关。

4）预制梁运输管理

传统方法中，构件从加工厂运出到进场的过程中，构件的信息只能通过和司机的电话联系获得，不仅麻烦，而且还不能及时反映突发状况。为解决此类问题，预制梁在出场时粘贴二维码和 GPS 定位器，通过二维码的动态信息获得预制梁的即时位置信息。通过以上手段，首先，可以确定预制梁的进场时间，及时安排人员卸车；其次，可通过定位信息及时了解运梁车的爆胎、车祸等突发状况，及时确定应对方案；最后，通过 BIM 模型显示，方便查找已运输到施工现场的构件，节省了大量的时间、人力和物力。

5）预制梁安装进度管理

在桥梁拼装施工现场，管理人员可以通过扫描二维码识别预制梁梁号及该预制梁在 BIM 模型中拼装位置，保证预制梁的正确拼装。同时，将桥梁拼装时间、过程信息实时上传到系统数据库，在桥梁 3D 结构模型上以不同颜色展示桥梁的拼装状态，实现对预制梁拼装的标准化、可视化及精确化管理。

6）系统辅助安全物资、设备管理

设备、物资进场后，安全员予以验收，建立标准的物资、设备台账，并编辑相关信息，录入系统，生成二维码，邀请监理人员进行验收，监理验收合格的物资和设备，在系统中导入监理验收入、验收时间等信息。在系统中建立安全物资、设备台账，方便其他工作人员后期的查找、追溯。

7）查看验收信息

使用移动终端，根据不同的权限，扫描构件上粘贴的二维码，即可查看相应权限内构件的全部详细验收信息，如质量信息、安装位置等。

基于 BIM 模型的桥梁建设质量进度管理系统，实现对预制梁生产过程、进度质量及拼装过程的动态实时追踪，为预制梁场的精细化管理和预制梁施工过程提供可视化和便捷化的数据支撑，同时完成辅助工程构件质量管理的任务，其作用覆盖了桥梁施工过程中的各个环节，并形成统一的管理体系。

结　语

　　《公路桥梁建设与管理》到这里就全部结束了，这本书基本覆盖了有关于公路桥梁建设工程的所有内容，从结构上来分析，全书将内容划分为三个章节，这样的分化格式使得读者在进行阅览的时候能更加感觉到其层理清晰的特点，也是一大亮点。当然，对于公路桥梁工程来讲，它属于我国公路工程建设当中的一个极为重要的项目，随着社会经济和科学技术的发展，针对桥梁技术不再只是陈旧的跨河应用，现代化桥梁建设技术又包括了美学设计的内容，比如，许多建筑为了更加美观一些，往往都会建设一些艺术性的桥梁设计等，这对于我国的桥梁建设工程的发展起到很好的促进作用。

　　此外，公路桥梁的建设与管理所涵盖的范畴还是很广泛的，所以，在出现疏漏或者是本书当中没有提到的部分，欢迎广大读者朋友将其提出来，以供我们共同交流学习。